모두의 인공지능

인공지능에서 인공생명까지!

강태원 지음

도서출판 홍릉

저자소개

강태원(강릉원주대학교 컴퓨터공학과 교수)

저자는 25년 이상 인공지능과 인공생명을 연구하고 교육해온 과학자이자 공학자다.
연세대학교에서 수학으로, 고려대학교에서 컴퓨터학으로 이학사를 취득하고,
고려대학교에서 이학 박사학위를 받았다.

번역서

- R 딥러닝 프로젝트
- TensorFlow를 사용한 모바일 딥러닝 프로젝트
- 파이썬 기반의 Natural 컴퓨팅
- 파이썬 딥러닝 프로젝트

모두의 인공지능
인공지능에서 인공생명까지!

인　쇄: 2021년 9월 24일 초판 1쇄
발　행: 2021년 9월 30일 초판 1쇄

저　자: 강태원
발행인: 송 준
발행처: 도서출판 홍릉
주　소: 01093 서울시 강북구 인수봉로 50길 10
등　록: 1976년 10월 21일 제5-66호

전　화: 02-999-2274~5, 903-7037
팩　스: 02-905-6729
e-mail: hongpub@hongpub.co.kr
http://www.hongpub.co.kr
ISBN: 979-11-5600-881-1(93000)

정　가: 23,000원

머리말

인공지능이 난리다. 인공지능이 중요하다는 걸 모두 알았나 보다!

무엇이 중요하다고 모두가 그걸 하지는 않는다. 수학과 물리학이 중요하지 않아서 소수의 학자만 연구하는 게 아니다. 어려워서 아무나 못 한다.

인공지능이 갑자기 중요해진 것도 아니다. 인공지능 역시 처음부터 중요했다. 수학이나 물리학처럼 어려워서 아무나 하지 않았다.

인공지능이 난리가 난 건 새삼스레 중요해져서가 아니라 쉬워져서 그렇다. 인공지능은 사람 같은 것 또는 사람처럼 무엇을 해내는 걸 만드는 건데 그 일을 아무나 할 수 있게 되었다.

중요하면서 쉬워졌으니 난리가 나는 건 당연하다. 이제 인공지능은 과학과 공학의 한 분야가 아니다. 모두에 의한 모두를 위한 "모두의 인공지능"이다.

친구가 "야! 너 모두의 인공지능이란 책 읽었다면서! 인공지능이 도대체 뭐냐?" 라고 물으면 한마디로 대답할 수 있겠는가?

이 책이 그 답을 제시한다!

수식이 집중적으로 나오는 부분이 종종 있다. 수식에 익숙하지 않으면 그냥 칸딘스키의 추상화라고 생각하면 된다. 인공지능의 재미를 이해하는 데 무리가 없다!

바실리 칸딘스키 〈구성8〉 1923년 일부분

감사의 말

사람은 혼자 사는 게 아니라서 무슨 일을 하든 다른 이의 도움을 받는다.

많은 선후배 학자의 땀, 열정, 지혜를 버무려 이 책을 지을 수 있었다.
모두에 머리 숙여 감사한다.

어려운 가운데 지원을 아끼지 않은 도서출판 홍릉의 모든 관계자께 감사한다.

이 책에 대해

인공지능이 인문학! 지능, 인공지능의 정의를 알아보고 인공지능과 인문학의 관계를 생각해본다.

내 이상형은 기계! 튜링 테스트로 시작된 일련의 지능 시스템 논쟁의 역사를 통해 "기계가 지능을 가질 수 있는가?"를 살펴본다.

바둑, 다음 수는 어딜까! 알파고는 딥러닝으로 무장한 탐색 시스템이다. 인공지능이 다음 수를 결정하는 탐색 전략을 자세하게 소개한다.

지식? 네가 뭘 알아! 사람의 지식을 기계에 표현하고 다루는 방법과 전문가 시스템 사례를 다룬다.

뇌 세포가 카톡을! 사람의 뇌 즉, 생물학적 신경망의 구조와 그것을 모방한 인공 신경망 구조를 세밀하게 설명한다.

배워서 남 주자! 인공 신경망의 학습 원리와 절차를 구체적인 사례를 통해 낱낱이 해부한다.

인공지능이 노벨상을! 딥러닝을 대표하는 신경망 종류와 원리 및 응용에 대해 폭넓게 보여준다.

엄마는 고등어를 좋아해! 밥상의 고등어를 어느 마트에서 구매했는지 계산하는 방법을 알려준다.

모두 거짓말을 한다! 빅데이터가 갖는 힘과 그 힘을 가능하게 하는 기술의 원리를 들여다본다.

이 영화 보세요! 빅데이터 분석을 통해 사람의 속마음을 읽는 방법을 알아본다. 결국 당신은 그 영화를 본다.

개미의 길 찾기! 자연은 답을 알고 있다. 개미의 지혜로 사람의 문제를 해결해 본다.

발가락이 닮았네! 자연의 진화를 이해하면 짜파구리가 어떻게 등장했는지, 유산은 어떻게 배분해야 하는지 알 수 있다.

단순한 복잡함! 복잡한 행태를 보이는 시스템 내부를 들여다보고 간단하고 지역적인 규칙으로 복잡한 문제를 해결할 수 있다는 걸 이해한다.

이제는 인공생명! 미래 먹거리, 다가오는 인공생명 분야를 살펴보고 인공지능이 어떻게 쉬운지 확인해 본다.

차 례

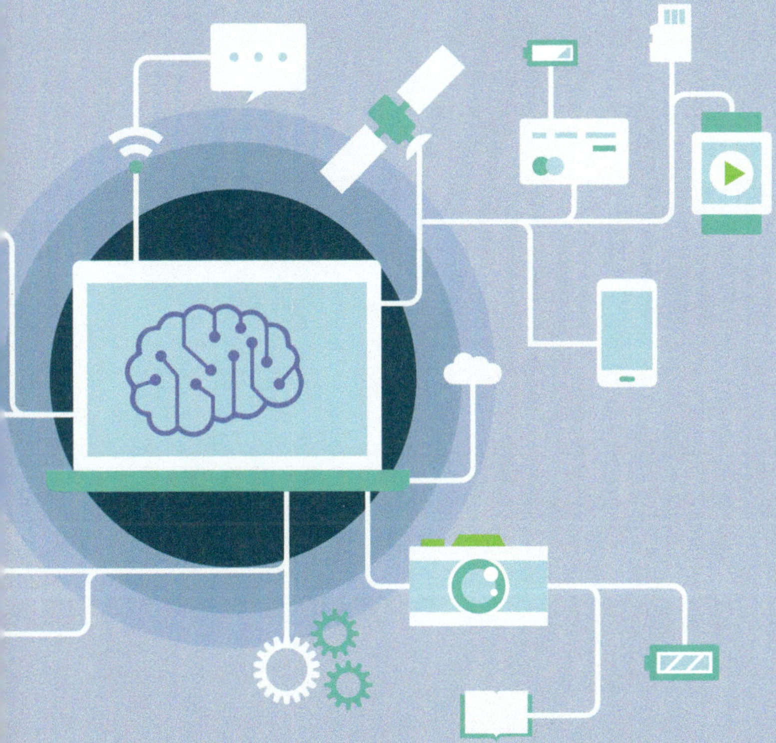

01 CHAPTER

인공지능이 인문학!

01

인공지능이 인문학!

인공지능이 인문학이라고? 그렇다. 인공지능은 일종의 인문학이다! 왜 그런지 차근차근 알아보자!

지능, 인공지능

먼저 인공지능이 무엇인지 알아보자! 친구가 "야 너 **모두의 인공지능**이란 책 읽었다면서? 인공지능이 도대체 뭐냐?"고 물으면 한마디로 대답할 수 있겠는가? 만일 그렇다면 그게 정답이다. 아니라면, 이제부터 무엇이라고 답할 수 있는지 살펴보자!

인공지능에 해당하는 영어 artificial intelligence의 뜻부터 알아보자. 왜 우리말이 아니라 영어 단어부터 알아보냐고? 인공지능이 우리로부터 시작된 기술이 아니라서 그렇다. 의미를 정확하게 파악하려면 개별 단어의 뜻을 사전에서 찾아보는 게 좋다. 사전은 수많은 책과 자료를 분석해서 가장 압축된 형태로 단어의 뜻을 정의한다.

다음은 케임브리지 사전(https://dictionary.cambridge.org)에서 "artificial"을 검색한 결과다.

artificial

adjective

UK /ˌɑː.tɪˈfɪʃ.əl/ US /ˌɑːr.t̬əˈfɪʃ.əl/

B2

made by people, often as a copy of something natural:

- *clothes made of artificial fibres*
- *an artificial heart*
- *an artificial lake*
- *artificial fur/sweeteners/flowers*

출처 케임브리지 사전, https://dictionary.cambridge.org/english/artificial

(주로 자연을 모방해서) "사람이 만든"이라는 뜻임이 분명하고 예문을 보면 더욱 그렇다. 이쯤에서 이미 인공지능 무엇인지 저절로 알게 된다. 더 생각하지 말고 다음으로 넘어가자 이번에는 "intelligence"다.

intelligence

noun

UK /ɪnˈtel.ɪ.dʒəns/ US /ɪnˈtel.ə.dʒəns/

intelligence ***noun*** **(ABILITY)**

B2 [U]

the ability to learn, understand, and make judgments or have opinions that are based on reason:

- *an intelligence test*
- *a child of high/average/low intelligence*
- *It's the intelligence of her writing that impresses me.*

출처 케임브리지 사전, https://dictionary.cambridge.org/english/intelligence

배우고 이해하는, 이성에 따라 판단하거나 의견을 정하는 "능력"이 지능이다. 그런 능력을 평가하는 게 지능 테스트, 그런 능력이 뛰어난 아이, 글쓰기에서 탁월한 능력을 보여준 그녀가 나를 설레게 한다. 여기서 배움, 이해, 판단, 의견이 무엇인지 따져보고 싶은 충동은 억제하자.

그게 중요하지 않아서가 아니라 우리의 주제가 아니기 때문이다.

결국, 사전에 의하면, artificial intelligence의 뜻은 우리말로 "사람이 만든 능력"이다. 조금 구체적으로는 사람이 만든 건데 그게 배우고 이해하고 판단할 수 있다는 거다. 정말 그런지 다시 사전에게 물어보자!

> ## artificial intelligence
>
> ***noun*** [U] • IT
>
> UK 🔊 US 🔊
>
> (abbreviation **AI**)
>
> **the study of how to produce computers that have some of the qualities of the human mind, such as the ability to understand language, recognize pictures, solve problems, and learn:**
>
> • *Artificial intelligence research has been going on for decades without making an impact outside a few specialized areas.*
>
> **computer technology that allows something to be done in a way that is similar to the way a human would do it:**
>
> • *To understand "natural language," computers must be equipped with artificial intelligence.*

출처 케임브리지 사전, https://dictionary.cambridge.org/english/intelligence

사전은 인공지능을 첫째, 사람의 능력을 갖춘 컴퓨터를 만드는 연구 둘째, 사람처럼 행동하는 무언가를 만드는 컴퓨터 기술로 정의하였다. 즉, 무엇을 연구합니까? 라고 물었을 때, 인공지능입니다! 라고 대답할 때가 첫 번째, 이 게임 인공지능이 대단한데! 라고 말할 때가 두 번째 정의에 해당한다. artificial intelligence를 학문 분야 혹은 기술로 정의했지만 모두 "사람이 만든" 건데 "사람 같은 무엇"이라는 의미를 내포한다.

인공지능 정의에 대한 결론을 내리기 전에 우리말 사전을 인용하지 않을 수 없다.

다음은 국립국어원 표준국어대사전(https://stdict.korean.go.kr/main/main.do)에서 "인공"을 검색한 결과다.

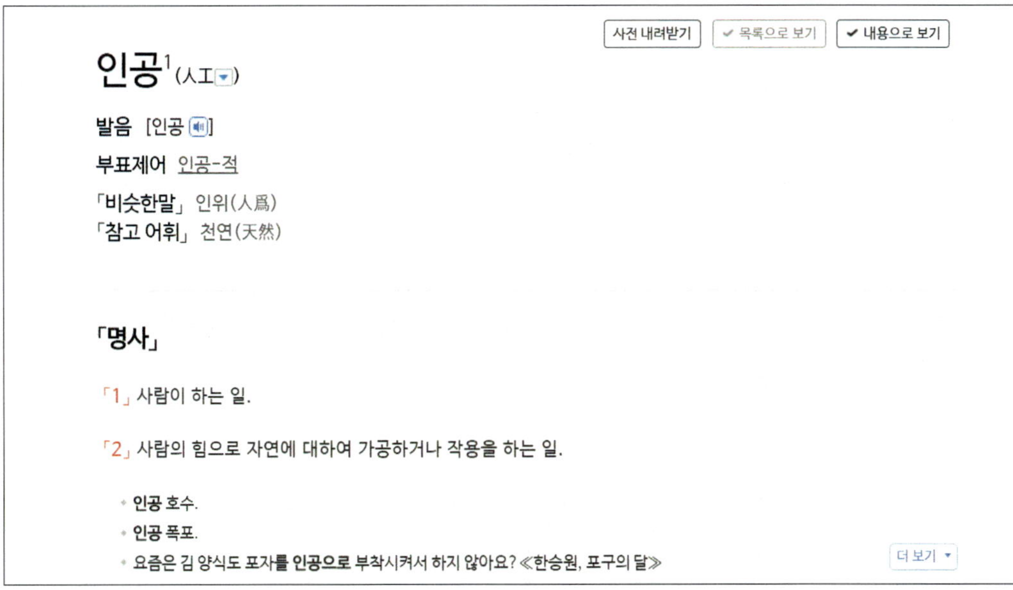

사전 내려받기 | 목록으로 보기 | 내용으로 보기

인공1 (人工)

발음 [인공]

부표제어 인공-적

「비슷한말」 인위(人爲)
「참고 어휘」 천연(天然)

「명사」

「1」 사람이 하는 일.

「2」 사람의 힘으로 자연에 대하여 가공하거나 작용을 하는 일.

- **인공** 호수.
- **인공** 폭포.
- 요즘은 김 양식도 포자를 **인공으로** 부착시켜서 하지 않아요? ≪한승원, 포구의 달≫

더 보기

출처 국립국어원 표준국어대사전

특히, 두 번째 정의가 "artificial"과 같다. 이번에는 "지능"을 검색해 보자.

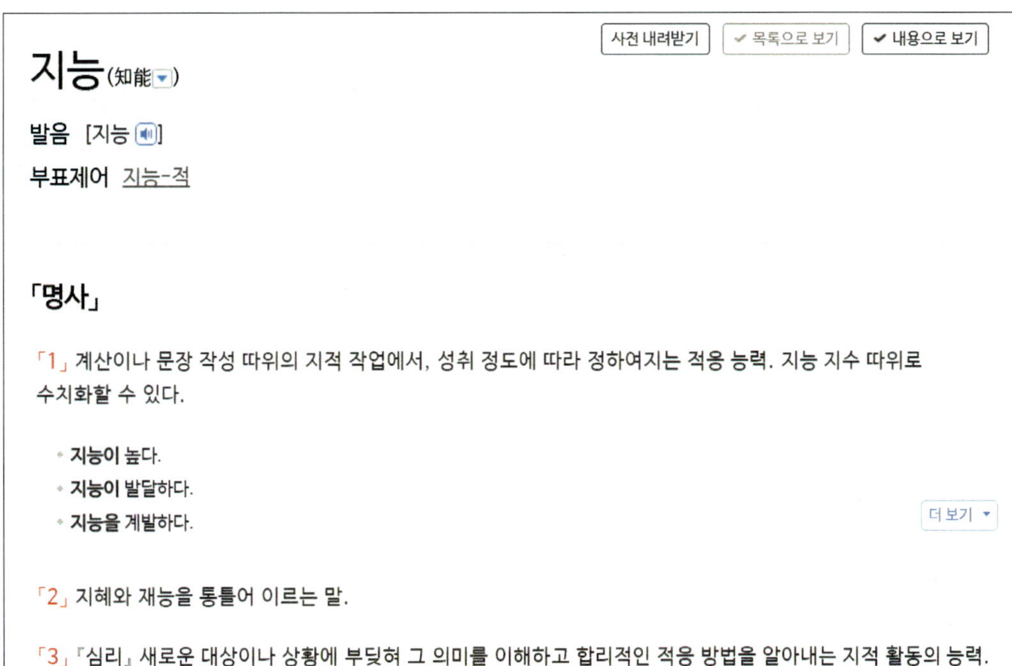

사전 내려받기 | 목록으로 보기 | 내용으로 보기

지능(知能)

발음 [지능]

부표제어 지능-적

「명사」

「1」 계산이나 문장 작성 따위의 지적 작업에서, 성취 정도에 따라 정하여지는 적응 능력. 지능 지수 따위로 수치화할 수 있다.

- **지능이** 높다.
- **지능이** 발달하다.
- **지능을** 계발하다.

더 보기

「2」 지혜와 재능을 통틀어 이르는 말.

「3」 『심리』 새로운 대상이나 상황에 부딪혀 그 의미를 이해하고 합리적인 적응 방법을 알아내는 지적 활동의 능력.

출처 국립국어원 표준국어대사전

이쯤 되면 '"지능"이 어떤 뜻인지 정의할 수 없으니 각자 알아서 판단하라.' 정도가 아닐까? 지능을 정의하는데 온통 "지"와 "능"을 사용한 자기 참조적 정의로밖에 볼 수 없다. 즉, 지능을 정의하는데 그 단어를 구성하는 한자어를 사용했다. 다만 "적응 능력"이라는 표현에서 영어 사전과 같은 의미가 있다는 걸 눈치챌 수 있겠다.

그렇다면 "인공지능"에 희망을 걸어보자.

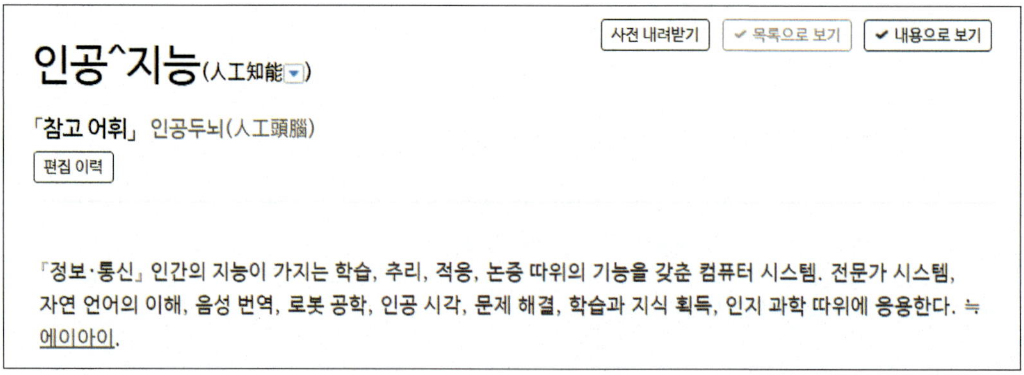

출처 국립국어원 표준국어대사전

우리말 사전은 인공지능을 "인간의 지능이 가지는 기능을 갖춘 컴퓨터 시스템" 즉 사람이 만든 (지능적인) "결과물"로 정의했다. 컴퓨터 시스템이 나무에서 열리지는 않았을 테니 사람이 만들었을 테고 학습 등의 기능을 지녔다니 지능적이라고 볼 수 있겠다. 여기서 용어를 정의하는 케임브리지 사전과 표준국어대사전의 큰 차이를 언급할 필요가 있겠다. 예를 들어 전자는 artificial intelligence를 정의하는데 그 일부인 intelligence를 사용하지 않는다. 반면에 후자는 인공지능을 정의하는데 지능을 그대로 사용한다. 이런 걸 자기 참조 혹은 귀납적 정의라고 하는 데, 사람을 무척 괴롭힌다.

인공지능이란 용어가 연구 분야, 기술, 결과물 등 상황에 따라 다르게 사용된다는 걸 알 수 있다. 하지만 "사람이 만든 것으로 사람같이 작동한다"는 공통점을 갖는다.

그렇다면 연구 분야로써 인공지능을 연구하는 사람들 즉, 학계에서는 인공지능을 어떻게 정의할까?

결론부터 말하자면 학자들 역시 제각각의 정의를 내린다. 일본의 한 연구자가 책을 집필하면서 인공지능 전문가 수십 명에게 정의를 내려달라고 한 후 수십 가지 정의를 10여 쪽에 걸쳐

서술한 것을 본 적이 있다. 서두에 언급했듯이 모두 정답이라고 할 수 있지만 동시에 부분적인 답일 수밖에 없다. 있지도 않은 코끼리 한 마리를 놓고 자기 위치에서 본 모습을 그렸을 뿐이다.

학문 분야로써 인공지능은 지능적인 시스템을 만드는 컴퓨터 과학의 한 분야인데, 시스템이 지능적이란 건 그게 지능적인 사람이나 할 수 있는 동작을 보인다는 것이고, 사람이 하는 지능적인 행동이란 건 언어, 학습, 추론, 문제 해결 등이다.

앞에서 찾아본 사전적 정의가 모두 포함된다는 걸 알 수 있다. 다음과 같은 대화를 예로 들어보자.

"내 전공은 인공지능입니다. 최근에 감마Go라는 인공지능 프로그램을 만들었는데, 바둑 해설할 때 사용합니다. 감마Go의 예상에 따라 해설자가 '인공지능이 여기 두는 게 좋다고 하는군요!' 같이 말하는 걸 들으면 흐뭇합니다."

첫 번째 인공지능은 학분 분야, 두 번째 인공지능은 기술, 세 번째 인공지능은 시스템을 말한다는 걸 알 수 있다. 동시에 위 대화는 "나는 '만든 지능'을 만드는 일을 하고, '만든 지능'은 사람처럼 동작하는데, '만든 지능'이 따내지 말고 먼저 저쪽을 이으라고 한다."와 같은 의미다. 여기서 "만든 지능"은 사람이 만들 것으로써 사람같이 동작하는 그 무엇이다.

자 이제 인문학이란 무엇인가 알아보자!

앞에서 사전을 찾아보았으니 여기서도 먼저 사전을 들여다보자!

> **humanities**
>
> ***plural noun***
>
> **US** /hjuˈmæn·ɪ·t̬iz/
>
> **literature, language, history, philosophy, and other subjects that are not a science, or the study of these subjects**

출처 케임브리지 사전, https://dictionary.cambridge.org/english/intelligence

간단해서 좋다. 문학, 언어, 역사, 철학 그리고 과학이 아닌 것 또는 그런 주제에 관한 연구.

사전 내려받기 | 목록으로 보기 | 내용으로 보기

인문-학(人文學)

발음 [인문학]

활용 인문학만[인문항만]

「명사」

언어, 문학, 역사, 철학 따위를 연구하는 학문.

출처 국립국어원 표준국어대사전

과연 인문학이란 무엇일까? 사실 인문학이란 걸 하나의 단어로서 뜻을 정의하는 건 무리다. 그렇다면 단어보다 개념을 서술한 백과사전을 참조하는 게 좋겠다.

다음은 위키백과사전(https://ko.wikipedia.org/)에서 "인문학"을 검색한 결과다.

인문학

위키백과, 우리 모두의 백과사전.

liberal arts에 대해서는 자유과 문서를 참조하십시오.

인문과학 또는 **인문학**(人文學, 영어: humanities)은 인간과 인간의 근원문제, 인간과 인간의 문화에 관심을 갖거나 인간의 가치와 인간만이 지닌 자기표현 능력을 바르게 이해하기 위한 과학적인 연구 방법에 관심을 갖는 학문 분야로서 인간의 사상과 문화에 관해 탐구하는 학문이다. 자연과학과 사회과학이 경험적인 접근을 주로 사용하는 것과는 달리, 분석적이고 비판적이며 사변적인 방법을 폭넓게 사용한다.

목차 [숨기기]

즉, 인문학이란 자연이 아니라 사람에 관한 학문이라는 걸 알 수 있다. 또한, 인문학 궁극의 목표는 사람이 자신과 세상을 돌아보고 어떻게 살아야 하는지 성찰하는 것이다. 무척 거창하고 엄숙하다.

인공지능은 인문학

그렇다면 인공지능이 어떻게 인문학 일 수 있는가? 인공지능이 무엇인가? 인공지능은 사람 같은 것 또는 그걸 만드는 분야와 기술을 아우르는 말이고 인문학은 사람에 대한 학문이다. 사람 같은 거 또는 그런 걸 만드는 일을 사람에 대해 잘 모르고 할 수 있겠는가? 인공지능을 실현하기 위한 많은 부분에서 인간에 대한 이해와 성찰이 필요하다. 예를 들어 무인 주행 자동차의 경우를 생각해 보자. 사람이 어떻게 운전하는지, 어떻게 길을 걷는지에 대한 이해 없이 편리하고 안전한 자율 주행이 가능할까? 건널목을 건너는 사람을 발견한 순간 탑승자나 보행자 중 하나를 희생해야 하는 경우가 발생한다면 인공지능이 어떤 결정을 내리게 프로그래밍할 것인가? 스스로 학습해서 결정하게 내버려 둘까? 인공지능 윤리에 해당하는 이런 상황은 당장 해결해야 할 시급한 문제다.

이제 인공지능은 과학과 공학의 한 분야가 아니다. **모두에 의한 모두를 위한 모두의 인공지능**이다.

사람의 모든 행위가 뇌의 작용에 의한 것이며 지능적 행위 역시 뇌에서 비롯되니, 인공지능을 위해서는 뇌에 대한 이해가 필요하다. 사람의 뇌에 대해서 잠깐 살펴보자.

세상은 딱딱한가? 부드러운가? 어떤 사람은 세상에 인정이 넘치기에 부드럽다 하고 다른 사람은 세상이 몰인정하여 딱딱하다고 한다. 그런 이야기가 아니다. 주위를 둘러보자. 물, 지우게, 엿, 나뭇잎은 부드럽다. 돌, 연필, 사탕, 통나무는 딱딱하다. 즉, 세상은 딱딱하기도 하고 부드럽기도 하다. 세상에는 “몇 개”라고 물을 수 있는 것과 “얼마나”라고 물을 수 있는 것들이 있다. “디지털”과 “아날로그”가있고, “수”와 “공간”이 있다. “이산적인”것과 “연속적인”것이 있는가하면, “산술”과 “기하”도 있다. 우리 인간은 우리가 살아가는 세상 즉 자연의 이러한 속성을 잘 알고 그것을 효과적으로 다루거나 묘사하는 개념을 발전시켜왔다. 어떻게 그랬을까?

딱딱함	부드러움
몇 개?	얼마나?
수	공간
디지털	아날로그
이산	연속
분리	혼합
산술	기하
많음/여럿	하나/전체
좌뇌	우뇌

진화는 우리 뇌를 두 덩어리로 나누었다. 좌뇌는 딱딱함을 우뇌는 부드러움을 이해하고 다루도록 역할을 분담하게 되었다. 북쪽 하늘 북두 7성을 보고 7이라는 숫자를 인식한 건 좌뇌가 작동한 것이고 국자를 떠올리는 건 우뇌가 작동한 것이다. 우뇌는 별을 보고 있지도 않은 선을 그려준다. 별자리라는 것들이 다 그렇다. 있지도 않은 선을 머릿속에 그려 여러 모양을 상상할 수 있게 한다.

우리 뇌에 대해 더 알아보기로 하자. 사람의 뇌는 진화의 과정에 따라 혹은 그것이 발달한 순서에 따라 본능의 뇌, 감성의 뇌, 이성의 뇌로 구분할 수 있다. 가장 안쪽에 있는 뇌간 즉, 본능의 뇌는 생명 유지와 관계된다. 수면 중에도 숨 쉴 수 있고 뇌사 상태 환자가 생명을 유지하는 것은 본능의 뇌가 살아있기 때문이다. 진화 과정에 다음으로 발달한 곳이 뇌 변연계 즉, 감정의 뇌다. 이 부분은 감정을 담당한다. 이 부분을 통해 인간은 울고 웃고 노래한다. 가장 늦게 발달한 바깥쪽 대뇌피질이 인간을 인간답게 하는 이성의 뇌다. 이 부분을 통해 우리는 계산하고 추론하고 생각한다.

요약하면 우리 뇌는 딱딱함을 담당하는 좌뇌, 부드러움을 담당하는 우뇌, 감정을 담당하는 안쪽 변연계와 이성을 담당하는 바깥쪽 대뇌피질로 구성된다. 즉, 우리 뇌를 크게 4부분으로 나눌 수 있다. 이것이 허만의 두뇌 우성 모델이다.

출처 https://www.herrmannsolutions.com/what-is-whole-brain-thinking-2/

이제 컴퓨터, 인공지능, 그리고 뇌의 관계에 대해 정리해보자. 인공지능 이전 컴퓨터 기술은 왼쪽 뇌의 기능을 담당해 왔다. 긴 설명이 필요 없이 명백하다. 엄청난 양의 데이터를 저장하고 계산을 아주 빠르게 수행할 수 있었다. 그러나 사람처럼 패턴을 인식하고 언어를 이해하는 일, 그림을 그리고 음악을 만드는 일은 잘 하지 못했다. 즉 우뇌의 기능을 대신하기에 많이 부족했다. 지금의 인공지능은 바로 그 부족한 부분 즉 우뇌가 하는 일에 도전하고 있다.

인공지능은 "아직은 사람이 더 잘하는 일을 컴퓨터 즉, 기계가 잘 할 수 있게 하려는 노력 혹은 그 결과"라고 정의할 수 있다. 그리고 그것이 사람보다 더 잘할 것을 모두가 우려하고 있다. 그래서 인공지능은 인문학이다!

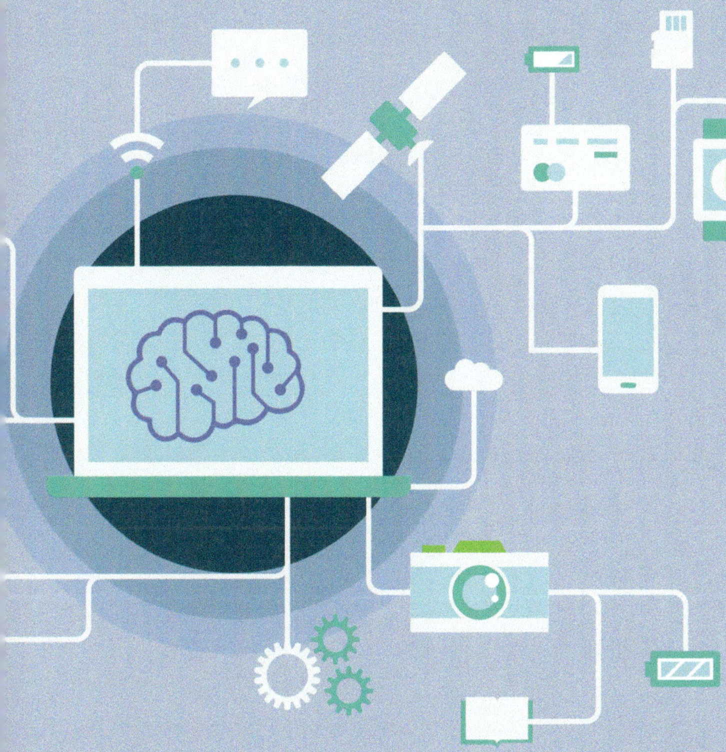

02
CHAPTER

내 이상형은 기계!

02

내 이상형은 기계!

사람들은 아주 오래전부터 자신과 같은 무엇을 만들려는 욕구를 가져왔다. 진흙으로 빚어 생명을 불어넣은 골렘, 자신이 만든 아름다운 상아 여인 갈라테이아와 사랑에 빠진 피그말리온 이야기, 나무 인형 피노키오 같이 여러 신화와 문학에 등장하는 다양한 존재들이 그러한 욕망을 잘 나타낸다.

출처 피그말리온과 갈라테이아, 에티엔느 모리스 팔코네, Hermitage Museum

지능을 가진 존재를 만드는 기술이 현실로 다가왔다고 느낀 무렵 사람들은 어떤 시스템이 지능을 가졌다는 게 무엇인지 정의해야 했다. 이제부터 지능 시스템에 대한 논쟁의 역사와 인공지능이라는 용어의 탄생부터 현재까지 인공지능의 역사를 알아보자.

내 이상형이 누구라고!

어떤 과학자가 "생각하는 기계"를 만들었다고 가정해보자. 그 기계가 정말 생각이라는 걸 할 수 있다는 건 어떻게 판단할 수 있을까? 과학과 수학이 발달하면서 인간의 사고 과정을 기계적으로 대체할 수 있다는 희망의 시절에 튜링이라는 위대한 수학자가 "생각하는 기계"에 대해 논문을 발표한다. 여기에서 튜링은 생각하는 기계의 판단 기준을 최초로 제안한다.

튜링의 제안과 이어지는 논쟁을 이해하기 위해 먼저 한가지 현실의 사례를 살펴보자.

다음은 EBS에서 제작 방송한 프로그램의 화면이다.

출처 EBS, 비욘드, 인공지능 2부, 이미테이션 게임에서 추출

인공지능 기술을 4부작으로 소개하는 기획 프로그램 중 2부인 이미테이션 게임에서 인공지능이 사람을 대신할 수 있는가에 대한 주제를 다루는데, 음악, 미술, 포커, 그리고 대화에서 기계 즉, 인공지능이 사람을 어느 정도 흉내 낼 수 있는지 매우 쉽고 재미있게 소개한 잘 만든 프로그램이다. 음악과 미술의 경우 인공지능의 작품과 사람 예술가의 작품을 구분할 수 없음을 보여주며, 테란의 황제에서 전문 포커 도박사로 변신한 임요환이 인공지능과 게임했음을 알고 매우 놀라는 과정을 잘 보여준다.

대화 영역의 경우 인공지능이 사람처럼 대화를 나눌 수 있는지 판단하기 위해 인공지능과 소개팅이라는 매우 재미있는 실험을 한다. 남녀가 얼굴을 마주 보고 하는 게 아니라 스마트폰 채팅으로 대화를 나눈다는 점만 현실과 다르다. 그림처럼 3번 남성이 인공지능인데 결론적으로 여성 참가자들로부터 가장 호감을 받은 남성은 3번 즉 인공지능이다.

내 이상형은 인공지능, 사람이 아니고 기계다!

이 인공지능 프로그램은 우리가 이미 잘 알고 있는 챗봇이고, 이 시스템을 개발한 회사의 대표가 제작과정을 간단하게 알려준다. 원리는 매우 간단하다. 소개팅에서 주고받을 만한 대화 목록을 만든 후 여성들이 선호하는 일종의 모범 답안?을 수집하여 챗봇을 학습시킨다. 이렇게 학습한 인공지능은 "자취해본 경험이 있냐?"는 질문에 "지금 자취 중"이라고 대답한다. 그러니 순진한 인간?이 이길 수 없다.

챗봇을 어떻게 만드느냐가 우리의 주제는 아니다. 프로그램 제작자들이 제목으로 사용한 "이미테이션 게임"에 대해 알아보자. 튜링 테스트로도 부르는 이 개념은 1950년 천재 수학자 앨런 튜링의 논문 "계산 기계와 지능"에 등장한다. 튜링은 기계가 생각할 수 있는가? 라는 질문을 던지고 생각이라는 추상적인 개념을 우회하기 위해 이미테이션 게임을 제안한다. 즉, 생각할 수 있고 없고 문제를 현실적인 다른 질문으로 바꾼 것이다. 튜링의 이미테이션 게임에 대한 표준 해석은 다음과 같다. 질문하는 사람 C가 A, B와 쪽지를 주고받으며, 즉 상대가 누군지 알 수 없는 상태에서, 대화를 나누어 A 또는 B중 누가 사람이고 누가 컴퓨터인지를 구분해야 한다. 이러한 게임에서 C를 속일 수 있다면 컴퓨터가 생각이란 걸 할 수 있다고 보자는 제안이다.

인공지능은 바둑의 아름다움을 알까?

인공지능과 역사적 대결을 마친 후 이세돌 9단은 "인공지능은 바둑의 아름다움을 모른다!"는 말로 자신의 소감을 밝힌다. 비록 바둑에선 졌으나 기계는 기계일 뿐이라는 말이다. 그렇다면 바둑의 아름다움을 안다는 건 무엇일까? 이 질문은 튜링 테스트를 통과한 인공지능은 정말 생각이란 걸 할 수 있는가? 와 같다고 볼 수 있다.

미국의 철학자 존 설은 튜링 테스트로 기계가 지능을 가졌는지 아닌지 판정할 수 없다는 것을 논증하기 위해 하나의 사고실험을 고안한다. 설의 사고실험은 다음과 같다.

밀폐된 방 안에 영어만 할 줄 아는 사람이 있다. 방안에는 필담을 나눌 수 있는 도구와 중국어 질문에 대한 답변 매뉴얼이 준비되어 있다. 이 방 안으로 중국인이 중국어로 쓰인 질문을 넣으면 방 안의 사람은 영어로 된 매뉴얼에 따라 답변을 중국어로 써서 밖의 중국인에게 전달한다.

방 안의 사정을 전혀 모르는 사람 관점에서 (원활하게 대화가 이루어진다면) 방 안의 사람이 중국어를 할 줄 안다고 생각하는 게 당연하다. 그러나, 안에 있는 사람은 사실 중국어를 전혀 모르는 사람이고, 중국어 질문에 대한 아무런 이해 없이 답변 매뉴얼에 따라 대답할 뿐이다. 그러므로 중국어로 완벽하게 대화를 나누더라도 방 안에 있는 사람이 중국어를 이해했다고 인정할 수 없다고 볼 수 있다. 마찬가지 논리에 의해 사람처럼 대화를 나눌 수 있는 기계 즉 인공지능을 만들더라도 그것이 지능을 가졌는지 튜링 테스트로 판정할 수 없다는 게 설의 주장이다. 질문 자체가 쉽게 결론을 내릴 수 있는 게 아니므로, 설이 사고실험으로 튜링 테스트를 공격한 이후 인공지능의 평가에 대한 많은 과학적/철학적 논쟁이 이어지고 있다.

중국어 방에 대한 대표적인 반론으로 시스템 응답이라는 게 있다. 방 안에 있는 사람 즉, 영어만 할 수 있는 사람은 중국어를 모르더라도, 하나의 시스템으로서, 중국어 방 전체는 중국어를 이해한다는 주장이 시스템 응답이다. 외부 신호를 받아 처리한 후 반응하는 시스템으로써 컴퓨터 시스템, 중국어 방, 그리고 사람을 비교해서 시스템 응답이 무엇인지 알아보자.

다음은 컴퓨터, 인공지능, 그리고 사람을 비교한 것이다.

컴퓨터	인공지능	사람
컴퓨터 시스템	중국어 방	사람 자신
컴퓨터 하드웨어	영어만 할 수 있는 사람	신경망(뇌)
컴퓨터 프로그램	답변 매뉴얼	지능
입력	중국어 질문	자극
출력	중국어 답변	반응
데이터베이스	질문/대답 목록	기억

설은 사고실험을 통해서 영어만 할 수 있는 사람은 중국어를 모른다고 주장한다. 시스템 응답 역시 그것에 동의하지만, 시스템 전체 즉 중국어 방은 중국어를 이해한다고 주장한다. 이는 사람의 언어 능력이 뇌에서 비롯되지만, 뇌 안의 뉴런이 언어를 이해하지 못하는 상황과 잘 비교된다. 사람의 뇌는 뉴런이라는 CPU 수백억 개의 네트워크 즉 신경망이다.

인공지능은 바둑의 아름다움을 알지 못할까? 알파Go 같은 인공지능과 인간 바둑기사가 바둑을 둘 때 해설자들이, "아! 인공지능이 응수 타진을 하는군요!", "오! 반발하는 데요!", "집 모양이 근사합니다!" 같은 표현을 사용한다. 사람끼리 바둑을 둘 때와 같은 표현을 사용한다. 따라서 바둑으로만 말하자면 사람과 인공지능의 구별이 어렵지 않을까? 사람과 인공지능이 멋지게 한판을 펼쳤고, 누군가 그 사실을 모른 채 대국을 기보로만 접했다고 가정하자. 바둑의 맛을 아는 두 사람의 멋진 대결이었다고 느낄 수 있지 않을까? 바둑의 아름다움을 안다고 할 때 그 주체는 무엇이며, 그 사실은 어떻게 확인할 수 있을까?

막 승부를 마친 오메가Go에게 132번째 수를 그곳에 둔 이유가 무엇이냐고 물었을 때, “멋지게 이기고 싶었다”고 답한다면 오메가Go는 튜링 테스트를 통과한 것이고 동시에 바둑의 아름다움을 안다고 할 수 있는가?

구불구불 인공지능의 길

인간과 닮은 무엇을 만들려는 욕구의 역사가 오랜 것과 별개로 인공지능은 비교적 최근에 만들어진 용어다. 1950년 튜링의 지능적인 시스템과 지능 시스템의 평가 수단에 대한 논문에서 알 수 있듯이, 인공지능이라는 용어가 공식적으로 사용되기 이전에 학자들은 보통 생각하는 기계라는 용어를 사용해왔다. 1956년 존 매카시, 마빈 민스키, 너대니얼 로체스터, 클로드 섀넌 등이 지능을 가진 기계에 관해 연구하는 전 세계 유명한 학자들을 한 자리에 초청한다. 그 모임이 바로 인공지능이라는 용어가 탄생했으며 인공지능이라는 연구 분야가 공식적으로 출범한 다트머스 인공지능 회의다. 학문의 체계가 지금 같지 않은 시절 그들은 주로 수학자, 물리학자, 전기공학자들이었다. 당시 다트머스 대학에 있던 매카시의 제안으로 지능을 가진 생각하는 기계를 인공지능으로 부르기로 합의하고, 그들은 한 달여 기간 동안 기계학습 등에 대해 토의를 거듭했으며 이후 매사추세츠공과대학교와 카네기멜론대학교에 인공지능 연구소

다트머스 학술회의 튜링테스트 맥컬럭·피트 신경망	탐색 문제풀이 추론 계획 정리증명	전문가 시스템 오류 역전파 학습	인터넷, WWW IBM Deep Blue	딥 페이스 알파Go 딥 페이크 고양이 학습 딥러닝 IBM 왓슨 구글 다국어 번역
1943 1950 1956	1943 1950 1956	1986	1987	2000 2010 2011 2012 2014 2016
1043~1950s	1960~1970s	1980s	1990s	2000s~
인공지능 탄생 희망의 시작	1st 겨울 좌절, 조용한 전진 계산기능 한계 논리체계 한계	인공지능 붐 전문가 시스템 성공	2nd 겨울 의심, 빠른 전진 데이터 부족	끝 모를 전진 빅 데이터, 딥러닝 CPU 처리속도 초고속 향상, GPU, TPU 메모리 등 하드웨어 비용 감소

구불구불 인공지능의 역사

가 만들어지면서 수많은 연구자가 인공지능을 개발하기 위해 본격적으로 연구 활동을 수행한다.

인공지능 연구 방향은 크게 기호주의와 연결주의로 구분할 수 있다. 사람의 뇌는 기호처리 장치라는 생각에 기초한 기호주의는, 사람의 뇌를 열어보면 문자와 숫자의 기호가 들어있고 그러한 기호를 뇌가 다양한 규칙으로 처리한다는 생각이다. 따라서 기호주의 학자들은 기호와 규칙에 관한 연구로 인공지능을 구현하려 시도했다. 연결주의는 사람의 뇌 구조와 신경계를 구성하는 뉴런의 상호작용에 기초를 두고 경험으로부터 학습을 통해 인공지능을 구현할 수 있다고 보았다.

신경망에 기초한 연결주의 연구가 활발하게 진행 중인 1960년대 후반 민스키와 파퍼트가 퍼셉트론이라는 초기 신경망의 학습 한계에 대한 연구결과를 발표하자 신경망 연구는 파국을 맞이한다. 그들은 퍼셉트론이 배타적 OR 같은 선형분리불가 문제를 학습하려면 중간층이 필요한데, 당시의 신경망 학습알고리즘은 그런 구조의 신경망 학습이 불가능함을 지적했다. 기호주의 역시 어려움을 겪는다. 기호와 규칙으로 알고 있는 지식을 표현하고 처리하는 연구가 상당한 진전을 보이자, 곧바로 지능적인 시스템을 만들기 위해 처리할 지식이 너무 많다는 사실 즉 지식의 병목현상이라는 장벽에 부딪히게 된다. 인공지능 연구에 대한 지원이 끊기고 많은 사람이 인공지능에 대한 희망을 버리게 된다. 이 기간을 인공지능 첫 번째 겨울이라고 한다.

진정한 연구자는 계절을 가리지 않는다. 먼저 기호주의 분야에서 돌파구가 마련된다. 모든 지식의 처리를 포기하는 대신 필요한 분야만 전문적으로 처리하는 시스템이라면 가능하지 않겠냐는 생각에 기초한 전문가 시스템이 큰 성공을 거둔다. 전문가 시스템은 사람 전문가의 지식을 갖춘 시스템으로 정해진 분야의 지식에 관한 한 사람 이상의 역할을 수행할 수 있는 시스템이다. 초기 MYSIN이라는 혈액 질환 진단용 전문가 시스템을 통해서 가능성이 입증되고, XCON이라는 전자 부품 조립 전문가 시스템이 큰 성공을 거두면서 인공지능에 대한 큰 붐이 일어난다. 사람들이 다시 인공지능에 대해 큰 기대를 하게 되고 각 나라 정부와 기업의 지원이 늘어난다. 연결주의 분야에서도 큰 사건이 2가지 일어난다. 1982년 물리학자 홉필드가 기존의 신경망과 다른 새로운 형태의 순환신경망 모델을 개발하고, 1986년 버클리대학교 대학원생 루멜하트가 오류 역전파 학습알고리즘을 제안한다. 홉필드 모델은 일종의 연상 메모리로, 사람처럼 일부 이미지만으로 전체 이미지를 재생할 수 있는 신경망이다. 예를 들어 고양이 이미지를 학습한 후 고양이 발을 입력하면 전체 고양이 이미지가 재생된다. 우리가 마스크를 착용한 친구를 바로 알아볼 수 있는 이유다. 오늘날 문장 생성 등에 이용하는 순환신경망의 전형적인 형태이다. 오류 역전파 학습알고리즘은 중간층을 포함하는 다층 신경망을 학습하는 알고리즘인데, 이것으로 민스키 등에 의해 쓸모없는 것으로 여겨졌던 신경망 연구가 완벽하게 부활한다. 루멜하트는, 신경망을 이용해서, 기존의 규칙 기반 전문가 시스템보다 훨씬 적은 비용으로 더 뛰어난 성능의 언어처리 전문가 시스템을 만들어 신경망 응용의 성공적인 사례를 제시한다.

1980년대 후반부터 1990년대 초반은 그야말로 신경망의 시대라 부를 만큼 폭발적인 연구가 수행된다. 이 시기에 소프트 컴퓨팅 혹은 계산지능이라 부르는, 계산에 기초한 인공지능 기술이 활발하게 연구된다. 소프트 컴퓨팅은 신경망, 퍼지, 유전 알고리즘, 및 그것의 복합 시스템에 관한 연구를 포함한다. 그러나 인공지능 기술이 활발하게 연구될수록 더 많은 한계를 경험하는 것도 사실이다. 전문가 시스템은 특정 분야에만 소용이 있었으며 현실의 문제에 신경망을 적용하는데도 많은 한계에 봉착하면서 기대한 만큼 성과를 얻지 못하자 다시 한번 겨울을 맞이한다. 흔히 이 시기를 인공지능 두 번째 겨울이라 부른다.

겨울은 봄을 위한 계절이다. 다양한 분야의 전문가들이 축적된 연구 사례를 가다듬고 문제를 하나씩 극복해 나간다. 첫 겨울 동안 계산기능과 논리체계에 대한 이해가 극복되고, 두 번째 겨울 동안 성공과 실패의 경험들이 축적된다. 동시에 데이터의 저장과 처리를 위한 하드웨어 기술 역시 꾸준히 발전한다. 2년마다 메모리 용량과 CPU 처리속도가 2배씩 증가한다는 무어의 법칙이 하드웨어 기술의 발전을 잘 나타낸다. 실패의 경험이 쌓이고 실패를 극복하려는 노력이 거듭되는 가운데, 계산 기능과 논리 체계에 대한 이해가 높아지고 데이터가 축적되는 가운데, 데이터 저장 능력과 처리속도가 기하급수적으로 빨라지면서 커다란 도약의 발판이 마련되면서 인공지능이 꿈틀꿈틀 세상에 자신을 드러내기 시작한다.

튜링 테스트에서도 알 수 있듯이 사람들은 기계와 인간의 대결을 통해 기술의 발전을 확인하려 한다.

알파고 이전 인간과 인공지능 대결의 역사

체스	1967년	체스 프로그램 '맥핵'이 철학자 드레퓌스에게 승리(1승)
	1992년	IBM의 '딥블루'가 인간 체스 챔피언 개리 가스파로프에게 패배(1승 2무 3패)
	1997년	IBM의 '딥블루'가 인간 체스 챔피언 개리 개리 가스파로프에게 승리(2승 3무 1패)
포커	2015년	미국의 포커 프로그램 '클라우디코'가 4명의 프로 포커선수에게 패배
	2017년	캐나다 엘버타대, 체코 카렐대, 체코공과대 공동연구진의 '딥스택'이 프로도박사 11명 중 10명에게 압도적 승리
탁구	2014년	독일의 인공지능 로봇 '아길러스'가 독일 챔피언 티모 볼에게 패배(11대 9)
골프	2013년	인공지능 골프 로봇 '제프'가 세계랭킹 1위 매킬로이에게 승리
바둑	2016년	인공지능 '알파고'가 세계랭킹 4위 이세돌 9단에게 승리(4대 1)

1967년 맥핵이라는 체스 프로그램이 드레퓌스를 이긴 이후 체스 게임을 통해 인간 지성에 도전하려는 노력을 지속하여왔다. IBM은 병렬처리에 기초한 수퍼컴퓨터를 꾸준히 개발해왔으며 그들의 기술력을 인간 체스 챔피언과의 대결을 통해 세상에 알린다. 두 번째 겨울의 동안인 1992년 IBM 슈퍼컴퓨터 딥 블루가 불패의 인간 체스 챔피언 개리 가스파로프에게 1승을 거두고 패한 5년 후인 1997년, 후속 모델 딥퍼 블루가 마침내 2승 3무 1패의 성적으로 인간 체스 챔피언을 꺾는다. 이후 포커와 바둑 같은 지적 게임 영역은 물론이고 탁구와 골프 같은 육체적 활동 영역에서 사람과 기계의 대결이 계속됐고, 2016년 불가능할 것으로 여겼던 바둑에서 알파Go가 최고수 이세돌 9단을 이기는 초유의 사건이 일어난다.

알파Go 이후를 잠깐 살펴보자. 이듬해인 2017년 알파Go 후속 버전인 알파Go 제로가 알파Go를 100대 0으로 이긴다. 게다가 알파Go 제로는 과거 바둑기사들의 기보를 학습하지 않고, 제로 상태에서 시작해서 스스로 대국을 진행하면서 생성한 데이터를 학습한다. 그래서 제로다. 구글은 같은 해 곧바로 알파Zero를 선보인다. 이름에서 알 수 있듯이 Go가 사라졌다. 즉 바둑이 아니라 모든 게임을 학습할 수 있다는 뜻이다. 실제로 알파Zero는 세강 최강 체스 프로그램 스톡피쉬, 역시 세계 최강 장기 프로그램 엘모를 꺾는다. 이후 알파Zero의 형제인 알파Fold와 알파Star가 차례로 등장한다. 알파Fold는 유전자 배열을 분석해서 단백질의 3차원 구조를 예측하는 일을 하고, 알파Star는 예상대로 스타크래프트를 열심히 배우고 있다. 스타크래프트는 바둑보다 경우의 수가 많은 훨씬 복잡한 게임이다.

1997년 딥퍼 블루 이후 알파Go에 이르기까지 크고 작은 많은 성과가 인공지능의 역사에 자국을 남긴다. 구글은 기존과는 다른 접근 방법으로 2000년 다국어 번역 시스템 프로젝트를 개시하는데 문법에 의존하지 않고 통계적 방법을 기초로 하는 이 시스템은 지금도 학습 중이며, 언어가 지닌 역동성에 의해, 그 학습을 영원히 지속할 것이다. 체스라는 게임 분야를 해결한 IBM은 2011년, 튜링 테스트를 통과하려는 야심을 보이며, 사람과 퀴즈 대결을 하는 인공지능 왓슨을 개발해서, 지오퍼디라는 퀴즈쇼에서 사람과 문제 풀이 대결을 펼쳐 압승함으로써 자신들의 기술력을 세상에 알린다. 왓슨과 대결한 사람은 최장기간 연속 우승자와 최고득점 우승자였다. 문제를 맞히면 상금이 누적되는 게임 방식에서 왓슨은 가볍게 이 둘을 제치고 100만 달러 상금에 도달한다. 왓슨은 특히 의료분야에서 두각을 나타내는 인공지능으로 자리 잡았다.

2006년 제프리 힌튼 교수가 70년대 이후 꾸준히 연구된 신경망 이론을 가다듬어 딥러닝 기술을 제안한 후, 2012년 구글은 자율 학습으로 유튜브 이미지 1000만 개에서 고양이 이미지를 구분하는 데 성공하고, 2014년 페이스북은 딥 페이스라는 얼굴인식 인공지능 기술을 보고하는 등 연달아 깜짝 놀랄만한 성과들이 발표되었으며 2016년 마침내 알파Go가 등장하면서 인공지능은 컴퓨터과학의 한 분야에서 모두의 인공지능이 되었다.

03
CHAPTER

바둑, 다음 수는 어딜까!

03

바둑, 다음 수는 어딜까!

지능은 문제를 해결하는 능력이다. 문제를 정의하고 풀이를 생각한 후 정답인지 확인한다. 그 과정에 실패를 경험하고 그것으로부터 배울 수 있다면 지능적이라고 부른다. 자연스럽게 초기 인공지능 분야는 문제 풀이에 대해 깊게 연구한다. 문제를 척척 풀어내는 기계가 생각하는 기계 즉 인공지능이다.

다음은 인공지능의 연구 분야를 나열한 것이다. 물론 인공지능의 연구 분야는 엄청나게 범위가 넓고 내용이 방대하다. 따라서 인공지능에 조금의 지식이 있는 전문가라면 아래와 같은 협소한 구분에 불만을 가질 수 있겠으나, 초창기 인공지능 연구자들이 어떤 연구를 해왔는지 소개하려는 의도임을 이해해야 한다.

탐색(search)
문제풀이(problem solving)
정리증명(theorem proving)
추론(reasoning)
계획(planning)
인공지능 언어, 도구(tool)
지식표현(knowledge representation)
불확실성(uncertainty)
기계학습(machine learning)
인공신경망(artificial neural network)
유전알고리즘(genetic algorithm)

처음 5가지를 고전적 인공지능 분야로 부를 수 있겠다. 초기 연구자들은 어려운 수학적 정리를 증명하고 문제를 척척 풀어내는 기계, 그러기 위해 계획을 세우고 추론도 하는 기계를 만들려 했으며, 문제 풀이의 핵심 알고리즘으로 탐색에 관해 연구했다. 기술의 진전에 따라 추론과 탐색을 위한 언어와 도구가 필요했으며 기호의 처리를 넘어 지식을 표현하고 처리해야 한다는 것을 알게 되었다. 사람과 더 가까워지려면 불확실한 정보를 처리해야만 했고, 다양한 기계학습 기법과 사람 뇌를 모방한 신경망 모델, 자연의 진화를 모방한 유전 알고리즘 등을 개발해서 인공지능의 실현에 다가가고 있다.

앞에서 언급했듯이 초기 인공지능은 기호주의와 연결주의라는 두 갈래 방향을 가지고 출발했다. 기호주의가 기호와 규칙으로 세상을 표현하고 추론으로 문제를 해결하려 한다면 연결주의는 수치로 세상을 표현하고 계산에 기초한 학습으로 문제를 해결하려 한다. 어떤 접근 방법이 우월할까? 1956년 다트머스 학회 이후 굴곡의 인공지능 역사에서 가장 극적인 변곡점은 2016년 알파Go가 인간 바둑기사를 이긴 것을 꼽을 수 있다. 그런 알파Go가 딥러닝과 강화학습으로 무장한 탐색 시스템이라는 사실은, 결국 기호주의와 연결주의가 대립의 관계가 아니라 상호보완의 관계임을 잘 시사한다. 사람의 뇌 좌・우측이 기능적으로 분리된 것과도 같다.

문제를 푼다는 건 결국 답을 찾는 일이다. 인공지능이 바둑을 둔다면 이기기 위해서 다음에 둘 곳을 찾아야 한다. 초기 인공지능 분야에서 이러한 탐색 문제를 어떻게 해결하는지 알아보자.

상태공간 탐색

어떤 대상을 추상화하면 다루기 쉬워진다. 대상을 추상화한다는 건 관심 밖의 요소는 모두 버리고 본질만 남겨 놓는다는 뜻이다. 세상에 풀어야 할 문제는 많고 그것은 각각의 요소들로 구성된다. 제각각의 문제를 해결하는 일반적인 알고리즘을 설계하려면 먼저 개별적인 문제를 일반화할 수 있는 수단이 필요하다. 초기 인공지능 연구자들은 문제풀이를 상태공간 탐색이라는 개념으로 추상화하여 체계적으로 다룬다. 세상의 모든 문제는 문제를 해결해야 할 시점에 특정 상태에 있으며 해결되었을 때를 나타내는 상태가 있다. 문제를 푼다는 건 현재 상태를 해결되었을 때를 나타내는 상태로 바꾸는 방법이나 과정을 알아내는 것과 같다. 따라서 문제를 가능한 상태들의 집합과 상태를 변경하는 연산자로 나타낸다면, 문제를 푼다는 건 원하는 상태에 도달할 수 있는 일련의 연산을 찾는 일이 된다. 다음은 4가지 문제를 상태공간으로 추상화한 사례를 나타낸다.

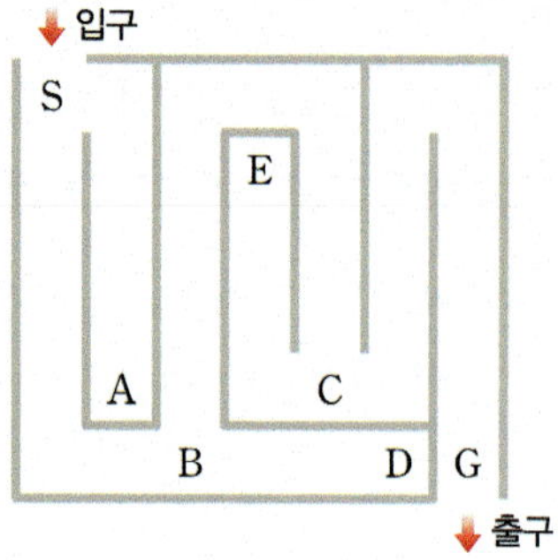

문제1: 미로 찾기
- 초기상태: S
- 목적상태: G
- 연산자: 특정 위치로 이동

문제2: 틱택토
- 초기상태: 아무것도 놓이지 않은 상태
- 목적상태: X(O)가 3개 나란히 놓인 상태
- 연산자: 차례대로 빈 곳에 표시

왼쪽 그림은 X->O->X의 차례로 자신의 말을 위치시킨 상태를 나타낸다.

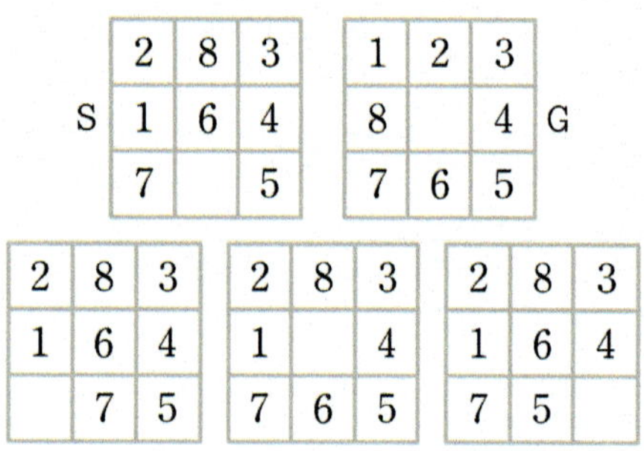

문제3: 8-퍼즐
- 초기상태: S
- 목적상태: G
- 연산자: 빈 위치로 숫자 이동

왼쪽 아래 그림은 초기상태에서 빈칸을 왼쪽, 위쪽, 오른쪽으로 각각 이동시킨 상태를 나타낸다.

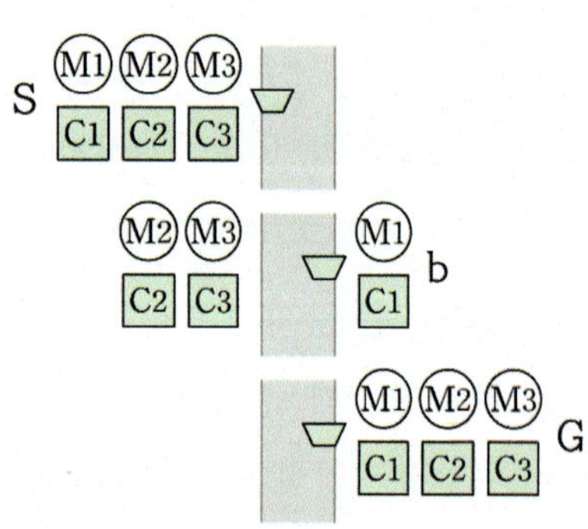

문제4: 선교사와 식인종, 최대 2인이 배로 강을 건너는데, 빈 배는 이동할 수 없고, 어디에든 식인종 수가 많으면 안 됨
- 초기상태: 선교사와 식인종이 모두 왼쪽 강변에 있는 상태(S), (3,3,1)로 나타냄
- 목적상태: 모두 오른쪽으로 이동한 상태(G), (0,0,-1)로 나타냄
- 연산자: 배로 이동

가운데 b는 선교사와 식인종 1명이 오른쪽으로 이동한 상태를 나타낸다.

다양한 문제의 추상화 사례

예를 들어 입구에서 출발해서 출구를 찾는 미로 찾기의 경우, 초기상태는 S이고 목적상태는 G이다. 각 상태에서 상황에 따라 왼쪽, 오른쪽, 전진, 후진 등과 같이 어느 방향으로 이동할지 선택할 수 있으며, 선택한 방향으로 이동하면 다른 상태에 도달한다. 그 다른 상태가 목적상태면 문제는 해결되고 그때까지 이동 경로가 찾는 답이다.

탐색 트리

문제를 추상화하여 상태공간을 정의하면 상태공간 탐색 시스템은 초기상태에 일련의 연산자를 적용해서 목적상태에 도달하는 방법을 찾는다. 목적상태에 도달하면 문제는 해결된 것이다. 시스템이 목적상태에 도달하기 위해 일련의 연산자를 적용하는 과정을 그림으로 나타내면 나뭇가지가 뻗어 나가는 모양을 얻을 수 있다. 이것을 탐색 트리라고 부른다.

앞에서 예를 든 미로 찾기의 경우 시작 위치 S에서 왼쪽으로 이동하면 A에, 계속 직진하면 B에 도달할 것이다. 같은 방식으로 각 지점에서 가능한 방향을 정해서 이동하는 모든 경우를 조사해보면 아래와 같은 탐색 트리를 얻을 수 있다. 따라서 상태공간 탐색 시스템은 주어진 문제로부터 정의되는 탐색 트리의 가능한 경로를 순회하여 문제를 해결하는 시스템이다. 예를 들어 시작 상태에서 왼쪽으로 이동했다면 곧바로 막다른 길임이 밝혀지므로 출발 위치로 되돌아와 직진한다. 그리고 갈림길 B를 만나면 적당한 방법(탐색전략)으로 방향을 정한다. 만일 전략에 따라 왼쪽으로 정해지면 다시 갈림길 C를 만날 테고 같은 방법으로 왼쪽으로 이동하면 목적지에 도달한다. 목적지에 도달하면 탐색 시스템은 해당 경로를 출력하여 문제를 해결한다. 만일 갈림길 B에서 직진했다면 막다른 골목 D에 도달하게 될 테고, 탐색 시스템은 이전 위치로 되돌아와 다른 선택 즉, 왼쪽으로 이동한다.

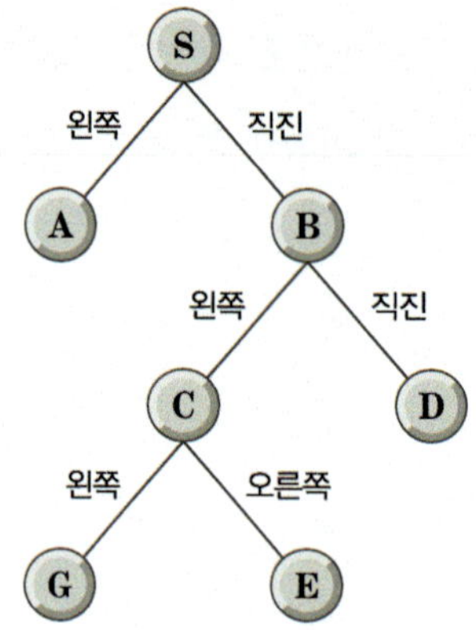

다음은 틱택토, 8-퍼즐, 선교사와 식인종 문제의 탐색 과정에 생성되는 탐색 트리를 나타낸다. 루트라 부르는 시작 상태로부터 가능한 경우를 차례로 나열하면 나무를 거꾸로 뒤집은 모양의 탐색 트리를 얻을 수 있다. 즉 탐색 트리는 탐색 시스템이 잠재적으로 순회해야 할 탐색 공간을 나타낸다. 따라서 해답을 찾기 어려운 문제일 수로 복잡한 탐색 트리가 생성된다.

미로 찾기처럼 단순한 문제의 경우 대응하는 탐색 트리 역시 매우 간단하다. 탐색 시스템은 몇 차례 시행착오만으로 목적지를 쉽게 찾을 수 있고 해당 경로를 문제 해결책으로 제시하면 그만이다. 그런데 위 그림에서 알 수 있듯이 틱택토 문제만 하더라도 가능한 경우의 수가 매우 많다. 이런 경우라면 탐색 시스템이 탐색 트리의 가능한 경로를 찾아다니는 게 문제가 될 수 있다. 복잡한 탐색 트리 즉, 탐색 공간이 큰 문제를 효율적으로 탐색하기 위해서는 전략이 필요하다.

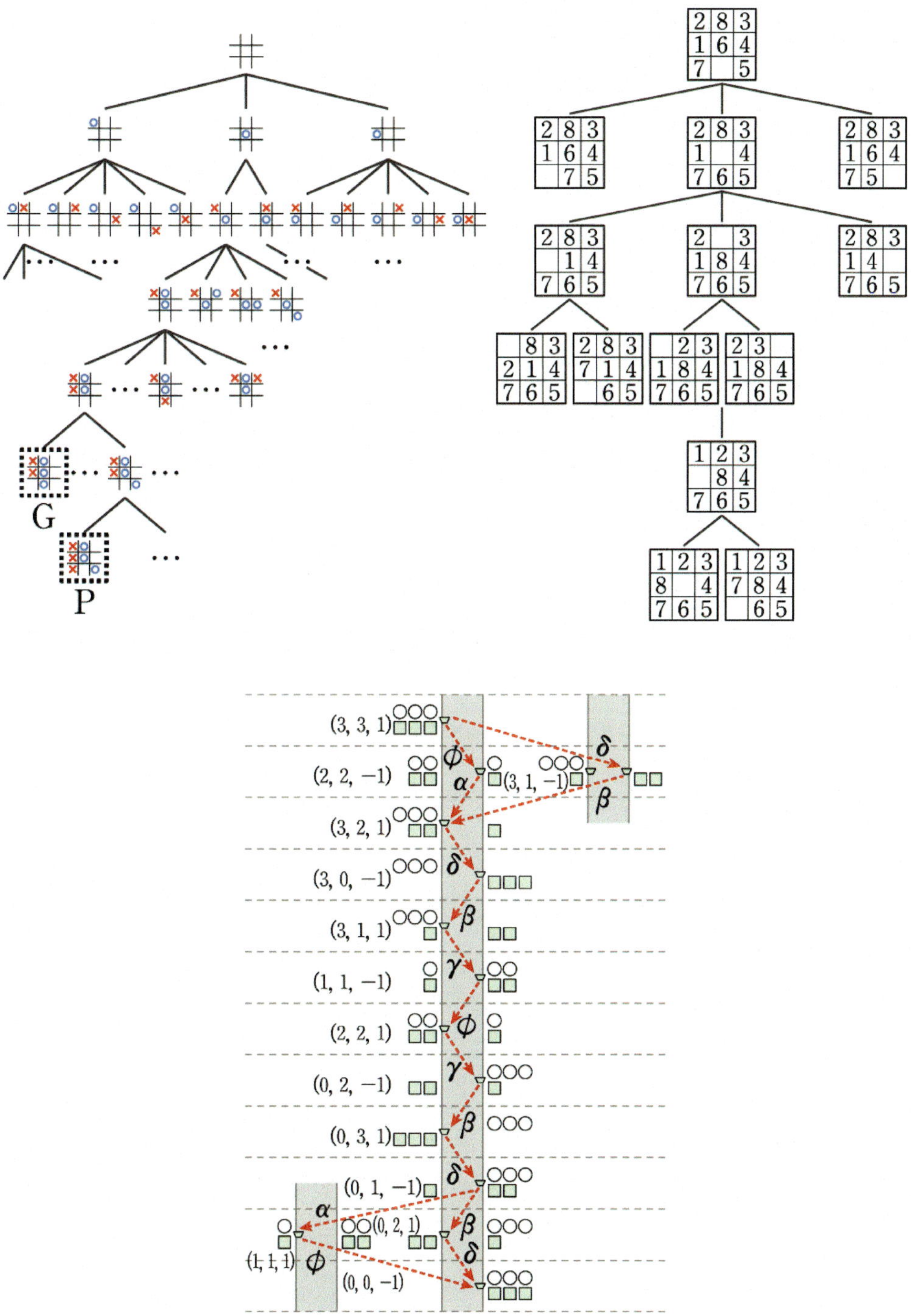

탐색트리

상태공간 탐색전략

가장 단순한 것으로 아무런 전략을 사용하지 않는 탐색 전략이 맹목적 탐색이다. 즉 현재 상태에서 임의의 상태 전이 연산을 적용해서 다음 상태로 무작정 이동한다. 운 좋게 목적 상태에 도달하면 탐색을 멈추는데, 답이 여러 개인 경우 현재의 결과가 항상 좋은 답이라는 보장이 없다. 더 심각한 것은 동일한 상태에 반복적으로 진입할 수도 있고 답이 있는데도 탐색에 실패할 수 있다.

더욱 개선된 방법은 탐색 공간을 차례로 모두 순회하는 완전(exhaustive) 탐색전략이다. 시작 상태에서 출발하여 이동 가능한 위치를 차례로 탐색하는데, 특정 상태에서 가능한 경로가 여러 개면 어떤 순서로 탐색하느냐에 따라 너비우선탐색(BFS)과 깊이우선탐색(DFS) 2가지 전략으로 구분할 수 있다.

너비우선탐색은 이동 가능한 상태가 여러 개면 그것들이 목적상태인지 아닌지 모두 탐색한 후, 목적상태에 도달하지 못하면, 하위 상태를 탐색하는 전략이다. 깊이우선탐색은 이동 가능한 상태가 여러 개면 그중 하나를 선택해서 그 상태가 목적상태이면 탐색을 종료하고, 목적상태가 아니면 그 상태의 하위 상태를 먼저 탐색하는 전략이다.

아래와 같은 탐색 트리에 대해 생각해 보자. 시작 상태 S로부터 이동 가능한 상태는 A, B, C 3가지이다. 왼쪽에서 오른쪽 순서로 탐색하는 경우, 2가지 전략 모두 다음 탐색 위치는 상태 A로 일치한다. A가 목적상태가 아니라면 너비우선탐색은 같은 높이에 있는 B를 깊이우선탐색은 A의 아래 왼쪽 상태 D를 먼저 탐색한다. 아래 그림에서 원 주위에 기록된 탐색 순서를 보면 2가지 전략을 잘 이해할 수 있다.

목적상태가 E일 때 너비우선탐색은 6회 깊이우선탐색은 4회 탐색 만에 목적지에 도달한다. 반면에 목적상태가 C이면 너비우선탐색은 4회 깊이우선탐색은 8회 탐색 만에 목적지에 도달한다. 즉, 완전 탐색전략을 사용하는 경우 목적상태가 탐색트리 즉, 상태공간의 어디에 위치하느냐에 따라 탐색 효율이 다르다는 걸 알 수 있다. 목적상태가 트리의 상단에 위치할수록 너비우선탐색, 하단에 위치할수록 깊이우선탐색이 효율적임을 알 수 있다. 목적상태가 왼쪽 깊숙한 아래에 위치하면 너비우선탐색이 매우 비효율적일 테고, 목적상태가 오른쪽 상단에 위치하면 깊이우선탐색의 효율이 높지 않을 것이다. 특히 탐색 트리가 매우 깊고 큰 경우라면

이러한 부작용이 매우 심각하다. 일반적으로 목적상태가 탐색공간의 어디에 위치하는지 알 수 없으므로 더 효율적인 탐색전략이 필요하다.

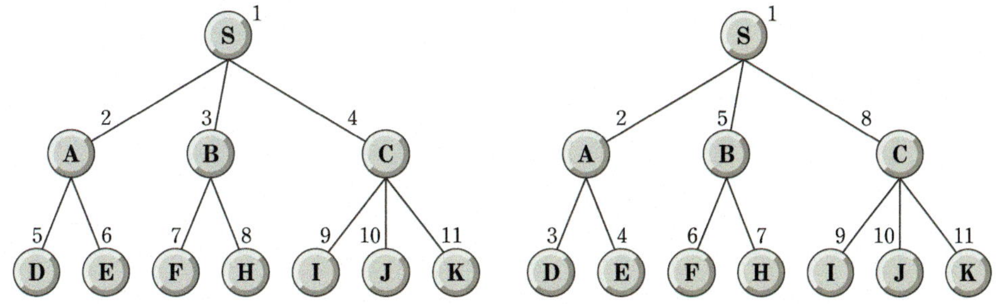

너비우선탐색(왼쪽)과 깊이우선탐색 전략(오른쪽)

문제에 내포된 지식을 활용해서 더 빠르고 더 좋은 해결책을 찾을 수 있도록 개선한 것이 휴리스틱 탐색전략이다. 아래와 같은 미로 문제에 대해, 각 상태에서 목적상태까지 얼마나 가까운지를 알 수 있다고 가정하자. 상태 B를 거쳐 상태 C에 도달한 경우, 지나온 경로를 제외하면 왼쪽과 오른쪽 두 방향으로 이동할 수 있고, 각각 상태 E와 상태 G에 도달하게 된다. 그렇다면 G가 목적상태이므로 오른쪽을 선택하는 게 자연스럽다. 이렇게 어떤 상태로 이동하는 게 좋은지를 판단하는 지식을 사용하는 전략을 휴리스틱 탐색이라 하며, 이때 사용하는 지식을 휴리스틱 함수라고 부른다. 일반적으로 미로 문제의 경우 목적상태까지 추정 거리를 휴리스틱 함수로 사용한다.

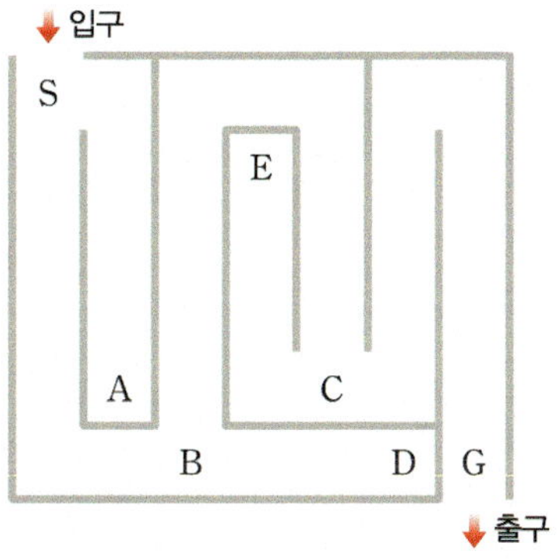

미로 문제

휴리스틱 함수는 현재 상태에서 목적상태와 더 가까운 다음 상태를 찾아주는 함수이다. 만일 시작 상태에서 출발해서 현재 상태에 도달하는 방법이 여러 가지가 있다면 가장 짧은 경로를 따라 탐색하는 게 가장 효율적일 것이다. 이렇게 시작 상태에서 현재 상태까지의 탐색 비용과 현재 상태에서 목적상태까지 탐색 비용을 모두 고려한 탐색전략을 A* 알고리즘이라 부른다.

A* 알고리즘은 보통 다음과 같은 평가함수 $f(n)$을 사용해서 매우 효율적으로 상태 공간을 탐색한다. 여기서 n은 상태를 나타내며, $g(n)$은 시작 상태에서 상태 n까지 탐색 비용을 추정하는 함수이고, $h(n)$은 현재 상태에서 목적상태까지 탐색 비용을 추정하는 휴리스틱 함수다.

$$f(n) = g(n) + h(n)$$

다음은 8-퍼즐에 A* 알고리즘을 적용한 사례를 나타낸다. 이 경우 $g(n)$은 시작 상태에서 현재 상태까지 빈칸을 이동한 횟수이고, $h(n)$은 현재 상태와 목표 상태의 숫자가 다른 칸(빈칸은 제외)의 개수다. 예를 들어 시작 상태의 경우 $g(n)$=0이고, 목표 상태와 다른 칸이 4개이므로 $h(n)$=4이므로 평가함수 값은 $f(n)$=4임을 알 수 있다.

이제 탐색을 시작해보자. 시작 상태에서 빈칸을 좌, 위, 우로 이동할 수 있으므로 가능한 다음 상태는 3개가 된다. 완전 탐색전략을 사용한다면 왼쪽 상태를 선택하겠지만, A* 알고리즘을 사용하는 경우는 먼저 각각의 상태에 대해 $f(n)$을 이용해서 탐색 비용을 계산한다. 앞에서 정의한 평가함수를 사용하면 탐색 비용이 각각 6, 4, 6이므로 평가함수 값이 가장 작은 가운데(빈칸을 위로 올리는) 상태 a를 선택한다. 마찬가지로 가능한 다음 상태에 대해 비용을 계산하면 5, 5, 6이 되고, 임의로 가운데 상태 b를 선택하면 (중복을 제외하고) 2가지 가능한 상태를 얻는다. 같은 방식으로 계산한 비용이 5, 7이므로 왼쪽 상태 c로 이동한 후, 다시 d를 거쳐 목적상태 e에 도달할 수 있다. 목적상태에 도달하면 탐색 시스템은 굵게 표시한 차례로 빈칸을 이동하는 풀이를 제시한다.

앞에서 언급했듯이 A* 알고리즘은 현재까지 탐색 비용이 가장 적으면서, 동시에 앞으로 탐색 비용이 가장 적을 것으로 추정되는 다음 상태를 선택하는 전략을 사용하는 것으로, 평가함수를 적절하게 정의하는 경우 가장 효율적인 탐색이 가능한 알고리즘이다. 대부분 게임에서 유닛들은 A* 알고리즘으로 정해진 경로를 따라 이동한다.

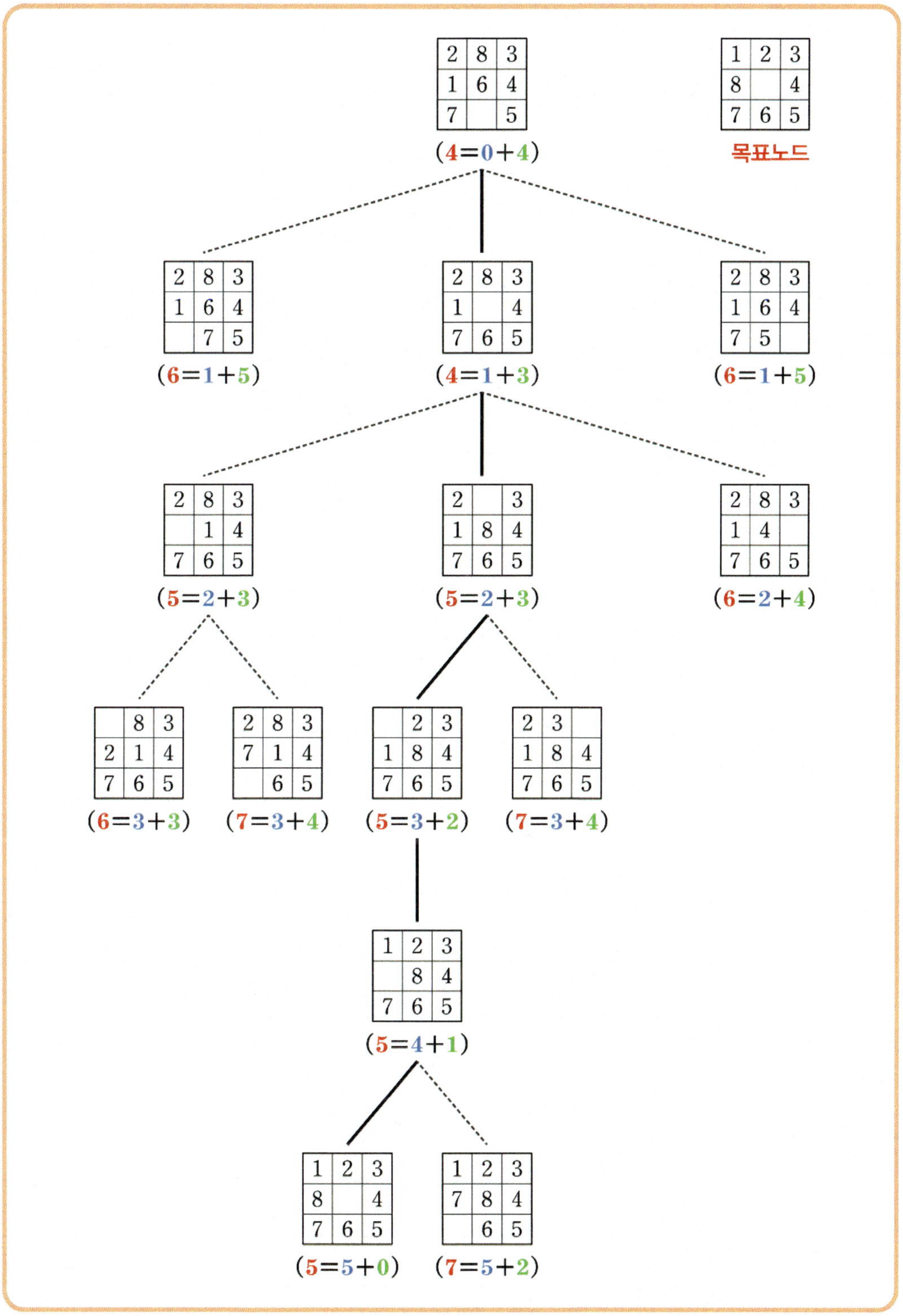

8-퍼즐과 A* 알고리즘

게임 트리

바둑이나 장기처럼 교대로 자기 수를 두는 게임에서 생성되는 탐색 트리를 특히 게임 트리라 부른다. 게임 트리는 보통 and-or 형태를 취한다. 자기 차례에서는 자기가 이길 수 있는 상태를 선택할 수 있으므로 or 형태의 가지로 표시하고, 상대 차례에서는 (항상 실수 없이) 상대가 자신이 이길 수 있는 상태를 선택할 것이 분명함으로 and 형태의 가지로 나타낸다. 구체적인 사례를 통해 and-or 게임 트리를 이해해 보자.

다음은 5를 먼저 말하는 사람이 이기는 게임에 대한 and-or 형태의 탐색 트리다. 게임 참가자는 1부터 차례로 숫자를 외치는데, 자기 차례에 연속한 3개까지 정수를 말할 수 있고, 5를 외치는 사람이 이긴다. 예를 들어 선수를 두는 사람이 (바보처럼) 1, 2, 3을 외치면 다음 사람이 4, 5를 외칠 테고 5를 외친 후수를 두는 사람이 이긴다. 이 상황이 아래 그림에 푸른 선으로 표시되어 있다. 그림에서 검은 사각형으로 표시된 경로가 후수를 두는 사람이 이기는 경우를 나타낸다. 이번에는 선수를 두는 사람이 1을 외쳤다고 가정해보자. 후수를 두는 사람은 3개까지 외칠 수 있는데 예를 들어 (역시 바보처럼) 2, 3을 외치면 다음 사람이 (바보가 아니라면) 4, 5를 외쳐 선수를 두는 사람이 이긴다. 이 상황은 붉은 선으로 표시되어 있으며, 그림에서 검은 사각형으로 표시된 경로가 선수를 두는 사람이 이기는 경우를 나타낸다.

먼저 두는 사람이 이 가지를 선택하면 이길 수 있다.

그림에서 트리의 가지에 있는 괄호 안 숫자는 자기 차례에 외치는 숫자의 개수를 나타내고, 원과 사각형 어깨에 있는 숫자 1은 이길 수 있는 상태, 0은 지는 상태를 나타낸다. 예를 들어 루트에 있는 원 어깨의 1은 선수를 두는 사람이 (바보가 아니라면) 무조건 이기는 방법이 있음을 나타낸다. 다음으로 바로 아래 후수를 두는 사람이 선택할 수 있는 3가지 상태를 보면 각각 1, 0, 0으로 표시되어 있는데, 1은 마찬가지로 선수를 두는 사람이 반드시 이길 수 있음을, 0은 질 수도 있음을 나타낸다. 그렇다면 선수를 두는 사람은 당연히 첫 번째 상태를 선택해서 1이라고 외칠 것이다. 즉 선수를 두는 사람은 자신의 차례에 반드시 이길 수 있는 상태가 하나라도 있으면 그 상태를 선택하면 되기에 가지에 아무 표시가 없는 or 형태로 표시한다.

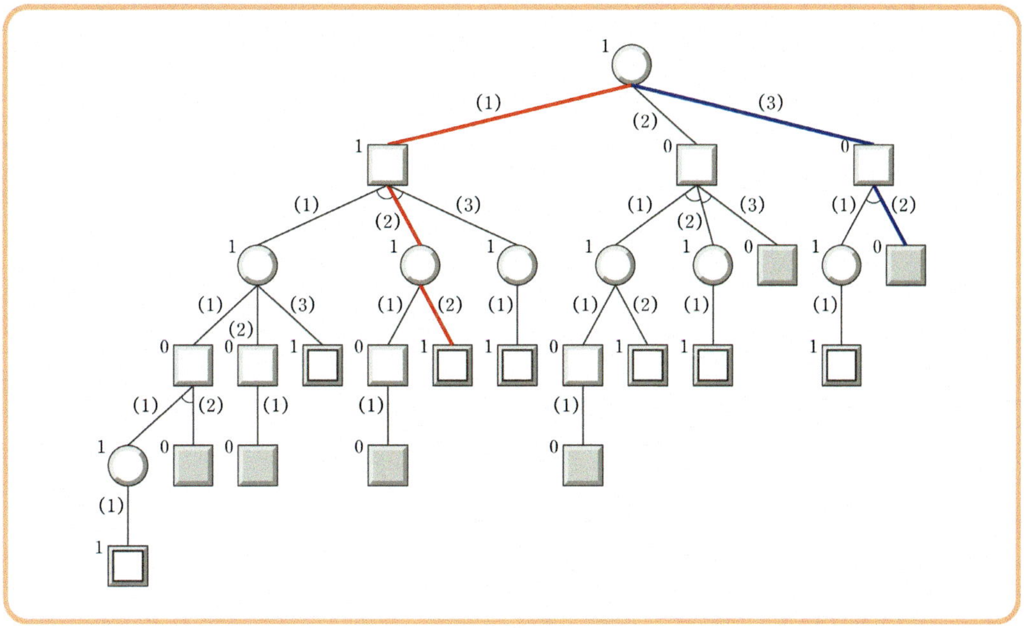

이번에는 선수를 두는 사람이 1, 2를 외친 경우를 살펴보자. 후수를 두는 사람 역시 3가지 상태를 선택할 수 있는데, 각각은 어깨에 1, 1, 0이 표시되어 있다. 즉, 후수를 두는 사람이 (바보처럼) 3 또는 3, 4를 외치면 선수를 두는 사람이 무조건 이길 수 있고, 3, 4, 5를 외치면 선수를 두는 사람이 무조건 진다. 따라서 선수를 두는 사람 관점으로 판단하면, 무조건 지는 경우가 하나라도 있으니 1, 2라고 외치면 안 된다. 따라서 1, 2를 외친 상태의 가지는 원호가 붙은 and 형태로 표시했으며, 0이 하나라도 있으므로 1, 2를 외친 상태의 사각형 어깨 값이 0이다.

min-max 전략

이제 게임 트리에 대한 탐색전략을 살펴보자. 앞 예에서 알 수 있듯이 선수를 두는 사람은 자신의 차례에는 자신의 이익이 최대가 되는 수(or 가지의 큰 값)를 선택하고, 상대방의 차례에는 상대방의 이익이 최대가 되는 수(and 가지의 작은 값)를 선택할 것이다. 따라서 탐색 알고리즘은 자기 차례에는 이익이 최대가 되는 상태를 선택하고, 상대방의 차례에는 (상대방의 최대 이익은 자신의 최소이익이므로) 나의 이익이 최소가 되는 상태를 선택한다. 이러한 탐색전략을 min-max 전략이라 부른다.

and-or 형태가 아닌 일반적인 게임 트리에 min-max 전략이 어떻게 사용되는지 알아보자. 다음과 같은 게임 트리가 있다고 하자.

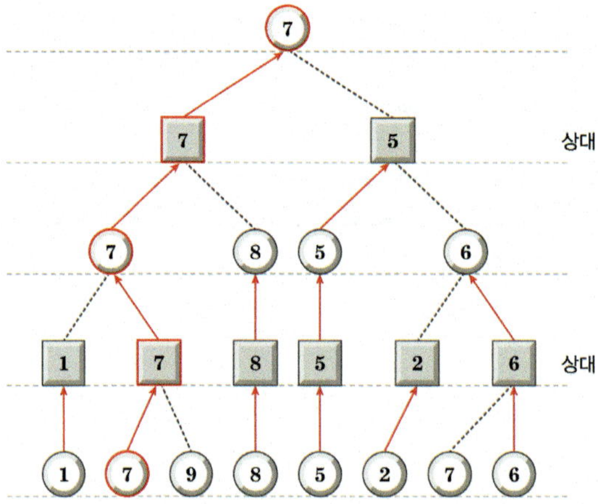

게임 트리

각 상태에 표시된 숫자는 선수를 두는 사람의 이익을 나타낸다. 여기서 min-max 전략으로 루트 상태의 이익 값 7이 정해지는 과정을 살펴보자. 이익 값이 정해지지 않은 시작 상태에서, 선수를 두는 사람이 취할 수 있는 상태가 2가지라고 하자. 각각에 대해 상대 역시 2가지 선택을 할 수 있어 총 4가지 상태가 있고, 이어서 다음 선수를 두는 사람이 6가지, 마지막으로 상대가 둘 수 있는 상태 8가지에 도달했다고 하자. 탐색 시스템이 사용하는 평가함수가 4수 앞을 내다볼 수 있는 경우라면 마지막 상태에 대한 이익을 계산할 수 있을 것이다. 그 값이 차례로 1, 7, 9, 8, 5, 2, 7, 6이다. 그렇다면 후수를 두는 상대는 자신의 이익이 최대인(선수의 이익은 최소인) 선택을 할 것이므로, 선수를 두는 사람의 이전 상태에 대한 이익은 min 값을 가져오면 된다. 따라서 3번째 수에 대한 이익은 1, 7, 8, 5, 2, 6이 된다. 2번째 수는 후수인 상대가 둔 것이다, 따라서 선수를 두는 사람은 그 상태에서 자신의 이익이 최대가 되도록 두는 게 당연하므로 max 값을 가져오면 된다. 따라서 상대방이 둔 2번째 수에 대한 선수를 두는 사람의 이익은 각각 7, 8, 5, 6이다. 다시 선수를 두는 사람의 1번째 수에 대한 이익은 min 값인 7, 5이므로 (바보가 아니라면) 선수를 두는 사람은 이익이 최대인 왼쪽 상태를 첫수로 둘 것이다. 즉, 4수 앞을 내다보니 왼쪽 상태를 취하는 게 가장 좋고 그때 기대되는 이익은 7임을 나타낸다.

앞에서 설명한 5를 먼저 말하는 사람이 이기는 게임에서 and 가지는 min, or 가지는 max에 해당한다는 것을 알 수 있다. 즉 and-or 형태의 게임 트리는 min-max 전략을 반영한 트리임을 알 수 있다.

$\alpha\beta$ 가지치기

min-max 전략을 사용해서 게임 트리를 탐색할 때, 여러 수를 내다볼 수 있고, 각 상태에 대한 후속 상태가 많으면 탐색 비용이 급격하게 커지는 문제가 발생한다. 사실 체스나 장기와 같은 게임만 하더라도 여러 수를 내다보며 가능한 경우를 모두 탐색하는 데는 상당한 시간이 소비된다. min-max 전략의 탐색 시간을 효과적으로 줄이는 방법으로, 나 또는 상대방이 선택하지 않을 게 분명한 상태를 탐색 대상에서 제외하는 $\alpha\beta$ 가지치기가 있다.

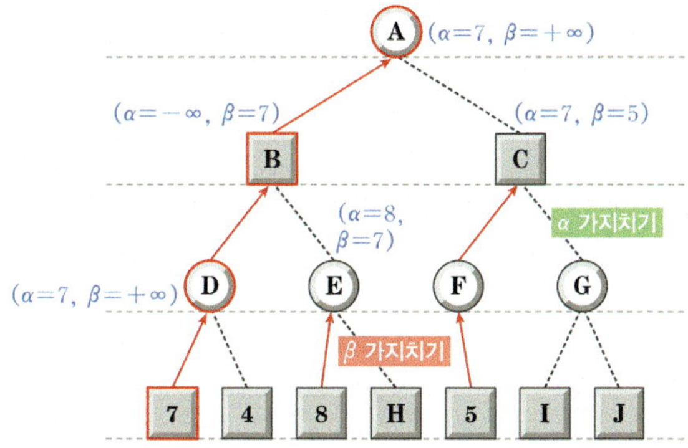

$\alpha\beta$ 가지치기

앞 그림에서 α는 선수를 두는 사람의 보장된 최소이익, β는 후수를 두는 사람의 보장된 최대이익을 나타낸다. 예를 들어 위 그림처럼 3수 앞을 내다보는 경우, 선수를 두는 사람의 세 번째 수에 대한 이익이 각각 7과 4라고 가정하자. 그렇다면 상태 D에서 선수를 두는 사람의 이익은 max 값이므로 7이고, 보장된 최소이익 $\alpha = 7$이다. 다음으로 상태 E의 이익을 계산하기 위해 먼저 왼쪽 아래 상태의 이익을 계산했더니 그 값이 8이라고 가정하자. 그렇다면 상태 E에서 선수를 두는 사람의 이익은 max 값이므로 아무리 작아도 8이고(상태 H의 이익이 8보다 크면 선수를 두는 사람은 당연히 그 상태를 취한다. 반대로 이익이 8보다 작으면 왼쪽 상태를 취하므로) 보장된 최소이익 $\alpha = 8$이고, 이때 후수를 두는 사람의 보장된 최대 이익 $\beta = 7$이다. 상태 D와 E는 후수를 두는 사람이 취할 수 있는 상태인데, 선수를 두는 사람의 이익이 각각 7과 8이라면 후수를 두는 사람이 취할 수 있는 최선의 선택은 8보다 이익이 작은 7이기 때문이다. 이렇게 후수를 두는 사람 차례에서 $\alpha > \beta$인 경우에 β 가지치기를 한다. 즉, β 가지치기는 선수를 두는 사람이 후수를 두는 사람보다 이익이 커서, 후수를 두는 사람이 그 상태를 선택하지 않을 게 명확할 때 가지 아래의 탐색을 중지하는 것이다.

쉽게 요약하면 후수를 두는 사람 관점에서, 자신이 상태 D를 취했을 때 상대 이익이 7임을 알고 있고, 자신이 상태 E를 취했을 때 상대방의 이익이 8인 하위 상태를 만나면, 상태 E를 취할 이유가 없으므로 E의 하위 상태에 대해 더는 탐색하지 않는 게 그림의 β 가지치기 상황이다. 즉, 후수를 두는 사람이 가지 않을 경로를 쳐내는 것이다.

반대로 선수를 두는 사람 차례에서 $\alpha > \beta$인 경우에 α 가지치기가 일어난다. 그림에서 min을 취하는 상태 C에 대한 후수를 두는 사람의 보장된 최대 이익은, 상태 I와 J의 이익이 5보다 작으면 후수를 두는 사람은 그 상태를 선택할 게 명백하므로, $\beta = 5$이고, 선수를 두는 사람에 대한 상태 B의 최소이익이 7이므로 보장된 최소이익 $\alpha = 7$이다. 따라서 상태 C의 하위 상태를 가지치기한다. 즉, α 가지치기는 선수를 두는 사람이 후수를 두는 사람보다 이익이 작아서, 선수를 두는 사람이 그 상태를 선택하지 않을 게 명확할 때 가지 아래의 탐색을 중지하는 것이다.

마찬가지로 쉽게 요약하면 선수를 두는 사람 관점에서, 자신이 상태 B를 취했을 때 보장된 최소이익이 7임을 알고 있고, 상태 C를 취했을 때 상대방의 보장된 최대 이익이 5이면, 결국 자신의 이익이 5를 넘을 수 없으므로 상태 C를 선택하면 안 되기에 더는 탐색하지 않는 게 그림의 α 가지치기 상황이다. 즉, 선수를 두는 사람이 가서는 안 될 경로를 쳐내는 것이다.

몬테카를로 탐색과 AlphaGo

바둑 같이 가능한 수가 많은 게임의 경우, 대응하는 탐색 트리가 극단적으로 크기 때문에 $\alpha\beta$ 가지치기 정도로 제한된 시간 내에 적절한 수를 탐색하는 게 불가능하다. 이런 종류의 게임에 사용할 수 있는 게 몬테카를로 탐색전략이다. 이 전략은 사람들이 막연한 상황에서 흔히 그렇듯이 (감각에 의존해서) 아무렇게나 이런 저런 시도를 해보면서 탐색하는 방법이다. 다음은 몬테카를로 탐색의 전형적인 단계를 나타낸다.

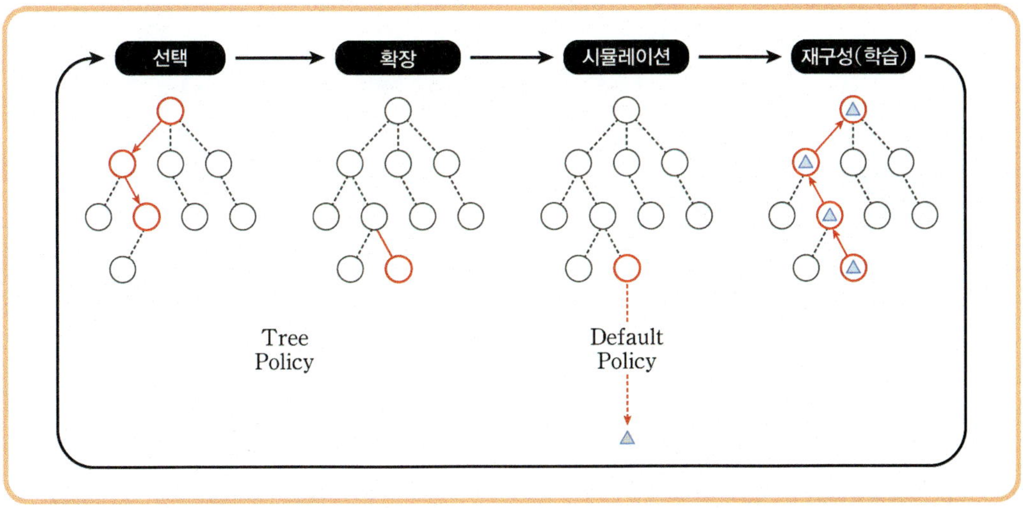

먼저 시작 상태로부터 일련의 상태를 임의로 선택해서 특정 지점까지 경로를 생성한다(선택). 그 상태가 게임 종료 상태가 아니라면 다음 상태를 하나 선택한 후(확장), 게임이 종료될 때까지 수행한다(시뮬레이션). 결과를 게임 트리에 반영하여 재구성한다. 이 과정을 반복한다.

결과를 게임 트리에 반영한다는 건 다음 시도에서 상태를 더 잘 선택 즉, 다음에 둘 수를 더 잘 선택하도록 한다는 뜻으로 알파고의 경우, 신경망이 다음 수를 정하는 데, 결국 신경망을 학습한다는 의미다.

몬테카를로 탐색의 세부적인 내용은 이 책의 범위에 있지 않으므로 상세한 설명을 생략하는 대신 AlphaGo에 이르는 게임 인공지능의 역사를 간단하게 살펴보겠다. 비록 AlphaGo가 절대 불가능할 것 같은 바둑 분야에서 인간을 앞서는 성공을 이루었으나 그 기술이 하루아침에 완성된 게 아니다. AlphaGo는 딥러닝과 강화학습을 적용한 몬테카를로 트리 탐색(MCTS) 시스템이다.

다음은 1956 다트머스 인공지능 회의 이후 AlphaGo에 이르는 게임 인공지능의 역사를 나타낸다.

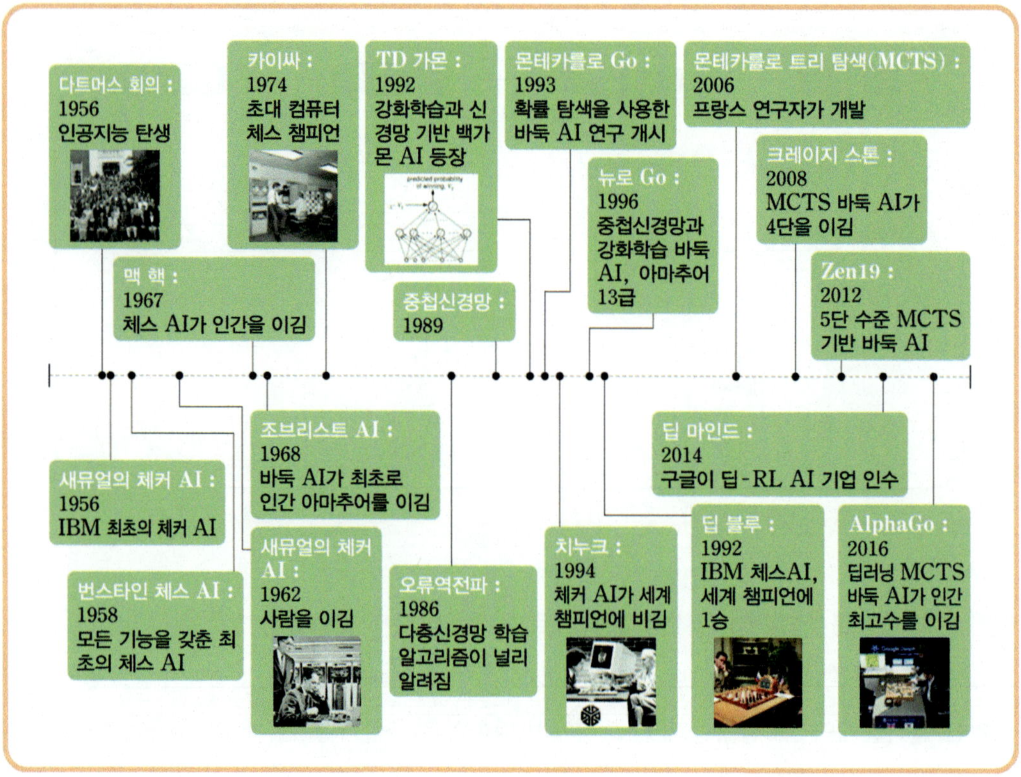

출처 게임 AI 역사, 안드레이 쿠렌코프

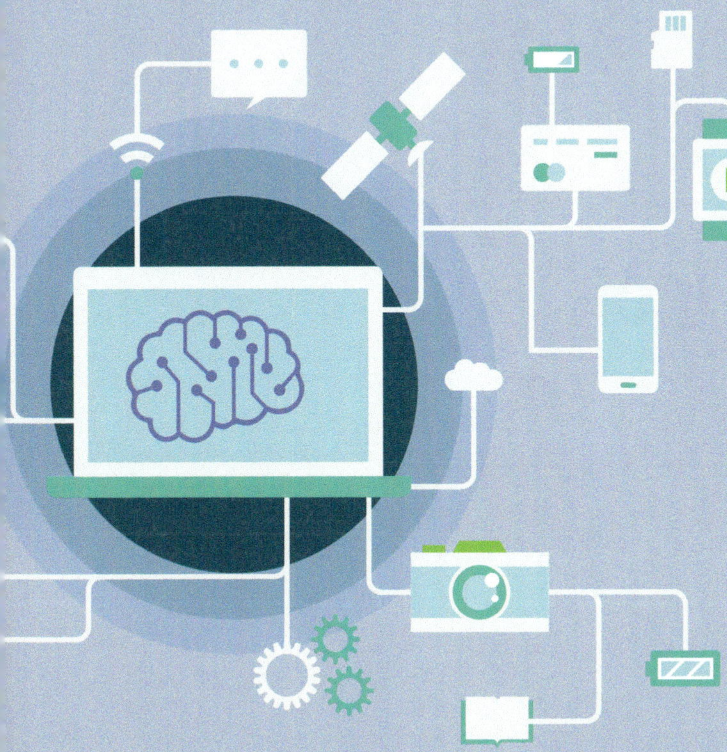

04 CHAPTER

지식? 네가 뭘 알아!

04

지식? 네가 뭘 알아!

기호처리로 출발한 인공지능은 지식이라는 더욱 추상적인 개념을 처리하는 시스템으로 발전한다. 지식이란 무엇이며 컴퓨터는 지식을 어떻게 다루는지에 대해 알아보고, 가장 성공한 지식처리 인공지능으로써 전문가 시스템에 대해 알아보자.

지식과 지식의 표현

컴퓨터 같은 정보처리 장치는 데이터를 가공해서 정보를 생성한다. 즉, 컴퓨터에 전달하는 재료를 데이터라고 부르고 처리된 결과를 정보라고 부른다. 이렇게 생성된 정보가 다른 처리를 위해 입력으로 전달된다면 데이터가 되고 다시 정보를 생성한다. 가공된 데이터가 정보인 셈인데, 정보가 쌓여 체계를 갖추면 지식이 되고, 더 높은 수준으로 추상화되어 이론과 원리로 발전한다.

컴퓨터가 단순한 계산장치를 넘어 지능적인 장치가 되기 위해서는 지식을 다룰 수 있어야 한다. 학문적으로 지식을 엄밀하게 정의하는 건 어려운 일이다. 그 어려운 일은 학자들에게 맡기고, 우리는 간단하게 "알고 있는 것으로써 체계적으로 잘 조직된 정보의 덩어리"로 생각하면 큰 무리가 없겠다.

컴퓨터가 처리할 데이터를 전달하기 위해서는 컴퓨터가 이해하고 다룰 수 있는 형태로 표현할 방법이 있어야 한다. 단순한 데이터의 경우 정수, 실수 등의 수치 데이터는 이진수의 형태로, 문자 데이터는 ASCII, 유니코드 등의 형태로, 그림은 각 픽셀의 색상을 담은 비트들의 조합 형태로 표현한다.

마찬가지로 지식을 다루려면 지식을 컴퓨터가 처리할 수 있는 형태로 표현할 수 있어야 한다. 초기 인공지능 연구자들은 지식처리의 중요성을 인식한 후 지식표현에 관해 많은 연구를 수행했다. 기호처리에 기초한 규칙, 의미망, 스크립트, 프레임 등 다양한 지식표현 개념들이 등장했으며, 비록 그것이 인간의 지능을 가진 시스템 개발로 이어지지는 못했으나, 온톨로지, 객체지향 등의 개념으로 발전했으며, 특히 상업적으로 가장 성공한 인공지능 시스템인 전문가 시스템 개발의 든든한 기초가 되었다. 오늘날 사용되는 대부분의 지능 시스템은 넓은 범위에서 전문가 시스템이다. 알파Go는 딥러닝과 강화학습을 응용한 몬테카를로 트리 탐색 시스템이자 바둑을 두는 전문가 시스템이다.

의미망

의미망은 개념들의 관계를 네트워크의 형태로 표현하는 지식표현 방법이다. 다음은 “악기”에 대한 지식을 의미망으로 표현한 것이다. 의미망에서 개념은 노드라 부르는 원으로, 관계는 링크라 부르는 화살표를 사용해서 표현된다. 아래와 같은 의미망 통해서 “악기란 소리를 내는 것이고, 현악기는 악기의 일종이며 현을 가지고 있고, 바이올린과 첼로는 현악기이자 악기”임을 나타낸다.

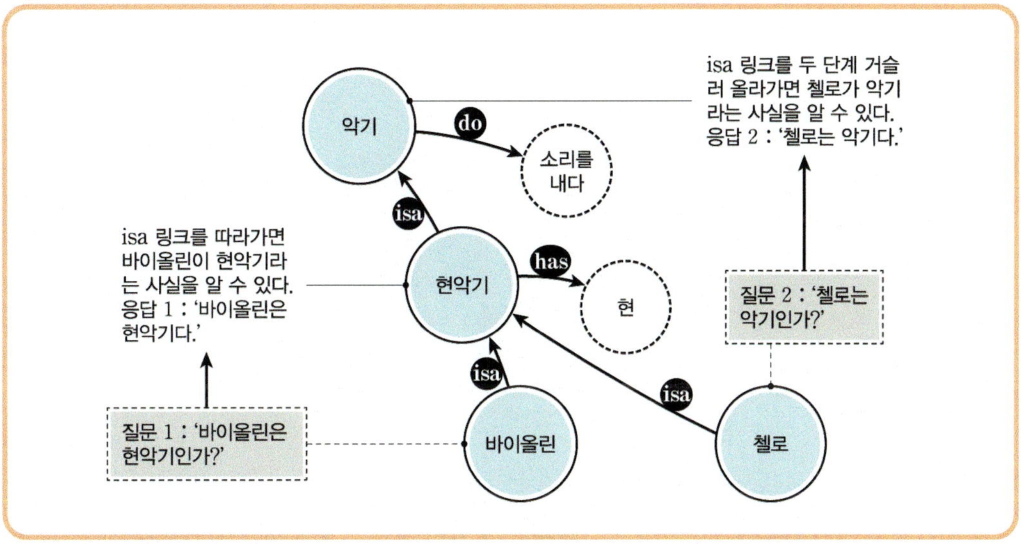

isa 링크 => 대상을 정의	ex 바이올린/첼로는 현악기다.
has 링크 => 구성 요소를 정의	ex 현악기는 현을 가지고 있다.
do 링크 => 대상의 행위를 정의	ex 악기는 소리를 낸다.

악기에 대한 지식을 위와 같이 표현한 경우, "바이올린은 현악기인가?"라는 질문에 대해 isa 링크를 통해 "바이올린은 현악기다"라는 결론을 추론할 수 있다. 마찬가지로 "첼로는 악기인가?"라는 질문에 대해 먼저 첼로는 현악기라는 사실, 다시 현악기는 악기라는 사실로부터 첼로는 악기라고 추론할 수 있다.

의미망으로 표현된 지식을 컴퓨터 내부에 표현하기도 매우 쉽다. 다음은 위 의미망을 컴퓨터 내부에 표현하는 한가지 사례를 나타낸다.

```
node 0
label : 악기
isa  :
do   : 소리를 낸다
isalnk:
node 1
label : 현악기
isa  : 사물
has  : 현
isalnk: 0
node 2
label : 바이올린
isa  : 현악기
isalnk: 1
node 3
label : 첼로
isa  : 현악기
isalnk: 1
```

의미망은 지식을 매우 직관적으로 나타낼 수 있다는 장점이 있다. 위 그림처럼 지식의 내용이 많지 않다면 추론도 매우 쉽다. 따라서 다루려는 지식의 범위가 제한적인 경우라면 효과적으로 사용할 수 있다. 실제로 프레젠테이션 등에 의미망 형태가 흔히 사용된다. 그러나 우리 인간의 머릿속에 든 지식의 양은 상상 이상으로 다양하고 많다. 그러한 다양한 개념의 복잡한 상호 관계를 의미망으로 일관성 있게 표현하기가 매우 어렵고(어떤 노드는 do를 다른 노드를 has를 갖는 등 일관성이 없다), 그렇게 표현된 복잡한 지식을 효율적이며 효과적으로 다루기도 어려우며 결과를 검증하기도 어렵다(악기에 대한 지식을 의미망으로 완성해보면 알 수 있다).

규칙

초기 인공지능 연구자들은 주로 수학자와 논리학자 등이었음을 고려하면 지식을 규칙의 형태로 표현하려는 생각은 매우 자연스럽다. 다음은 현악기에 대한 일련의 지식을 규칙으로 표현한 사례다(대응하는 의미망을 그려보자). 지식을 규칙의 형태로 표현할 때는 보통 if x is/has/do/... A then y is/has/do/... B의 형태로 나타내는데, 여기서 x와 y는 같을 수 있다.

```
if 현이 있다 then 현악기이다
if 현악기이다 and 활로 연주한다 then 바이올린 계열이다
if 바이올린 계열이다 and 고음 then 바이올린이다
if 바이올린 계열이다 and 중음 then 바이올린이다
if 바이올린 계열이다 and 저음 then 첼로이다
if 현악기이다 and 손가락으로 연주한다 then 발현악기이다
if 발현악기이다 and 가슴에 안는다 then 기타이다
if 발현악기이다 and 바닥에 둔다 then 가야금이다
```

사람이 사용하는 다양한 지식을 $p \rightarrow q$ 같이 단순해 보이는 규칙으로 표현할 수 있을지 의문을 가질 수 있겠다. 하지만 ~ 이다, ~이 아니다 등을 사용해서 사람들이 사용하는 언어의 형태로 사물이나 대상의 관계, 추천, 지시, 전략, 경험 등을 표현할 수 있다(Durkin, 1994).

관계

if 연료 탱크가 비었다 then 차가 멈췄다

추천

if 가을이다 and 하늘이 흐리다 and 일기예보는 보슬비다 then 차가 멈췄다

지시

if 차가 멈췄다 and 연료 탱크가 비었다 then 차에 연료를 공급한다

전략

if 차가 멈췄다 then 연료 탱크를 확인한다 and 1단계를 완료했다
if 1단계를 완료했다 and 연료 탱크가 가득 찼다 then 배터리를 확인한다 and 2단계를 완료했다

경험

if 시료는 액체다 and 시료의 pH < 6 and 시료의 냄새가 시큼하다 then 시료는 아세트산이다

또한, 다음과 같이 수치나 수식도 표현할 수 있다,

```
if 고객의 나이 < 18 and 현금인출액 > 1,000
then 부모의 동의가 필요하다

if 과세 소득 > 20,000
then 의료보험 금액 = 과세 소득*1.5/100
```

규칙과 추론은 수학과 논리학의 오랜 연구 대상으로 많은 이론이 완성되어 있다. 사실 괴델의 불확정성 원리가 증명되기 전까지, 기계에 의한 논리적 추론이 완벽하게 실현될 것으로 기대되었으며, 인공지능의 실현 수단인 컴퓨터의 수학적 모델인 튜링머신이 기계에 의한 계산 불가능성의 증명 과정에 만들어졌다는 것은 매우 아이러니한 상황이다. 규칙으로 인간의 지식을 모두 나타내기에는 한계가 있다. 특히 애매하거나 불확실한 정보나 지식을 다루기도 쉽지 않다. 그러나 그러한 한계에도 불구하고 명확한 논리적 추론 등이 가능해서 컴퓨터로 다루기에 효과적인 규칙표현 방법으로 널리 사용된다.

전문가 시스템

단순한 기호처리를 넘어 지식에 기초하여 인공지능을 실현하려는 노력이 큰 성공을 거둘 것이라는 기대는 지식의 병목현상이라는 난관을 접하게 된다. 인간의 지식이란 게 당시의 기술력으로 감당하기에는 생각보다 방대했다. 도로 폭이 좁아지는 곳에서 혼란이 야기되듯 방대한 인간의 지식을 처리하기에 역부족임을 알게 된 것이다. 이러한 상황에서 돌파구를 마련한 인공지능 기술이 전문가 시스템이다. 실제로 전문가 시스템은 상업적으로 큰 성공을 거둔 최초의 인공지능 시스템이다.

모든 지식을 다룰 수 없다면 잘 할 수 있는 것만 처리하자는 게 전문가 시스템의 핵심 개념이다. 사실 사람도 모든 걸 다 잘하지 않는다. 대신 사람은 특정 분야에서 다른 사람보다 더 잘하는 게 한두 가지쯤 있다. 일반적으로 특정 분야에 관해서 (사실과 규칙 둘 다에 관한) 해박한 지식과 풍부한 경험을 쌓은 사람을 전문가라고 부른다. 그렇다면 모든 걸 알고 있으며 모든 문제를 처리할 수 있는 신과 같은 시스템을 만드는 대신 특정 분야의 문제를 척척 해결하는 시스템을 만들면 되지 않겠는가?

제한된 좁은 문제 영역에서 (사람) 전문가 수준으로 동작하는 컴퓨터 프로그램 혹은 컴퓨터 시스템이 전문가 시스템이다. 즉, 특정 분야에 대해서 전문가들이나 할 수 있는 정도의 지식처리 능력을 갖춘 인공지능 시스템이 전문가 시스템이다. 이제 전문가 시스템을 만들어보자.

규칙기반 전문가 시스템

전문가 수준의 지식을 알고 있으며 전문가처럼 문제를 해결하는 게 전문가 시스템이다. 그렇다면 먼저 전문가가 어떻게 사고하는지, 어떻게 자신의 지식을 표현하고 문제의 해답을 추론하는지 알아야 그런 시스템을 만들 수 있겠다. 엄밀하게 따지자면 그게 쉽지 않다! 내가 알고 있는 지식이 머릿속에 어떻게 저장되어 있으며, 사고 과정이 어떤지 알고 있는 사람은 없다. 하지만 전문가가 어떻게 사고하는지 아는 방법이 전혀 없는 것은 아니다.

전문가 대부분은 자신의 지식을 문제 풀이에 관한 규칙으로 표현하는 데 능숙하다. 동아시아 특정 나라에서는 오토바이와 사람이 인도와 차도 구분 없이 물 흐르듯 이동한다. 처음 그 나라를 방문한 사람은 건널목조차 건너기가 쉽지 않다. 여행객은 아마추어고 현지인은 적어도 건널목 건너기 선수 즉, 전문가다. 현지인은 친절하게 길 건너는 방법을 알려줄 수 있다. 첫째 상대방과 끝까지 눈을 맞추라. 둘째 뛰지 말고 속도를 유지하라. 이게 규칙이고 이 규칙을 알고 있으면 모두 전문가다(남들이 모르는 무언가를 알고 있으면 - 옳고 그름은 별개로 하고 - 그것에 관해서 당신은 전문가다. 정보가 넘쳐나는 지식기반 사회는 전문가가 너무 많은 게 문제다).

의사: 어떻게 오셨나요?
방문자: 숨쉬기가 어렵습니다!
의사: 발열이 있습니까?
방문자: 38도가 넘어요!
의사: 마른기침을 하나요?
방문자: 콜록 콜록!
의사: 코로나19가 의심됩니다!

의사는 다음과 같은 규칙(편의상 57번 규칙이라고 가정하겠다)을 아주 많이 알고 있는 전문가다. 의사는 오랜 기간 학교와 환자를 다룬 경험으로부터 그러한 규칙을 배워 익힌다.

R57: if 호흡곤란 and 발열 and 마른기침 then 코로나19 의심

전문가 시스템을 만드는 방법은 지식의 표현방법과 추론 방법에 따라 여러 가지가 있을 수 있다. 그중에서 지식을 규칙으로 표현하고, 규칙에 기초한 추론으로 문제를 해결하는 전문가 시스템을 규칙기반 전문가 시스템이라고 한다. 다음은 전형적인 전문가 시스템 구조를 나타낸다.

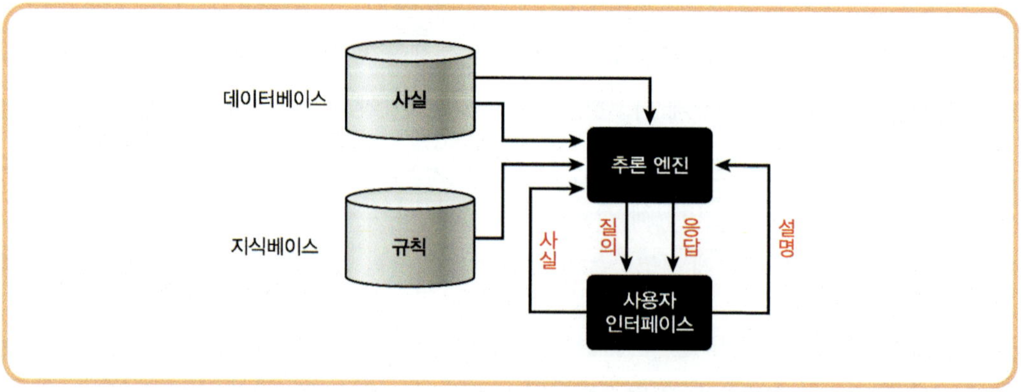

전문가 시스템 구조

규칙기반 전문가 시스템은 사실과 규칙으로부터 추론을 통해 문제를 해결한다. 보통 사실은 작업 메모리 또는 데이터베이스에, 지식은 지식베이스에 저장되며, 추론 엔진이 사실로부터 대응하는 규칙을 찾아 일련의 논리적 추론과정을 적용해서 적절한 해결방안을 제시한다. 이때 사용자와 상호작용하기 위한 장치가 사용자 인터페이스다.

앞선 예에서 의사를 전문가 시스템 Doc으로 바꿔보자. 초기 Doc 내부 상태 Q는 아래와 같다고 가정한다.

Q = { 사실={}, 규칙={⋯, R57, ⋯} }

//사용자 인터페이스가 다음과 같은 질문을 생성한다
Doc: 어떻게 오셨나요?

방문자: 숨쉬기가 어렵습니다!
//사용자 인터페이스가 답변을 분석해서 호흡곤란을 사실에 추가한다

Q = { 사실={호흡곤란}, 규칙={⋯, R57, ⋯} }

//추론 엔진이 새로운 사실을 적용할 규칙을 찾아본다
//R57의 if 조건 중 하나와 일치됨을 확인하고, 다른 조건들이 사실인지 확인한다
//사실에 그런 내용이 없으므로, 사용자 인터페이스가 다음과 같은 질문을 생성한다
Doc: 발열이 있습니까?

방문자: 38도가 넘어요!
//사용자 인터페이스가 답변을 분석해서 발열을 사실에 추가한다

Q = { 사실={호흡곤란, 발열}, 규칙={⋯, R57, ⋯} }

//추론 엔진이 갱신된 사실을 적용할 규칙을 찾아본다
//R57의 if 조건 중 2개가 일치됨을 확인하고, 다른 조건이 사실인지 확인한다
//사실에 그런 내용이 없으므로, 사용자 인터페이스가 다음과 같은 질문을 생성한다
Doc: 마른기침을 하나요?

방문자: 콜록 콜록!
//사용자 인터페이스가 답변을 분석해서 마른기침을 사실에 추가한다

Q = { 사실={호흡곤란, 발열, 마른기침}, 규칙={⋯, R57, ⋯} }

//추론 엔진이 갱신된 사실을 적용할 규칙을 찾아본다
//R57의 if 조건이 모두 사실임을 확인하고, 사용자 인터페이스가 다음과 같은 진단 결과를 생성한다
Doc: 코로나19가 의심됩니다!

이상으로 규칙기반 전문가 시스템의 구조와 동작 과정을 잘 이해할 수 있겠다. 물론 실제 추론과정은 훨씬 복잡하고, 규칙의 충돌과 해소 등 관련된 이론이 많이 있다. 그러한 내용은 우리의 주제는 아니므로 더는 다루지 않는다.

앞에서 의사 전문가를 대상으로 전문가 시스템이 어떻게 동작하는지 살펴보았다. 이번에는 자동차 수리 전문가 시스템을 만든다고 가정해보자. 어떻게 해야 할까? 아주 간단하다. 지식베이스 내 규칙(과 필요한 최소한의 사실들)만 교체하면 그만이다. 즉, 해당 전문가의 지식을 수집해서 지식베이스에 넣어주면 새로운 분야의 전문가 시스템을 생성할 수 있다는 말이다. 아무런 지식을 포함하지 않은 전문가 시스템을 전문가 시스템 틀(shell 또는 tool 또는 frame)이라고 한다. 이는 전문가 시스템이 갖는 중요한 특징의 하나다. 처음부터 의사로 태어나는 사람은 없다. 배움과 경험을 통해 의사로서의 지식을 갖추면 의사가 된다. 우리 모두 배우는 능력을 타고났으니, 무엇이든 될 수 있듯이, 잘 만들어진 전문가 시스템 틀이 있다면 그것을 이용해서 특정 분야의 전문가 시스템을 개발할 수 있다는 뜻이다.

규모가 큰 전문가 시스템을 개발하려면 다양한 인력이 필요하다. 다음은 전문가 시스템 개발과 관련한 인력을 요약한 것이다.

주제 전문가

특정 주제나 분야에 관한 지식과 경험이 풍부한 사람. 자신의 지식이 완전하게 전달된 지식베이스가 구축되어야 전문가 시스템으로써의 목적을 이룰 수 있다.

지식공학자

전문가 시스템을 설계, 구현, 평가하는 사람으로, 특히 주제 전문가로부터 전문가의 지식을 규칙의 형태로 추출하는 일을 수행한다. 지식처리뿐 아니라 소프트웨어 개발에도 상당한 지식을 갖춘 사람으로 때에 따라 직접 프로그래밍에 참여할 수도 있다.

프로젝트 관리자

프로젝트 목표, 진행 일정, 개발 인력의 관리 등을 담당하는 전문가 시스템 개발의 총 책임자.

프로그래머

지식공학자 또는 프로젝트 관리자의 지시에 따라 프로그램을 만드는 프로그래밍 담당자. 전문가 시스템 틀을 사용하는 경우 프로그래머는 없을 수 있다.

전문가 시스템 사례

1장에서 언급한 허먼의 두뇌우성 모델에 따르면 사람의 뇌는 크게 4가지 영역으로 나뉘어 있고, 각 영역의 역할이 다르다. 사람마다 상대적으로 발달한 영역이 다를 수 있으며 어느 영역이 더 발달했는지에 따라 머리를 쓰는 방식이 다르다. 여기서는 특정인의 행동유형과 학습유형에 따라 그 사람의 두뇌우성 유형을 구분하는 두뇌우성 전문가 시스템에 대해 알아보자.

허먼의 두뇌우성 모델을 분석해보면 사람의 행동유형 및 학습유형 그리고 부분과 전체에 대한 태도와 두뇌우성의 관계를 다음과 같이 요약할 수 있다(이런 요약을 생성하는 게 주제 전문가와 지식공학자가 하는 일이다).

행동유형에 따른 성격유형 대응 규칙(4개)

행동유형	성격유형
• 데이터와 정보를 검색한다. • 가설을 세우고 검증한다. • 사실과 기준, 논리로 판단한다. • 사례를 분석한다.	성과지향
• 지침에 따라 단계적으로 처리한다. • 구체적인 예산을 세운다. • 반복해서 기술을 익힌다. • 배운 지식의 응용에 대해 생각한다.	작업중심
• 사람들과 대화를 좋아한다. • 관찰하고, 검증하기를 좋아한다. • 다른 사람의 권리와 의견을 존중한다.	가치지향
• 직감에 의지한다. • 미래를 예견한다. • 말보다 그림을 좋아한다.	위험주도

◎ 학습유형에 따른 사고유형 대응 규칙(4개)

학습유형	사고유형
• 강의를 듣는다. • 교재를 읽는다. • 예제를 풀어본다.	논리적
• 꼼꼼하게 필기한다. • 정돈된 환경에서 공부한다. • 이론이나 절차를 검토한다.	조직적
• 음악을 틀어놓고 공부한다. • 다른 사람들의 아이디어를 듣고 배운다. • 오감으로 배운다.	감성적
• 학습을 위해 활발하게 활동한다. • 답이 없는 문제를 골라 가능한 해결책을 모색한다. • 다른 방법을 찾아본다.	직관적

◎ 성격유형, 사고유형, 부분과 전체에 대한 태도와 두뇌우성 대응 규칙(6개: 더 많은 조합이 가능하나 여기서는 6개 규칙만 다루기로 한다)

성격유형, 사고유형, 부분과 전체에 대한 태도	두뇌우성
가치지향 & 조직적 & 부분, 전체	A, C(b)
위험주도 & 직관적 & 부분, 전체	D(a), D
작업중심 & 감성적 & 전체, 부분	C, B(c)
작업중심 & 논리적 & 부분, 전체	A(c), AB(cd)
성과지향 & 직관적 & 부분, 전체	A(d), D(a)
성과지향 & 논리적 & 부분, 전체	A, A(cd)

※ 푸른색은 부분과 전체에 대한 태도를 다르게 설정한 경우

표에서 두뇌우성의 괄호 안에 표시한 알파벳은 다중지능 값을 나타낸다. 예를 들어 행동유형이 작업중심적이고 학습유형은 논리적이며 부분과 전체에 대한 태도가 전체인 사람은 뇌의 전체 영역이 고르게 발달한 경우로, 여러 분야에 재능을 보이는 천재의 두뇌우성에 해당한다.

◎ 부분과 전체에 대한 태도가 취할 수 있는 값

부분과 전체에 대한 태도?	전체 부분

이러한 분석에 따르면 전체 규칙의 구조는 다음과 같이, 행동유형에 따라 성격유형을 판단하는 규칙 4개(규칙1~4), 학습유형에 따라 사고유형을 판단하는 규칙 4개(규칙5~8), 마지막으로 성격유형, 사고유형, 부분/전체로부터 두뇌우성유형을 판단하는 규칙 6개(9~14)로 구성되었음을 알 수 있다.

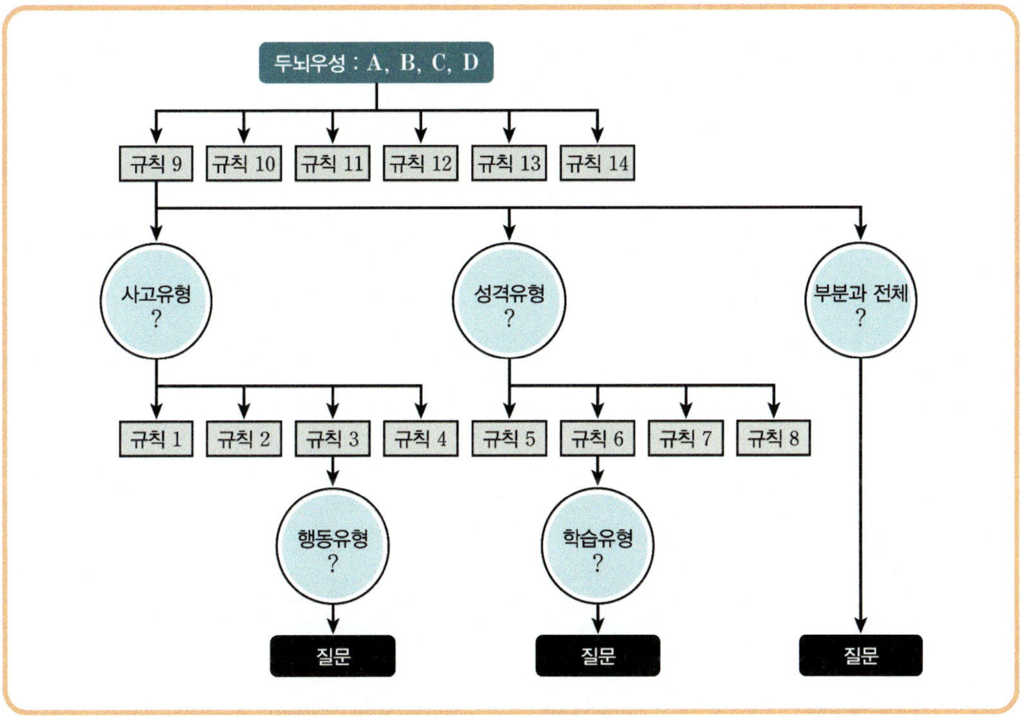

규칙의 상호 관계

마지막으로 전문가 시스템이 사용할 규칙 14개를 if ~ then의 형태로 나타내면 다음과 같다.

[규칙1]
if 행동유형이 데이터와 정보를 검색한다.
or 가설을 세우고 검증한다.
or 사실과 기준, 논리로 판단한다.
or 사례를 분석한다.
then 성격유형은 성과지향적이다.

[규칙2]
if 행동유형이 지침에 따라 단계적으로 처리한다.
or 구체적인 예산을 세운다.
or 반복해서 기술을 익힌다.
or 배운 지식의 응용에 대해 생각한다.
then 성격유형은 작업중심적이다.

[규칙3]
if 행동유형이 사람들과 대화를 좋아한다.
or 관찰하고, 검증하기를 좋아한다.
or 다른 사람의 권리와 의견을 존중한다.
then 성격유형은 가치지향적이다.

[규칙4]
if 행동유형이 직감에 의지한다.
or 미래를 예견한다.
or 말보다 그림을 좋아한다.
then 성격유형은 작업중심적이다.

[규칙5]
if 학습유형이 강의를 듣는다.
or 교재를 읽는다.
or 예제를 풀어본다.
then 사고유형은 논리적이다.

[규칙6]
if 학습유형이 꼼꼼하게 필기한다.
or 정돈된 환경에서 공부한다.
or 이론이나 절차를 검토한다.
then 사고유형은 조직적이다.

[규칙7]
if 학습유형이 음악을 틀어놓고 공부한다.
or 다른 사람들의 아이디어를 듣고 배운다.
or 오감으로 배운다.
then 사고유형은 감성적이다.

[규칙8]
if 학습유형이 학습을 위해 활발하게 활동한다.
or 답이 없는 문제를 골라 가능한 해결책을 모색한다.
or 다른 방법을 찾아본다.
then 사고유형은 직관적이다.

[규칙9]
if 성격유형이 가치지향이다.
and 사고유형 조직적이다.
and 부분과 전체에 대한 태도가 전체이다.
then 두뇌우성은 C(b)이다.

[규칙10]
if 성격유형이 위험주도이다.
and 사고유형 직관적이다.
and 부분과 전체에 대한 태도가 전체이다.
then 두뇌우성은 D이다.

[규칙11]
if 성격유형이 작업중심이다.
and 사고유형 감성적이다.
and 부분과 전체에 대한 태도가 부분이다.
then 두뇌우성은 B(c)이다.

[규칙12]
if 성격유형이 작업중심이다.
and 사고유형 논리적이다.
and 부분과 전체에 대한 태도가 전체이다.
then 두뇌우성은 AB(cd)이다.

[규칙13]
if 성격유형이 성과지향이다.
and 사고유형 직관적이다.
and 부분과 전체에 대한 태도가 전체이다.
then 두뇌우성은 D(a)이다.

[규칙14]
if 성격유형이 성과지향이다.
and 사고유형 논리적이다.
and 부분과 전체에 대한 태도가 전체이다.
then 두뇌우성은 A(cd)이다.

두뇌우성 유형을 구분하는 규칙이 구축되었으니, 전문가 시스템 틀의 지식베이스에 넣으면 전문가 시스템이 완성된다. 실제로 전문가 시스템과 대화를 통해서 특정인의 두뇌우성을 판별하는 과정을 예를 통해 알아보자.

BrainExpert: 자신의 행동유형은 무엇인가?

사용자: 사람들과 대화를 좋아한다.

(규칙3의 조건과 일치하므로, 성격유형 "가치지향적"이 사실에 추가된다.)

[규칙3]
if 행동유형이 사람들과 대화를 좋아한다.
or 관찰하고, 검증하기를 좋아한다.
or 다른 사람의 권리와 의견을 존중한다.
then 성격유형은 가치지향적이다.

BrainExpert: 자신의 학습유형은 무엇인가?

사용자: 정돈된 환경에서 공부한다.

(규칙6의 조건과 일치하므로, 사고유형 "조직적"이 사실에 추가된다.)

[규칙6]
if 학습유형이 꼼꼼하게 필기한다.
or 정돈된 환경에서 공부한다.
or 이론이나 절차를 검토한다.
then 사고유형은 조직적이다.

BrainExpert: 자신의 부분과 전체에 대한 태도는 무엇인가?

사용자: 전체를 먼저 파악한다.

("전체"가 사실에 추가되고, 규칙9의 모든 조건과 일치하므로, 두뇌우성 C(b)가 사실에 추가된다.)

[규칙9]
if 성격유형이 가치지향이다
and 사고유형 조직적이다
and 부분과 전체에 대한 태도가 전체이다
then 두뇌우성은 C(b)이다

두뇌우성 값을 조건으로 하는 규칙이 없으므로 추론을 종료하고, 마지막으로 추가한 사실을 출력한다. 즉, 해당 사용자의 두뇌우성은 뇌의 오른쪽 아랫부분이 발달한 감성형이면서 동시에 조직적인 다중지능을 가진 것으로 판별되며 따뜻한 마음을 가진 리더형에 해당한다.

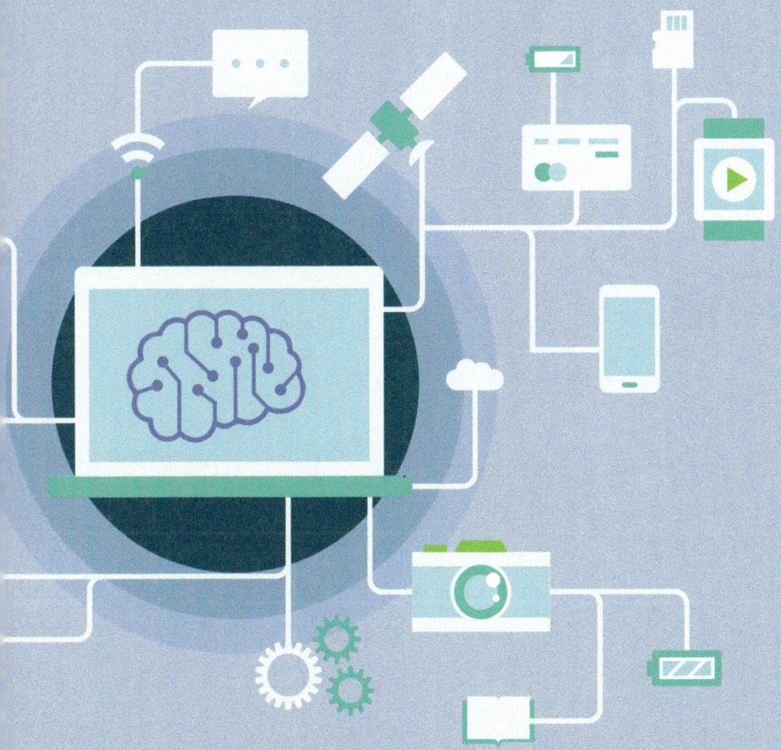

05 CHAPTER

뇌 세포가 카톡을!

05

뇌 세포가 카톡을!

인공 신경망은 사람의 뇌 즉, 생물학적 신경망의 구조와 동작을 흉내 낸 계산 모델이다. 사람 뇌의 구조와 동작에 대해 알아본 후, 그것을 추상화한 인공 뉴런과 인공 신경망에 대해 차례로 알아보자.

생물학적 뉴런과 신경망

사람의 뇌는 뉴런이라 부르는 신경세포들의 네트워크 즉, 신경망이다. 아래 그림의 (a)는 뇌 일부분을 확대한 것으로 뉴런들이 불규칙하게 연결된 듯하다. (b)는 하나의 뉴런을 확대한 그림이다.

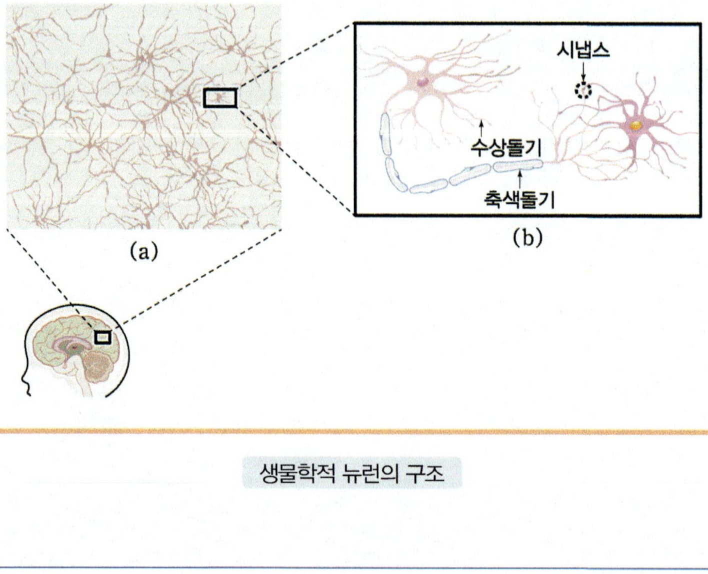

생물학적 뉴런의 구조

뉴런은 전기 화학적으로 작동하는 세포인데, 사람의 뇌에는 뉴런이 약 10^{11}개가 있다고 한다. 뉴런의 모양은 여러 가지지만 하나의 뉴런은 전형적으로 아래와 같은 구조로 되어있다. (c)는 시냅스 부위를 확대한 그림이다.

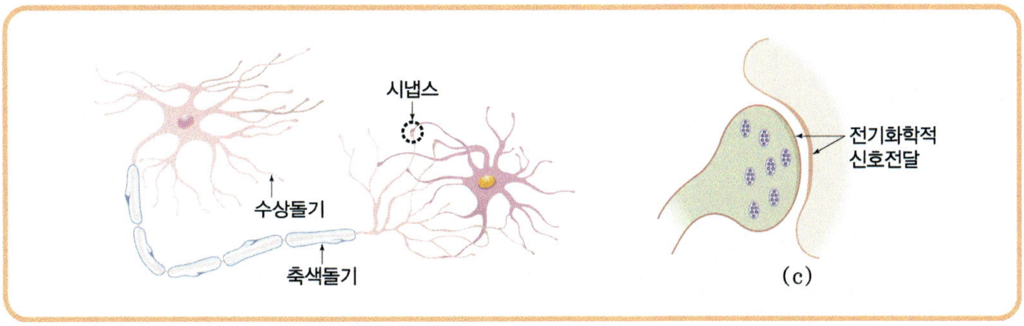

시냅스

뉴런의 몸체는 핵, 다수의 수상돌기, 하나의 축색돌기로 구성되어 있으며 수상돌기는 다른 뉴런으로부터 입력을 받는 부위이고, 축색돌기는 다른 뉴런으로 출력을 내보내는 부위이다. 즉, 뉴런들은 시냅스라 부르는 뉴런들 사이의 접합 부위를 통해서 생체 신호를 전달한다.

뉴런은 주로 활성 또는 수면이라는 2가지 상태를 취하는데, 활성 상태에 있는 뉴런은 활동 신호인 전기 자극을 생성한 후 축색을 통해 전달한다. 일단 신호가 시냅스에 도달하면, 화학물질(신경전달물질)이 방출되고, 이것이 접합 부위를 건너 다른 뉴런의 몸체로 전달된다. 좀 더 자세하게 설명하자면, 시냅스는 보내는 뉴런의 축색돌기와 받는 뉴런의 수상돌기가 만나는 부분으로, 보내는 뉴런의 축색 부위에서 생성된 화학물질이 받는 뉴런의 수상돌기로 전달된 후, 시냅스의 유형이 흥분이면 다시 전기 자극으로 바뀐다. 따라서 보낸 활동 신호가 변환 과정을 통해 조절되어 전달된다.

시냅스는 뉴런의 흥분 또는 억제의 정도를 조절하는 역할을 한다. 각 뉴런은 다른 뉴런들이 보낸 입력에 대한 신호의 총량을 산정한 후, 이 값이 정해진 임계치를 초과하면 활성 상태가 된다. 즉 활성 신호를 생성해 전달한다.

하나의 뉴런은 일반적으로 수천 개 다른 뉴런과 연결될 수 있어 사람 뇌 속 시냅스 개수는 10^{14}개가 넘는다. 다음은 신생아부터 2살까지 뇌 신경망의 발달 과정과 성인의 뇌 구조를 나타낸다. 신생아의 경우 뉴런의 개수도 적고 연결되어 있지도 않다. 보통 3살 무렵까지 폭발적으로 신경망이 발달하는 것으로 알려져 있다. 태교의 중요성은 물론이고 세 살 버릇 여든까지 간다는 속담과도 관련되어 보인다.

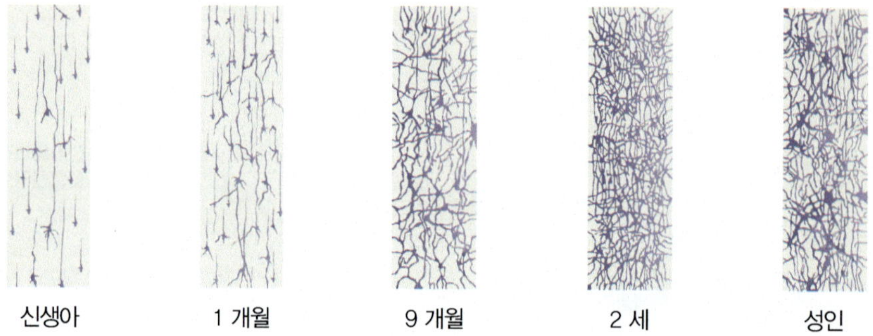

신경망 연결의 발달 과정

인공 뉴런

인공 뉴런은 생물학적 뉴런의 구조와 정보전달 방식을 추상화하여 만든 계산 모델이다. 추상화한다는 건 불필요한 요소는 배제하고 골격만 추출해내는 작업이다. 생물학적 뉴런은 아래 그림 (a)처럼 수상돌기를 통해 받은 입력을 가공해서 하나의 출력을 생성한 후 축색돌기를 통해 외부로 전송한다. 그렇다면 하나의 뉴런은 그림 (b)와 같이 추상화할 수 있다.

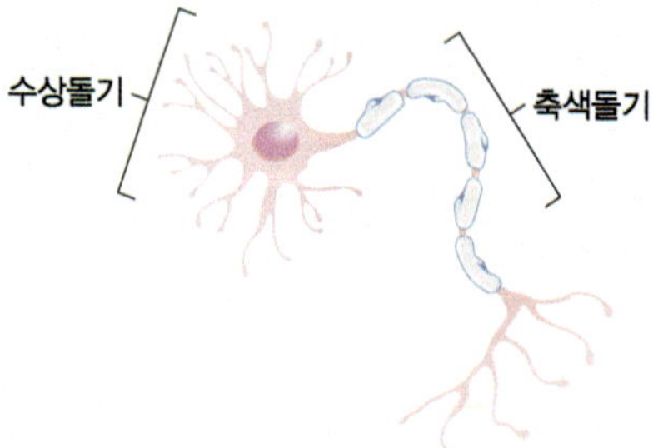

(a) 뉴런

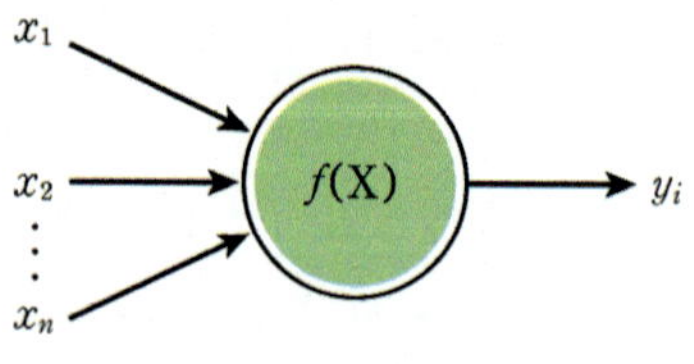

(b) 인공 뉴런

그런데 뉴런은 시냅스를 통해서 신호를 조절할 수 있다. 사실 그 조절 능력이 신경망 학습과 연관된 가장 중요한 요소다. 따라서 시냅스를 추상화할 필요가 있다. 다음 그림 (a)는 생물학적 뉴런, (b)는 시냅스 즉 가중치를 포함하여 추상화한 인공 뉴런을 나타낸다. 입력의 양을 조절하는 시냅스의 역할에 대응하는 게 인공 뉴런의 가중치이다.

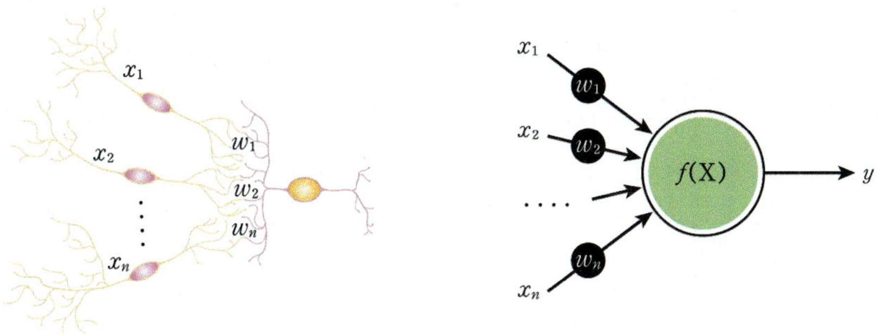

(a) 뉴런 (b) 가중치를 포함한 인공 뉴런

그림 b에서 x_i는 다른 뉴런의 축색으로부터 전달받은 입력, w_i는 해당 입력을 조절하는 가중치, $y = f(X)$는 해당 뉴런의 출력을 나타낸다. 즉, 가중치 w_i에 의해 출력 y를 결정하는데 입력 x_i가 얼마나 중요하게 반영되는지가 정해진다.

가중치 합

이제 인공 뉴런이 출력을 어떻게 계산하는지 구체적으로 알아보자. 생물학적 뉴런의 핵이 외부의 입력을 어떻게 처리하는지에 대해 아직은 아무도 모르는 것 같다. 하지만 직관적으로 여러 뉴런의 입력들을 모두 모아서 일련의 처리를 할 게 분명하다. 이런 생각에 기초해서 인공 뉴런은 먼저 입력의 총합을 다음과 같이 계산한다.

$$\text{입력의 총합 } X = x_1w_1 + x_2w_2 + \cdots + x_nw_n$$

이렇게 계산한 값을 **가중치 합**이라 부른다. 즉, 입력을 그냥 더한 게 아니라 가중치를 곱한 다음에 더한 합이라는 뜻이다. 또한, 식을 간단하게 줄여서 나타내기 위해 $x_1w_1 + x_2w_2 +$

$\cdots + x_n w_n$를 $\sum_{i=1}^{n} x_i w_i$처럼 나타낸다. Σ는 알파벳 s에 해당하는 그리스 문자이므로 수식이 의미를 쉽게 이해할 수 있다.

활성함수

모든 입력에 대한 가중치 합이 계산되었다. 그렇다면 인공 뉴런의 출력은 X일까? 그렇지 않다. 인공 뉴런의 최종 출력값을 결정하는 함수를 **활성함수**라 부른다. 앞에서 생물학적 뉴런은 다른 뉴런들이 보낸 입력에 대한 신호의 총량이 정해진 임계치를 초과하면 활성 상태가 된다고 설명했다. 즉, 입력의 총량에 따라 적절한 활성 신호를 생성해 전달한다. 이런 역할을 담당하는 게 활성함수다. 인공 뉴런의 활성 함수로는 스텝(또는 계단) 함수, 시그모이드(또는 로지스틱) 함수, ReLu 함수 등이 흔히 사용된다.

가장 직관적인 함수가 생물학적 뉴런의 기능과 유사한 스텝 함수다. 이 함수는 가중치 합이 음수면 0을, 합이 0 이상이면 1을 출력한다. 계산하기 쉽고, 출력을 0 또는 1 값으로 압축하여 정규화한다는 특징이 있다.

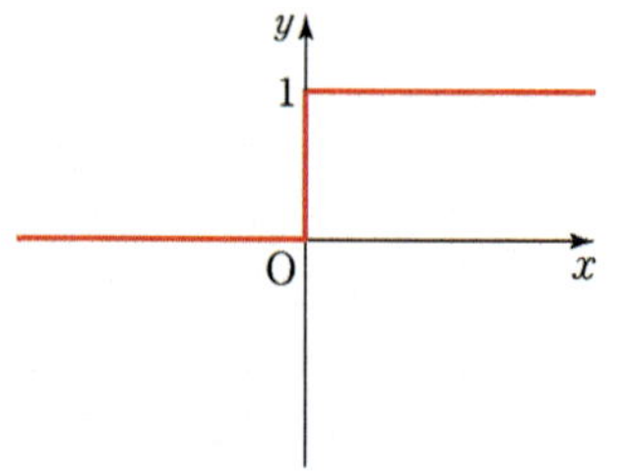

스텝 활성함수

가장 흔히 사용하는 활성함수가 시그모이드 함수다. 스텝 함수와 유사하지만, S자 모양의 증감 경향을 지니므로 가중치 합을 더 완만하게 0과 1 사이의 출력으로 대응한다. 모든 점에서 미분 가능하고, 가중치 합을 0과 1 사이의 값으로 변환하므로 신경망을 구성하는 뉴런의 가중치 합의 차이가 아주 큰 경우라도 전체 신경망이 매우 안정적이다. 그래서 시그모이드 함수가 오랫동안 사용되었지만, 문제가 없는 건 아니다.

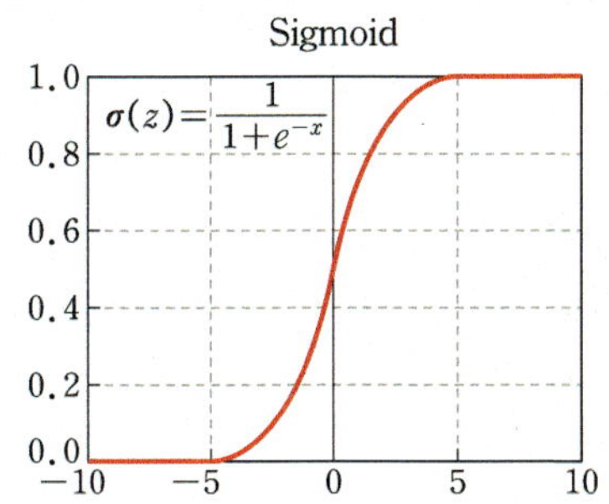

시그모이드 활성함수

ReLU 함수는 최근 특히, 다층 신경망의 중간층에 흔히 사용하는 활성함수다. 이 함수는 가중치 합이 음수면 0, 음수가 아니면 가중치 합 자체를 출력한다. 이러한 단순성과 더불어, 기울기 소실을 줄일 수 있어 딥러닝에 흔히 사용된다(실제로 이 활성함수의 기울기 즉, 미분계수는 아주 쉽게 계산할 수 있다. 가중치 합이 음수면 0이고, 아니면 1이다. 합이 0인 지점 즉 활성함수 원점의 미분계수는 정의되지 않지만, 관례로 0을 그 점에서의 기울기로 사용한다). 기울기 소실 등에 대해서는 7장 딥러닝에서 설명한다.

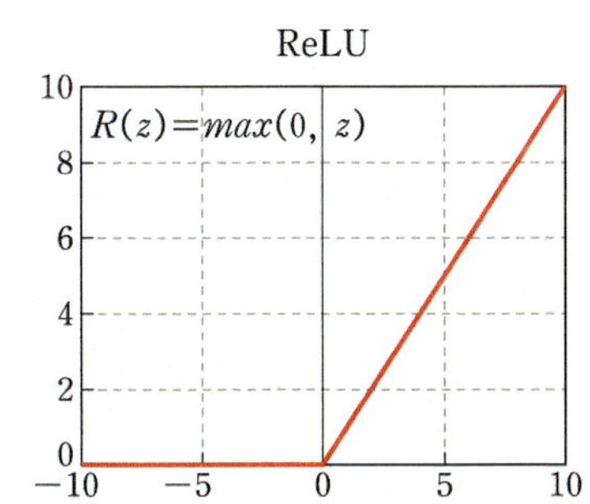

ReLU 활성함수

다음은 활성함수가 시그모이드 함수인 인공 뉴런을 나타낸다.

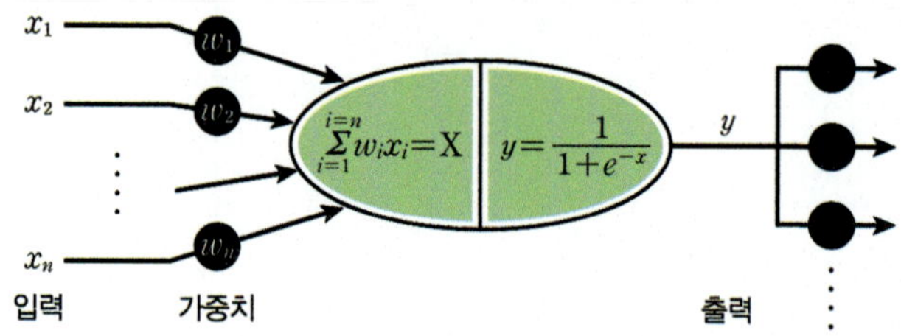

인공 뉴런

바이어스 입력

효과적인 학습을 위하여 인공 뉴런은 가상의 입력을 하나 더 받는다. 이 입력은 다른 뉴런의 출력이 아니며, 보통 -1 혹은 1 같은 고정된 값이다. 이 가상의 입력을 바이어스 입력이라 부른다. 바이어스는 입력 자체는 고정된 값이지만 다른 입력과 마찬가지로 가중치가 있다는 점을 기억할 필요가 있다. 바이어스 입력에 대응하는 가중치는 보통 θ로 나타낸다.

바이어스 입력을 포함한 완전한 형태의 인공 뉴런 모델은 다음과 같다. 여기서 활성함수는 시그모이드 함수로 가정하였다.

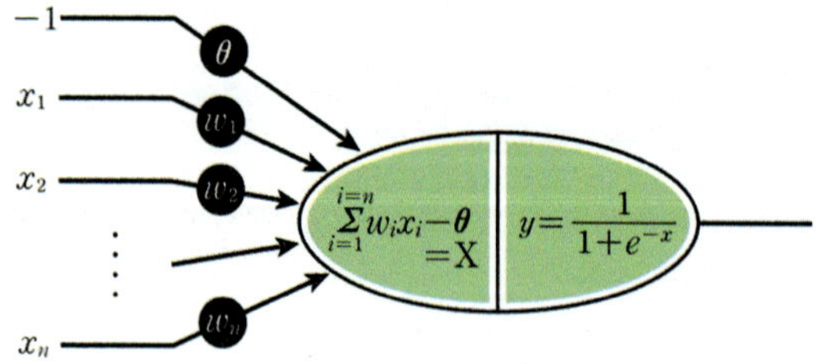

[단일 뉴런의 출력계산]

$$X = x_1 w_1 + x_2 w_2 \cdots x_n w_n + (-1)\theta$$

$$y = \frac{1}{1+e^{-X}}$$

인공 뉴런 모델이 완성되었으며 우리의 관심사는 더는 생물학적 뉴런이 아닌 인공 뉴런이므로 특별히 구분할 필요가 없는 한 그냥 뉴런으로 부르기로 하자.

뉴런의 출력 계산

다음 그림과 같이 입력이 2개고, 입력 가중치는 각각 1, 바이어스 입력은 -1, 바이어스 가중치 $\theta = 1.5$인 뉴런이 있다고 하자. 활성함수가 스텝 함수일 때 입력 (1, 1)에 대한 출력을 계산해보자.

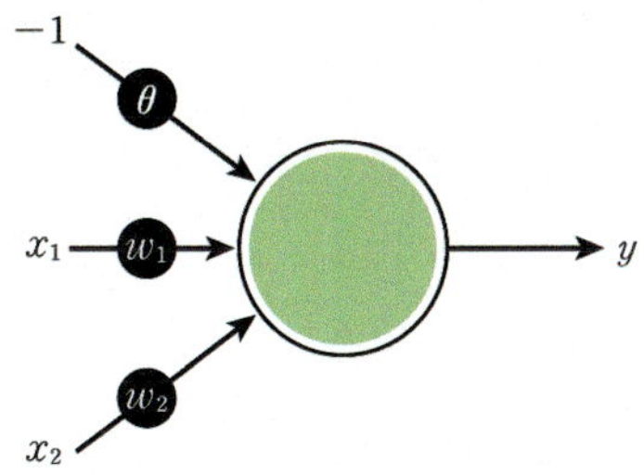

가중치 합은 $X = x_1w_1 + x_2w_2 + (-1)\theta$이므로 각각을 대입하면
$X = 1*1 + 1*1 + (-1)*1.5 = 0.5$이고, $0.5 \geq 0$이므로 출력 $y = 1$이다.

이 뉴런에 대한 출력을 계산하는 일반식은 다음과 같다.

$$y = f(X) = \begin{cases} 1, X = (x_1*1 + x_2*1 - 1.5) \geq 0 \\ 0, X = (x_1*1 + x_2*1 - 1.5) < 0 \end{cases}$$

따라서 입력 (0, 0), (1, 0), (0, 1), (1, 1)에 대한 출력은 다음과 같이 계산된다. 즉 이 뉴런은 입력이 모두 1일 때만 1을, 그렇지 않을 때는 0을 출력하는 뉴런이다.

$$\begin{aligned} x_1 = 0,\ x_2 = 0 &\rightarrow 0*(1) + 0*(1) - 1.5 < 0 \rightarrow y = 0 \\ x_1 = 1,\ x_2 = 0 &\rightarrow 1*(1) + 0*(1) - 1.5 < 0 \rightarrow y = 0 \\ x_1 = 0,\ x_2 = 1 &\rightarrow 0*(1) + 1*(1) - 1.5 < 0 \rightarrow y = 0 \\ x_1 = 1,\ x_2 = 1 &\rightarrow 1*(1) + 1*(1) - 1.5 \geq 0 \rightarrow y = 1 \end{aligned}$$

입력이 n개이고, 바이어스 입력 -1, 바이어스 가중치 θ이고 활성 함수가 스텝 함수인 뉴런의 출력을 계산하는 일반식은 다음과 같다.

$$output = f(X) = \begin{cases} 1, & X = \sum_{i=1}^{n} x_i w_i - \theta \geq 0 \\ 0, & X = \sum_{i=1}^{n} x_i w_i - \theta < 0 \end{cases}$$

인공 신경망

인공 뉴런을 만들었으니 다음은 사람의 뇌를 모방한 인공 두뇌 즉, 인공 신경망을 추상화할 차례다. 사람의 뇌가 다수의 뉴런이 서로 연결된 형태이므로 인공 신경망 역시 인공 뉴런을 서로 연결하면 그만인데, 연결하는 방법이 많다는 게 문제다. 앞에서 살펴보았듯이 사람의 뇌는 뉴런들이 다소 불규칙한 구조로 연결되어 있다. 물론 인공 신경망 역시 같은 형태로 무작위로 연결하여 구성할 수도 있다. 그러나 그런 구조는 계산 모델로서 효율적이지 않다. 뉴런들이 무작위로 연결된 형태라면 최초의 입력은 어디서 들어오고 다음 계산 차례는 어느 뉴런인지 정하기도 어렵다. 추상화란 본질을 유지하는 선에서 단순하게 만드는 거다. 사람의 뇌를 더 자세히 들여다보니 다음 그림 (a)처럼 일련의 층을 이루고 있다는 점에 주목하면 한가지 대응 방안을 떠올릴 수 있다. (b)처럼 이웃한 뉴런을 일렬로 줄 세우는 방법을 생각할 수 있다. 층 가상의 층을 생성한 후 뉴런들을 가까운 층으로 정렬하면 뉴런들 사이에 질서를 부여할 수 있다. 이렇게 구성한 인공 신경망을 다층 신경망이라고 한다.

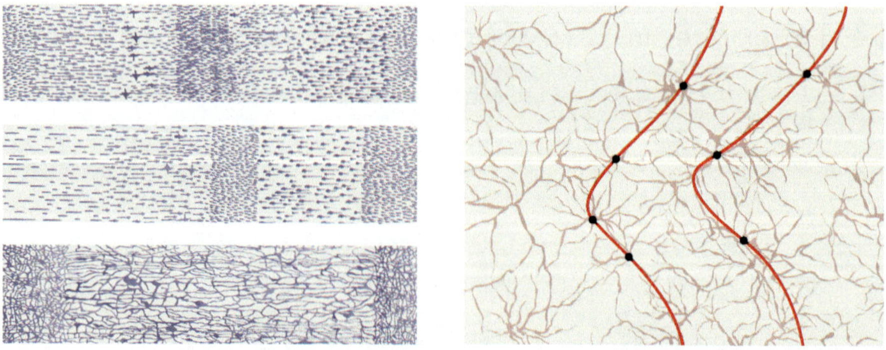

(a) 뉴런의 불규칙한 층　　(b) 가상의 줄 세우기

다음은 전형적인 다층 신경망을 나타낸다. 줄을 세워 층을 생성하면 자연스럽게 순서를 부여할 수 있다. 데이터가 입력되는 첫 번째 층을 입력층, 최종출력을 산출하는 마지막 층을 출력층이라 부르며, 중간에 있는 층을 중간층 혹은 감춰져 있다는 의미에서 은닉층이라 부른다(중간층을 은닉층이라 부르는 이유는 신경망 학습에서 설명한다). 입력층으로 들어온 신호 즉 입력 데이터는 다음 층인 첫 번째 중간층으로 전달된다. 중간층의 뉴런들은 이 값들의 총량을 계산하여 출력을 생성한 후 (그림처럼 두 번째 중간층이 있는 경우) 다음 층의 모든 뉴런에 전달한다. 마지막으로 출력층은 같은 방법으로 전달받은 입력의 총량을 계산하여 최종출력을 생성한다. 이렇게 층 단위로 입력을 차례로 전파하기 때문에 다층 신경망을 다층 전진전파 신경망이라 부른다. 입력층 뉴런은 별도의 계산을 하지 않고 입력을 다음 층으로 전달하는 일종의 허깨비이므로 종종 네모로 표시한다.

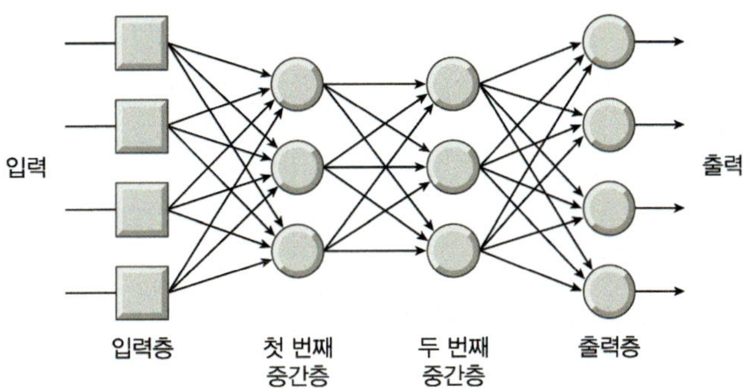

다층 전진전파 신경망

다층 신경망과 다른 형태의 연결구조를 갖는 대표적인 신경망으로 되먹임 신경망이라는 게 있다. 특정 뉴런의 출력이 자신의 입력으로 되먹임 된다는 게 되먹임 신경망의 가장 큰 특징이다. 다음은 대표적인 되먹임 신경망의 하나인 홉필드 네트워크를 나타낸다.

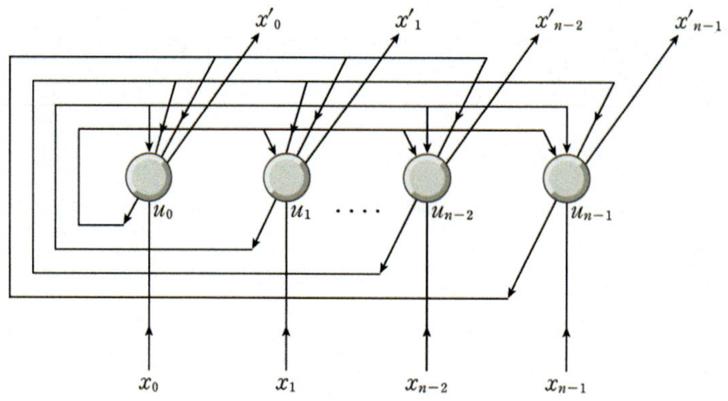

홉필드 네트워크

뉴런 u_2의 입력 x_1에 대한 출력 x'_2가 외부로 전달되는 동시에 뉴런 u_2의 좌측 아래 화살표를 통해 자기 자신을 포함한 다른 모든 뉴런으로 전달된다는 걸 알 수 있다. 출력을 입력으로 전달하는 걸 되먹임이라고 부른다. 각 뉴런은 출력을 계산할 때 외부 입력 값뿐 아니라 내부 되먹임 값을 이용해서 출력을 산출한다. 이러한 되먹임 특성 때문에 순환신경망은 주식 가격의 변동이나 일련의 단어로 구성된 문장 같은 시계열 데이터 처리나 연상 메모리 분야에 아주 유용하게 활용된다.

딥러닝을 대표하는 2가지 신경망이 CNN(중첩신경망)과 RNN(순환신경망)인데, 중첩신경망은 다층 신경망이고 순환신경망은 되먹임 신경망이다.

다층 신경망의 출력 계산

이제 다층 신경망의 출력을 어떻게 계산하는지 살펴보자. 다음은 중간층이 하나인 신경망을 나타낸다. 입력층 뉴런은 가중치 합 등을 계산하는 절차 없이 단순하게 입력 x_i를 다음 층 뉴런에 전달하는 기능만 담당하는 허깨비 뉴런이므로 사각형으로 표기하였다. 신경망 구조를 자세하게 뜯어보면, 입력층 뉴런 n개, 중간층 뉴런 m개, 출력층 뉴런이 l개인 3층 신경망임을 알 수 있다. 그림에서 w_{ij}는 입력층 i번 뉴런과 중간층 j번 뉴런 사이의 연결 가중치이고, w_{jk}는 중간층 j번 뉴런과 출력층 k번 뉴런 사이의 연결 가중치를 나타낸다. 설명의 편의를 위해 바이어스 입력은 없는 것으로 간주했으며 바이어스 입력을 포함한 경우는 아래에 별도로 정리하였다.

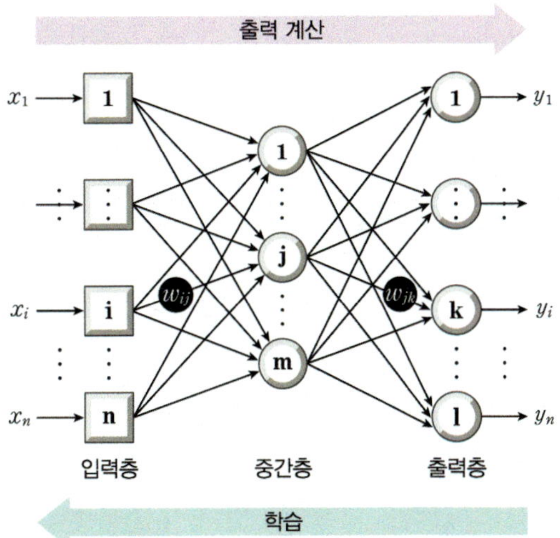

입력층 (허깨비) 뉴런으로 데이터 x_i가 전송되면 그 값들은 별다른 그대로 중간층 뉴런들에 전달된다. 그러면 중간층의 각 뉴런은 앞에서 설명한 방법으로 자신의 출력을 산출한다. 중간층 뉴런의 활성 함수는 시그모이드 함수로 가정한다.

중간층 j번 뉴런의 출력 y_j를 계산해보자,

$X_j = x_1 w_{1j} + x_2 w_{2j} \cdots x_n w_{nj} = \sum_{i=1}^{n} x_i w_{ij}$이고 $y_j = \frac{1}{1+e^{-X_j}}$이므로

결국, $y_j = \frac{1}{1+e^{-(\sum_{i=1}^{n} x_i \times w_{ij})}}$ 이다.

마찬가지로 출력층 k번 뉴런의 출력 y_k를 계산해보자,

$X_k = y_1 w_{1k} + y_2 w_{2k} \cdots y_n w_{mj} = \sum_{j=1}^{m} y_j w_{jk}$이고 $y_k = \frac{1}{1+e^{-X_k}}$이므로

결국, $y_k = \frac{1}{1+e^{-(\sum_{j=1}^{m} y_j \times w_{jk})}}$ 이다.

다음과 같은 3층 신경망의 출력을 계산해보자.

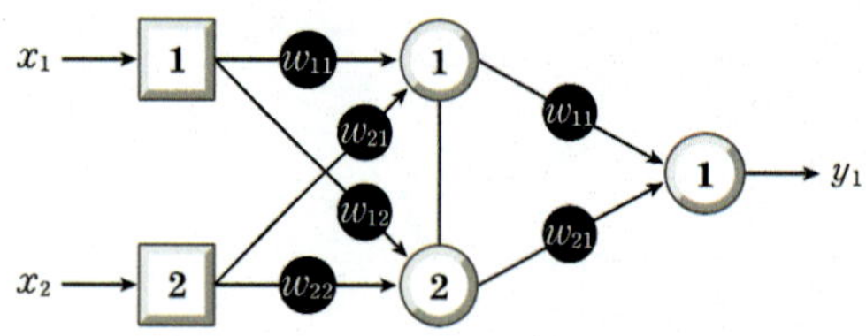

입력–중간층 가중치

$w_{11} = 0.5,\ w_{12} = 0.9$

$w_{21} = 0.4,\ w_{22} = 1.0$

중간–출력층 가중치

$w_{11} = -1.2,\ w_{21} = 1.1$

입력

$x_1 = x_2 = 1.0$

출력층 뉴런은 중간층 뉴런들의 출력을 입력으로 받아 자신의 출력을 계산하므로 먼저 중간층 첫 번째 뉴런의 출력 y_1과 두 번째 뉴런의 출력 y_2를 계산한다.

$$X_1 = x_1 w_{11} + x_2 w_{21} = 1.0 \times 0.5 + 1.0 \times 0.4,\ y_1 = \frac{1}{1 + e^{-X_1}} \text{이므로}$$

$$y_1 = 1/(1 + e^{-(1.0 \times 0.5 + 1.0 \times 0.4)}) = 0.7\text{이고}$$

$$X_2 = x_1 w_{12} + x_2 w_{22} = 1.0 \times 0.9 + 1.0 \times 1.0,\ y_2 = \frac{1}{1 + e^{-X_2}} \text{이므로}$$

$$y_2 = 1/(1 + e^{-(1.0 \times 0.9 + 1.0 \times 1.0)}) = 0.9\text{이다.}$$

출력층의 뉴런은 1개뿐이다. 이 뉴런의 출력 y_1을 계산한다.

$$X_1 = y_1 w_{11} + y_2 w_{21} = 0.7 \times -1.2 + 0.9 \times 1.0,\ y_1 = \frac{1}{1 + e^{-X_1}} \text{이므로}$$

$$y_1 = 1/(1 + e^{-(0.7 \times -1.2 + 0.9 \times 1.1)}) = 0.5\text{이다.}$$

즉, 이 신경망은 입력 (1, 1)을 받아 출력 0.5를 생성한다.

※ 앞에서 알 수 있듯이 예를 들어 X_1 또는 y_1 이 어떤 층에 위치한 뉴런을 위한 값인지 구분이 어려울 수 있다. 이런 경우를 위해 보통 X^{1st_1}, y^{out_1} 등과 같이 위첨자를 활용해서 어떤 층의 뉴런에 대한 계산인지를 구분한다. 이 책에서는 식을 간단하게 나타내기 위해서 위첨자를 사용하지 않는다.

대신 위와 같이 간단한 구조의 신경망이라면 뉴런에 일련번호를 붙여보면 출력 계산과정을 더욱 쉽게 이해할 수 있다. 다음은 위와 같은 구조의 신경망에 일련번호를 붙여 계산하는 과정을 나타낸다. 이 경우 예를 들어 w_{24} 는 (뉴런이 어느 층에 있느냐를 따질 필요 없이) 2번 뉴런과 4번 뉴런을 연결하는 가중치 임을 알 수 있다.

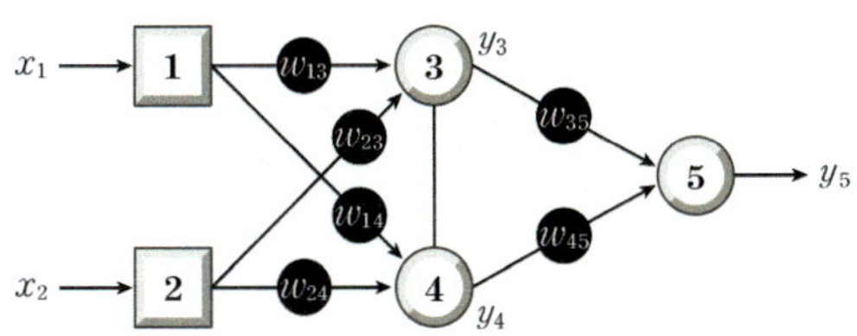

입력–중간층 가중치

$w_{13} = 0.5,\ w_{14} = 0.9$

$w_{23} = 0.4,\ w_{24} = 1.0$

중간–출력층 가중치

$w_{35} = -1.2,\ w_{45} = 1.0$

입력

$x_1 = x_2 = 1.0$

$$y_3 = 1/(1 + e^{-(x_1w_{13} + x_2w_{23})}) = 1/(1 + e^{-(1.0\times0.5 + 1.0\times0.4)}) = 0.7,$$

$$y_4 = 1/(1 + e^{-(x_1w_{14} + x_2w_{24})}) = 1/(1 + e^{-(1.0\times0.9 + 1.0\times1.0)}) = 0.9,$$

$$y_5 = 1/(1 + e^{-(y_3w_{35} + y_4w_{45})}) = 1/(1 + e^{-(0.7\times-1.2 + 0.9\times1.0)}) = 0.5$$

바이어스를 포함한 다층 신경망의 출력 계산 식은 다음과 같다(바이어스 입력은 -1, 바이어스 입력에 대한 가중치는 각각 θ_j, θ_k).

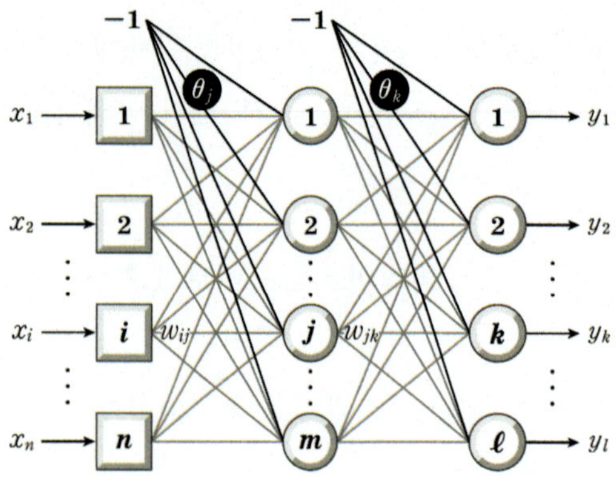

중간층 $y_j = \dfrac{1}{1+e^{-(\sum_{i=1}^{n} x_i \times w_{ij} + (-1 \times \theta_j))}}$

출력층 $y_k = \dfrac{1}{1+e^{-(\sum_{j=1}^{m} y_j \times w_{jk} + (-1 \times \theta_k))}}$

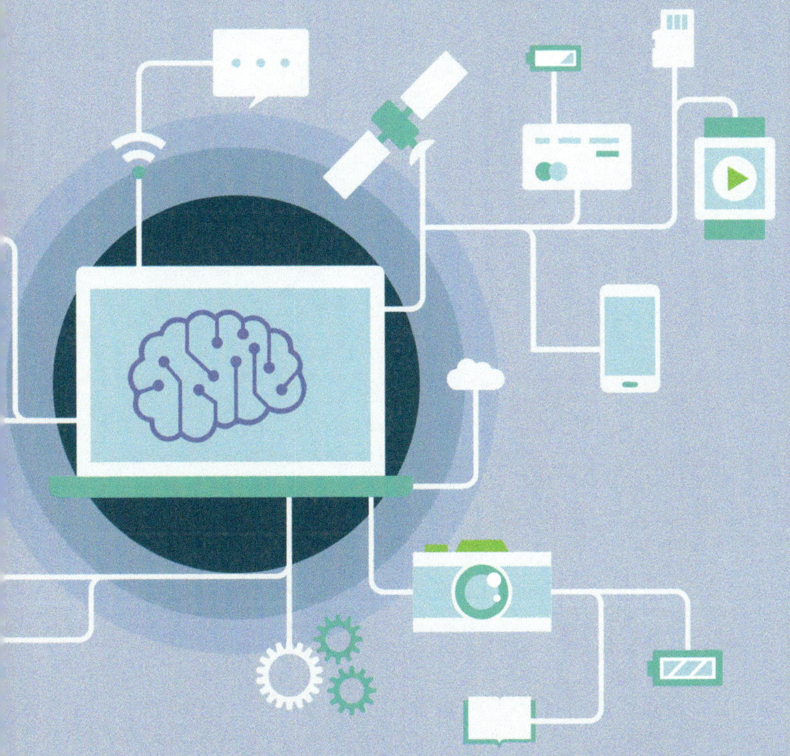

06

CHAPTER

배워서 남주자!

06

배워서 남주자!

신경망은 특정 입력에 대해 항상 우리가 원하는 결과를 출력할까? 예를 들어 5장에서 설명한 신경망은 입력이 (1, 1)일 때 1.1이라는 값을 출력했다. 그런데 우리가 원하는 값이 1.0이라면 0.1이라는 오차가 발생한다. 만일 신경망이 정확하게 1.0을 출력하도록 하려면 어떻게 해야 할까? 이제부터 신경망이 우리가 원하는 결과를 출력하도록 학습하는 방법에 대해 알아보자 (신경망은 우리가 학습시키는 게 아니라, 데이터를 주면, 스스로 학습한다).

신경망 학습

다층 신경망은 앞 층에서 전달받은 입력과 가중치의 총합을 사용해서 출력을 계산한 후, 다음 층 모든 뉴런에 전파한다. 즉 신경망의 출력은 (층의 개수나 각 층에 있는 뉴런의 개수 같은 신경망 구조가 변하지 않는 한) 가중치에 의해 정해진다. 따라서 신경망 출력이 우리가 원하는 값이 아니라면 원하는 값을 출력하도록 가중치를 수정해야 한다. 쉬운 비유를 통해 신경망 학습에 대해 알아보자.

생물학적 뉴런의 시냅스는 두 뉴런사이에 전송되는 정보의 양을 조절하는 역할을 한다. 따라서 뉴런사이의 연결선을 생화학적 신호가 지나가는 통로라고 가정하면 시냅스는 통로 중간에 위치한 밸브로 생각할 수 있다.

인공 뉴런의 연결 가중치는 생물학적 뉴런의 시냅스를 추상화한 것이다. 따라서 가중치를 다음과 같이 데이터 전송 통로에 부착된 밸브라고 생각할 수 있다. 뉴런은 각 통로에 부착된 밸브가 허용한 양의 데이터를 전달받아 그들의 총량 즉, 가중치 합을 계산한 후 활성함수를 거쳐 최종 출력을 산출한다(활성 함수에 의해 최종 출력이 정해지지만 활성함수가 입력 값을 제어하는 건 아니라는 점에 유의해야 한다).

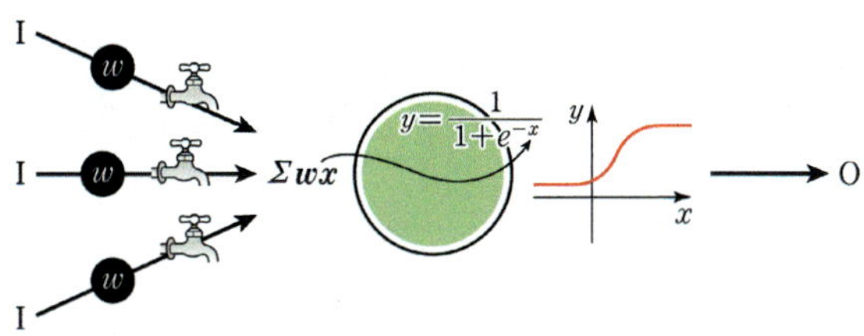

가중치를 데이터 전송 통로에 부착된 밸브로 생각하면 하나의 신경망을 다음과 같은 구조로 생각할 수 있다.

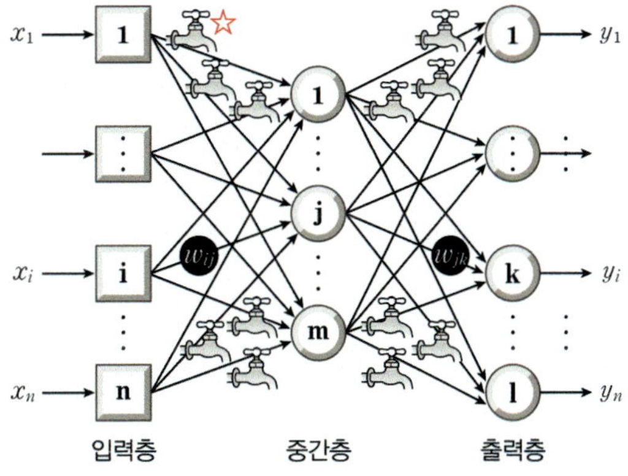

이제, 신경망 입력을 물 같은 액체라고 가정하고, 각각의 입력 x_i로 정해진 양만큼 액체를 흘러 내보내자. 입력층 통로에는 밸브가 없으므로 흘러 보낸 양 전체가 다음 층 노드로 보내진다(신기하게도 예를 들어 x_1으로 흘러 내보낸 액체의 양이 10이라면 같은 양이 다음 층 모든 뉴런에게 보내진다고 가정하자). 예를 들어 중간층 1번 뉴런과 입력층 1번 뉴런을 잇는 통로의 밸브가 절반만 열려있다고 가정하면(위 그림의 ☆), 중간층 1번 뉴런이 입력층 1번 뉴런으로부터 전송받은 액체의 양은 얼마일까? 10에서 절반으로 줄어든 5다(나머지 5가 어디로 갔을지 궁금해할 필요 없다. 그냥 증발했다고 생각하자).

각 뉴런이 같은 방식으로 밸브에 의해 조절된 양만큼 액체를 차례로 전달해서 마침내 출력층 뉴런 y_i에서 액체가 줄줄 흘러나오는 모습이 다음 그림 a와 같다고 하자.

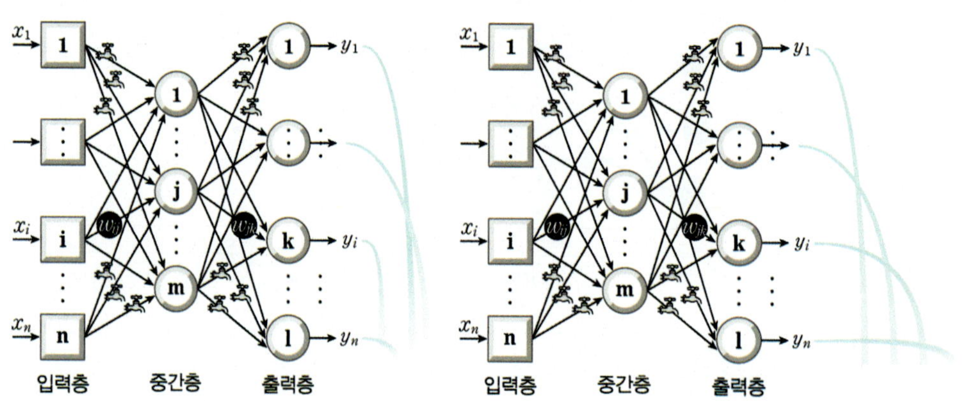

(a) (b)

그런데 만일 (b)처럼 액체가 흘러나오게 하려면 어떻게 해야 하나? 그렇다. 그런 모양으로 액체가 흘러나오도록 (쉽지는 않겠지만 어떻게든 이렇게 저렇게) 밸브를 조절해야 할 것이다.

이렇게 신경망이 사용자가 원하는 방식으로 밸브 즉 가중치를 조절하는 걸 신경망 학습이라 한다. 게다가 무척 다행스럽게도 밸브를 조작하는 수고를 우리가 하지 않고 신경망이 스스로 한다.

어떻게 그런 일이 가능한지 알아보자.

함수 $y=f(w)$가 있다고 하자(f에 w를 입력하면 y값이 튀어나온다는 걸 이렇게 쓴다). 예를 들어, 이 함수에 $w=5$를 입력했더니 다음과 같이 31이 나왔다고 가정하자.

$$31=f(5)$$

만일 31보다 작은 값이 나오도록 하려면 $w=4.9$로 하는 게 좋을까 아니면 $w=5.1$로 하는 게 좋을까? 만일 f가 어떤 함수인지 안다면 어렵지 않게 해결할 수 있다. 예를 들어 $y=f(w)=2^w-1$이라면($f(5)=2^5-1=32-1=31$) 이 함수는 아래와 같은 단조증가 함수이므로 w를 5보다 작게 해야 한다. 따라서 $w=4.9$로 하는 게 좋다는 걸 알 수 있다.

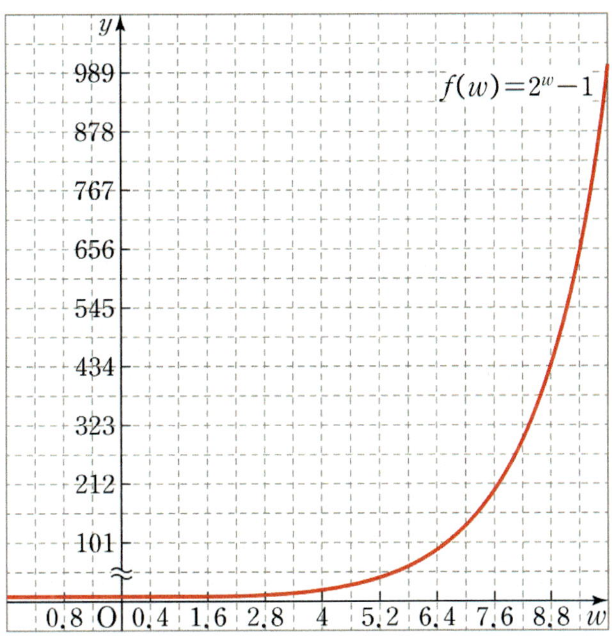

함수 $y=f(w)=2^w-1$의 그래프

f가 어떤 함수인지 모르는 경우는 어떻게 해야 할까?

만일 f가 어떤 함수인지는 모르지만, 특정한 w에 대한 함수 값을 알 수 있는 경우라고 가정하자. 그렇다면 $w=4.9$와 $w=5.1$을 넣어보면 된다. 그리고 y가 31보다 작은 쪽을 택하면 된다.

그렇다면 이게 신경망 학습과 무슨 관계가 있는 걸까? 사실 이 함수가 신경망 출력에 대한 오차 함수를 상징한다. 특정한 입력에 대한 신경망의 출력은 가중치 w에 의해 결정된다. 즉, 오차 함수 f는 현재의 가중치 w에 따라 값이 정해지고 우리는 오차 즉 이 함수 값을 최대한 작게 하는 가중치 w를 찾아야한다. 그러니까 위 상황은 "가중치를 5로 했더니 오차가 31이 나왔다. 오차를 줄이려면 가중치를 지금보다 크게 해야 할까 아니면 작게 해야 할까?"에 대한 해결 방법을 다룬 것이다. 따라서 앞에서 예로 사용한 신경망처럼 오차 함수가 $y = f(w) = 2^w - 1$(편의상 $w > 0$으로 가정)이라면 $w = 0$일 때 오차가 0이고 그때 이 신경망의 학습이 완료된다.

경사 강하법

이제 신경망 학습 원리를 일반화해 보자. 신경망의 오차 함수가 다음 그림과 같다고 하자(오차 함수는 가중치에 대한 2차 함수이고 따라서 아래와 같은 포물선이다. 오차 함수의 구체적 형태는 뒤에서 다루기로 한다).

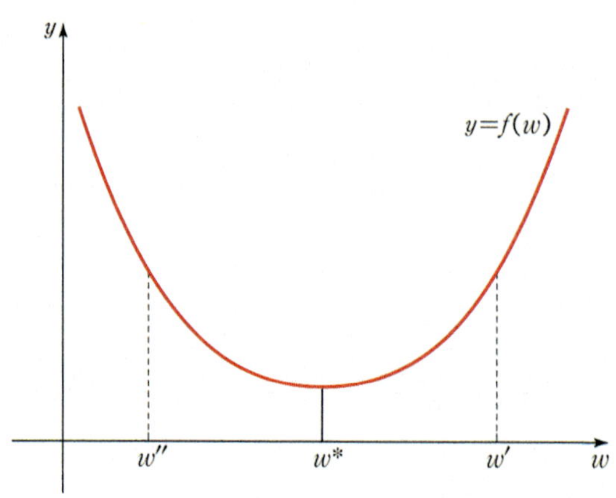

가로축 W는 가중치, 세로축 Y는 오차를 나타낸다. 그림에서 w^*가 오차를 최소로 하는 가중치다. 이걸 찾는 게 신경망 학습인데, 학습 시작 단계에서 그 값을 모르므로 임의의 가중치를 설정하고 학습을 시작한다. 예를 들어 $w = 2$로 지정하고 입력 x에 대한 출력을 계산했다고 가정하자. 아주 운이 좋은 경우가 아니라면 일반적으로 $w^* = 2$가 아닐 테고 상당한 오차가 발생할 것이다. 이제 신경망은 오차를 줄이기 위해 w를 2보다 크게 해야 할지 작게 해야 할지 정해야한다.

그림을 보며, 만일 2가 w' 즉, w^*의 오른쪽에 위치한 값이라면 w를 2보다 (약간) 작은 값으로, 2가 w'' 즉, w^*의 왼쪽에 위치한 값이라면 w를 2보다 (약간) 큰 값으로 수정하면 오차가 줄어든다는 걸 알 수 있다. 우리야 그림을 보고 그걸 알 수 있지만 신경망은 그걸 어떻게 알 수 있을까?

오차를 줄이려면 가중치를 지금보다 크게 해야 할지 작게 해야 할지는, 다음 그림과 같이, 현재 가중치 w에서의 기울기 즉, 미분계수를 구하면 알 수 있다.

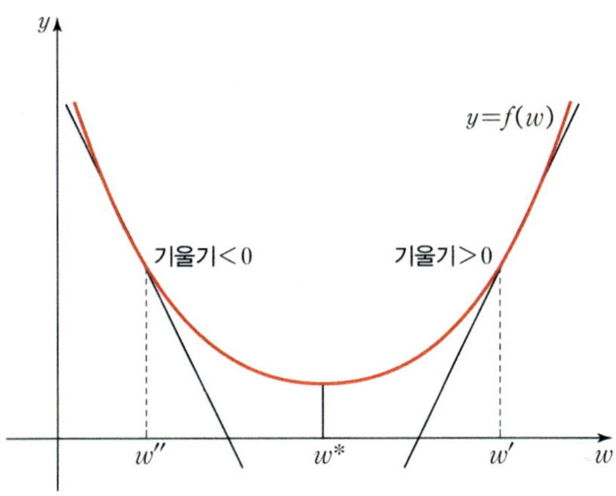

만일 w가 w^*의 오른쪽에 있는 w'라면 그 점에서의 기울기는 0보다 크고, 반대로 왼쪽에 있는 w''라면 기울기는 0보다 작다. 따라서 기울기를 구한 다음 그 값이 0보다 크면 w를 지금보다 작게, 0보다 작으면 w를 지금보다 크게 하면 신경망의 오차가 줄어들게 된다(너무 많이 줄이거나 늘이면 오히려 오차가 커질 수도 있다. 그래서 가중치 수정 양을 조절하는 학습계수라는 매개변수를 사용한다).

다음은 오차가 줄어들도록 가중치를 현재 값보다 크게 또는 작게 수정하는 걸 밸브에 비유한 그림이다. 즉, 기울기가 0보다 크면 밸브를 잠가 액체의 흐름을 줄이고, 반대의 경우 밸브를 더 열어 액체의 흐름을 늘리는 것으로 비유할 수 있다.

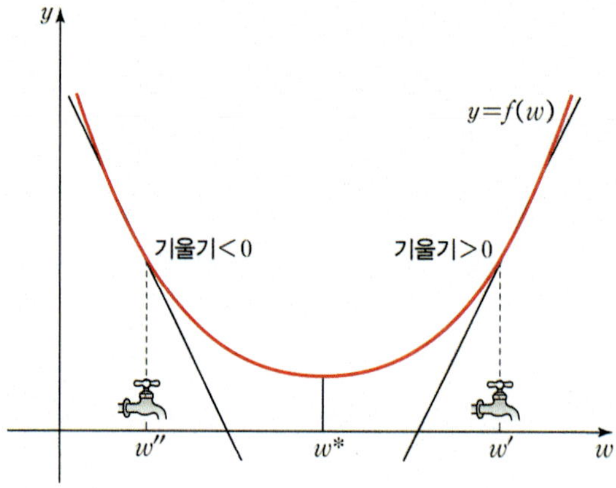

이렇게 오차 함수에 대한 현재 가중치의 기울기를 계산해서 신경망의 오차를 줄이도록 가중치를 수정하는 게 신경망 학습의 기초가 되는 **경사(기울기) 강하법gradient descent**이다. 경사 강하법을 수식으로 나타내면 다음과 같다. 여기서는 y대신 E로 오차를 나타냈다. 기울기에 −부호를 붙여서 0보다 크면 가중치가 작아지고 0보다 작으면 가중치가 커진다는 걸 알 수 있다. 또한, 학습량을 조절하는 학습계수 α를 곱해서 가중치가 지나치게 수정되는 걸 조절한다.

$$\Delta w_{ij} = -\frac{\partial E}{\partial w_{ij}}$$: 가중치 수정량

$$w_{ij}(new) = w_{ij}(old) + \alpha \Delta w_{ij}$$: 가중치 수정(α는 학습계수)

오류 역전파 (학습) 알고리즘

경사 강하는 오차를 줄이는 방향으로 가중치를 수정하는 학습 방법이다. 그렇다면 특정 뉴런으로 들어오는 연결 가중치를 수정하려면 해당 뉴런의 목표 출력을 알아야 한다. 목표 출력은 신경망이 학습하는 시점에 (0, 0) -> 1과 같이 입력 데이터와 함께 주어진다. 따라서 출력층 뉴런과 바로 앞 층의 뉴런을 연결하는 연결 가중치는 쉽게 계산할 수 있다.

실제 출력과 목표 출력의 차이를 줄이도록 가중치를 수정

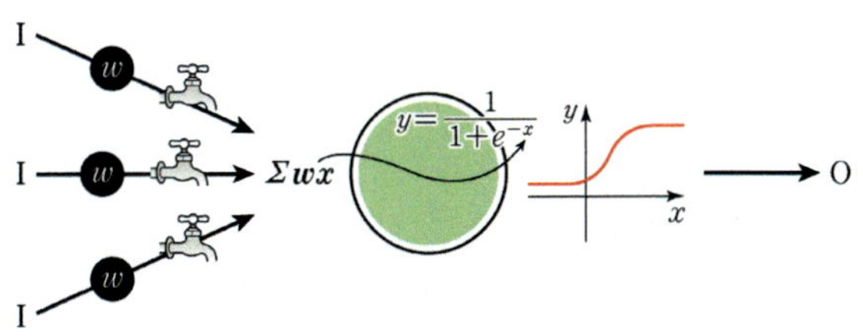

오류 역전파의 기초

다층 신경망은 보통 하나 이상의 중간층을 포함한다. 그렇다면 예를 들어 아래 그림에서 중간층 j번 뉴런으로 들어오는 연결 가중치 w_{ij}를 수정하려면 j번 뉴런의 목표 출력을 알아야 할 텐데, 신경망 학습 데이터는 입력과 출력층 뉴런의 목표 출력 쌍 즉, $(x_1, x_2, \cdots, x_n) \rightarrow (y_1, y_2, \cdots, y_l)$과 같이 주어지기 때문에 중간층 뉴런의 목표 출력은 알 수 없다. 사실 중간층 자체가 신경망 외부에선 보이지 않는 감추어진 것이다. 사용자는 입력층으로 데이터를 보내면 출력층에서 나오는 결과에만 관심이 있지 중간층에서 일어나는 일들에는 관심이 없다. 또 그래야 마땅하다. 그래서 중간층을 은닉층이라 부르며 중간층 뉴런의 목표 출력이란 건 애초에 존재하지 않는 값이다. 따라서 중간층 뉴런이 출력해야 할 값 즉 정답이란 건 애초부터 존재하지 않는 값이기 때문에 경사 강하를 이용해서 중간층 뉴런으로의 연결 가중치를 수정할 수 없다. 즉 중간층을 하나 이상 포함하는 다층 신경망은 학습이 불가능하다는 뜻이다.

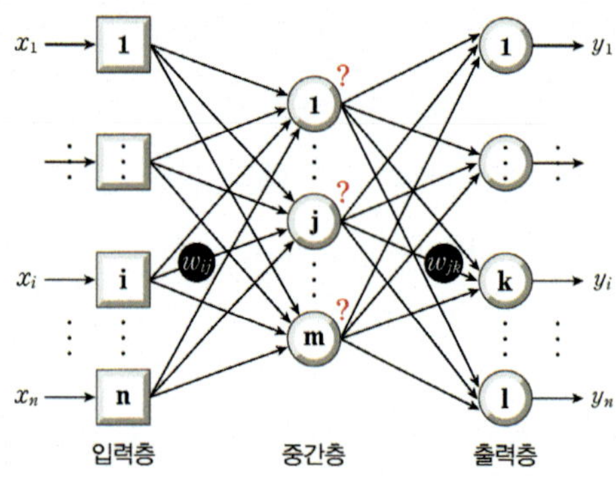

중간층이 있는 경우 입력층과 중간층 사이의 가중치를 수정할 수 없다.

비선형 문제들을 신경망으로 해결하려면 중간층이 있는 신경망을 사용해야만 한다는 게 이론적으로 증명되면서, 중간층이 있는 경우 학습할 수 없는 다층 신경망은 쓸모가 없는 모델이 되어버렸다. 그런 이유로 20여 년간 신경망 분야는 혹독한 겨울을 맞이한다.

사람들의 관심에서 벗어난 다층 신경망을 화려하게 부활시킨 게 오류 역전파 학습 알고리즘이다. 문제부터 다시 명확하게 짚고 넘어가자. 중간층으로 들어오는 연결 가중치를 어떻게 수정하느냐? 가 문제다.

원리는 매우 간단하다. 출력층의 오차를 거꾸로 가져다 사용하자는 생각이다. 출력층 뉴런 입장에서 "나에게서 발생한 오차는 너희들 즉 바로 앞 층 뉴런들이 엉터리 값을 보내서 그런 것이니 너희가 책임져라"는 식이다. 따라서 "출력층의 오차를 역으로 전파해줄 테니 그 값을 이용해서 알아서 수정해라. 그리고 다음엔 더 좋은 값을 나에게 달라"라는 논리다. 중간층이 여러 개면 같은 논리가 적용된다. 즉 i번 층 뉴런은 $i+1$번 층 모든 뉴런의 오차를 역으로 전파받아 $i-1$번 층 모든 뉴런과의 연결 가중치를 수정한다. 그래서 오류 역전파 학습 알고리즘이다.

그럴듯한 논리인데, 과연 그런 일을 수행하는 계산 식을 어떻게 만들어내느냐가 문제다. 호기심 많은 사람을 위해 오류 역전파 학습 알고리즘이 가중치 수정량을 계산하는 식을 어떻게 유도하는지에 대해서 아주 간단하게 살펴보자. 하나의 중간층을 갖는 신경망에 대해 중간층으로 들어오는 연결 가중치 수정량 Δw_{ij}를 계산하는 식은 다음과 같이 편미분을 이용해서 유도한다. 직관적으로, 입력층과 중간층 사이의 가중치 w_{ij}와 출력층의 오차 E 사이의 기울기 즉, 변화량 $\frac{\partial E}{\partial w_{ij}}$을 직접 계산할 수 없으니, 계산이 가능한 $\frac{\partial E}{\partial y_j}$와 $\frac{\partial y_j}{\partial w_{ij}}$의 곱 $\frac{\partial E}{\partial y_j} \times \frac{\partial y_j}{\partial w_{ij}}$으로 계산한다는 뜻이다. 이러한 계산법을 미분적분학에서 체인률이라고하는데, 더 이상의 설명은 생략한다.

$$\Delta w_{ij} = -\frac{\partial E}{\partial w_{ij}} = -\frac{\partial E}{\partial y_j} \times \frac{\partial y_j}{\partial w_{ij}}$$

출력층과 바로 앞에 있는 중간층(혹은 중간층이 없는 경우 입력층) 사이의 가중치 수정식은 다음과 같이 유도한다. 이 경우 출력층의 오차 E는 w_{jk}의 함수이기 때문에 바로 미분을 할 수 있다.

$$\Delta w_{jk} = -\frac{\partial E}{\partial w_{jk}}$$

이 책의 의도와는 다르므로 편미분 세부 과정은 생략하고, 이상의 논리에 의해 각 층별 가중치 수정량을 계산하는 식을 유도한 결과는 다음과 같다.

$$\Delta w_{jk} = -\frac{\partial E}{\partial w_{jk}} = y_j \times y_k \times (1 - y_k) \times e_k,$$

여기서 $e_k = y_{d,k} - y_{a,k}$ 즉, 목표 출력과 실제 출력의 차이

$$\Delta w_{ij} = -\frac{\partial E}{\partial w_{ij}} = -\frac{\partial E}{\partial y_j} \times \frac{\partial y_j}{\partial w_{ij}} \delta_j = x_i \times y_j \times (1 - y_j) \times \sum_{k=1}^{l:\text{출력층 뉴런 개수}} \delta_k \times w_{jk}$$

여기서 $\delta_k = y_k \times (1 - y_k) \times e_k$

이제 오류 역전파 알고리즘을 적용해서 신경망이 학습하는 과정을 단계적으로 알아보자. 신경망 학습은 입력을 받아들여 출력을 계산하는 전진전파 단계와 오류를 거꾸로 전파하면서 가중치를 수정하는 역전파 단계로 나뉜다.

전진전파

다층 신경망 출력 계산 식을 사용해서, 입력을 전파하여 중간층 뉴런의 출력 y_j를 계산한 후(①), 다시 그것을 출력층으로 전파하여 최종 출력 y_k(②)를 계산한다.

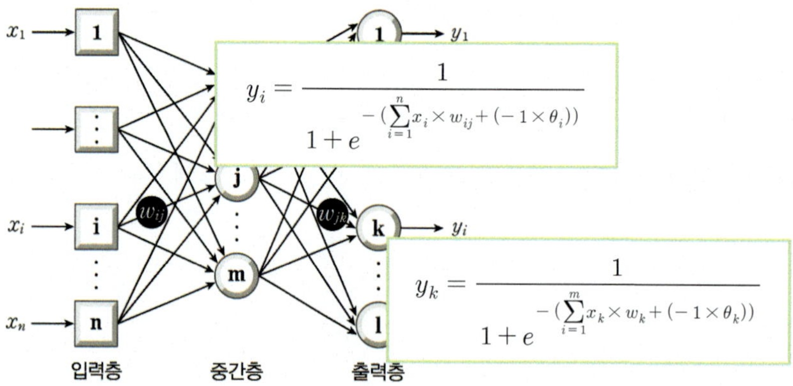

역전파

역전파는 전진전파와 반대의 순서로 수행된다. 즉, 아래와 같이 중간층이 1개인 3층 신경망의 경우 출력층의 오차를 이용해서 출력층과 중간층의 연결 가중치를 수정한 후, 다름으로 중간층과 입력층 사이의 연결 가중치를 수정한다. 중간층이 여러 개인 경우 출력층에서 입력층 방향으로 차례로 가중치를 수정한다.

1 중간층-출력층 가중치 w_{jk}수정($1 \leq j \leq m$, $1 \leq k \leq l$, m 중간층 뉴런 개수, l 출력층 뉴런 개수)

① 목표 출력과 (현재 가중치에 의해 계산된) 실제 출력의 차이 e_k를 계산한다.

② 가중치 수정량 Δw_{jk}를 계산한다. 여기서 α는 학습계수로 가중치를 수정하는 비율을 조절하는 매개변수다. 예를 들어, $\alpha = 0.3$이면 가중치 수정량의 30%만 학습에 반영한다는 의미다.

③ 현재 가중치에 (학습계수가 반영된) 가중치 수정량을 더해서 가중치를 수정한다.

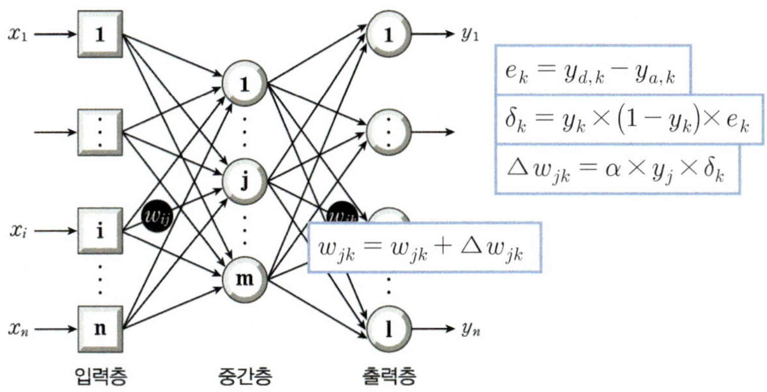

2 입력층–중간층 가중치 w_{ij}수정($1 \leqq i \leqq n$, $1 \leqq j \leqq m$, n 입력층 뉴런 개수, m 중간층 뉴런 개수)

① 출력층과 연결된 모든 가중치 w_{jk}에서 전달받은 오차 정보 δ_k를 모두 전파받아 δ_j를 계산한다.

② 가중치 수정량 Δw_{ij}를 계산한다.

③ 현재 가중치에 가중치 수정량을 더해서 가중치를 수정한다.

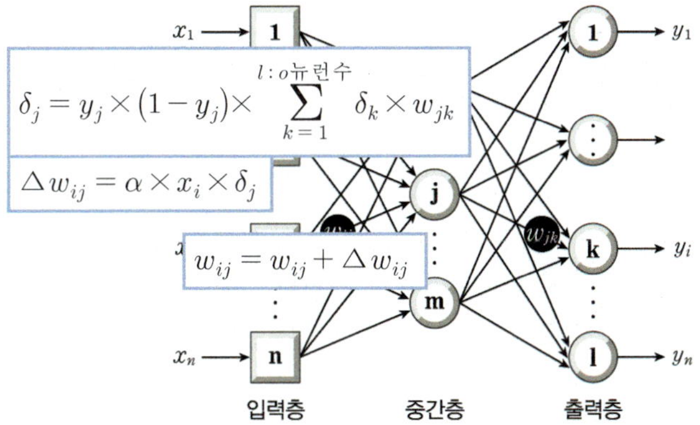

다층 신경망 학습 예제

하나의 중간층을 포함하고, 중간층과 출력층에 바이어스 입력이 있는 다층 신경망 학습과정을 자세하게 살펴보자. 초기 가중치는 알 수 없으므로 다음과 같이 임의로 설정한다.

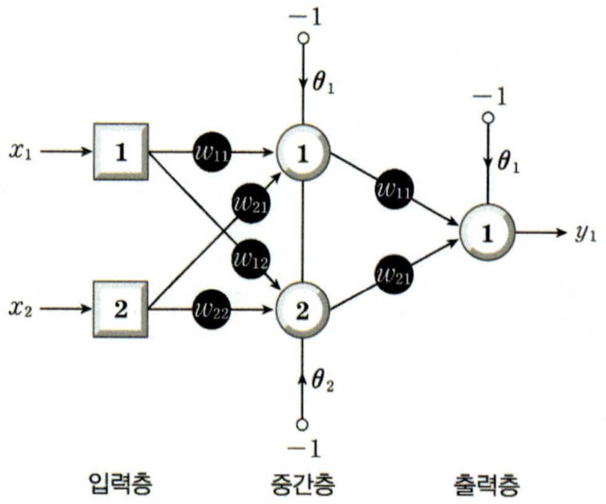

- 입력-중간층 가중치

  $w_{11} = 0.5,\ w_{12} = 0.9$

  $w_{21} = 0.4,\ w_{22} = 1.0$

  $\theta_1 = 0.8,\ \theta_2 = 0.1$
- 중간-출력층 가중치

  $w_{11} =- 1.2,\ w_{21} = 1.1$

  $\theta_1 = 0.3$
- 입력

  $x_1 = x_2 = 1.0$
- 목표출력 $y_{d,1} = 0.0$
- 학습계수

  $\alpha = 0.1$

전진전파

입력 (1.0, 1.0)에 대한 신경망의 실제 출력 즉, 출력층 1번 뉴런 y_1의 출력을 계산한다. y_1을 계산하려면 먼저 중간층 1, 2번 뉴런의 출력 y_1, y_2를 알아야 한다.

$$y_1 = sigmoid(x_1 w_{11} + x_2 w_{21} - \theta_1) = 1/[1 + e^{-(1\times 0.5 + 1\times 0.4 - 1\times 0.8)}] = 0.5250$$

$$y_2 = sigmoid(x_1 w_{12} + x_2 w_{22} - \theta_2) = 1/[1 + e^{-(1\times 0.9 + 1\times 1.0 - 1\times - 0.1)}] = 0.8808$$

이제, 이 값을 입력받은 출력층 1번 뉴런의 출력 y_1을 다음과 같이 계산할 수 있다. 출력을 구분하기 위해서 중간층 뉴런의 출력은 굵은 글씨체를 사용한다.

$$y_1 = sigmoid(\boldsymbol{y_1} w_{11} + \boldsymbol{y_2} w_{12} - \theta_1) = 1/[1 + e^{-(0.5250\times - 1.2 + 0.8808\times 1.1 - 1\times 0.3)}] = 0.5097$$

역전파

1 목표 출력과 실제 출력의 오차를 계산한다. 출력층 뉴런이 1개이므로 앞 식에서 $k=1$이다.

$$e_1 = y_{d,1} - y_{a,1} = y_{d,1} - y_1 = 0.0 - 0.5097 = -0.5097$$

2 중간층-출력층 사이의 연결 가중치를 수정한다. 마찬가지로 출력을 구분하기 위해서 중간층 뉴런의 출력은 굵은 글씨체를 사용한다.

$$\delta_1 = y_1(1-y_1)\times e_1 = 0.5097\times(1-0.5097)\times(-0.5097) = -0.1274$$

$$\Delta w_{11} = \alpha\times \boldsymbol{y_1}\times\delta_1 = 0.1\times 0.5250\times -0.1274 = -0.0067$$
$$\Delta w_{21} = \alpha\times \boldsymbol{y_2}\times\delta_1 = 0.1\times 0.8808\times -0.1274 = -0.0112$$
$$\Delta\theta_1 = \alpha\times -1\times\delta_1 = 0.1\times -1\times -0.1274 = 0.0127$$

$$w_{11} = w_{11} + \Delta w_{11} = -1.2 - 0.0067 = -1.2067$$
$$w_{21} = w_{21} + \Delta w_{21} = 1.1 - 0.0112 = 1.0888$$
$$\theta_1 = \theta_1 + \Delta\theta_1 = 0.3 + 0.0127 = 0.3127$$

3 입력층-중간층 사이의 연결 가중치를 수정한다. 출력층 뉴런이 1개라서 앞 식의 Σ가 의미가 없어졌다. 즉, 중간층 뉴런은 출력층 모든 뉴런으로부터 역전파 받아야 하는데, 이 예제에서는 출력층 뉴런이 1개이므로 δ_1만 가져온다. 또한, 출력층에서 넘어오는 δ_1과 출력층 가중치들은 굵은 글씨체를 사용해서 구분한다.

① 중간층 1번 뉴런의 가중치 수정

$$\delta_1 = y_1(1-y_1)\times\boldsymbol{\delta_1}\times\boldsymbol{w_{11}} = 0.5250\times(1-0.5250)\times -0.1274\times -1.2 = 0.0381$$
$$\Delta w_{11} = \alpha\times x_1\times\delta_1 = 0.1\times 1\times 0.0381 = 0.0038$$
$$\Delta w_{21} = \alpha\times x_2\times\delta_1 = 0.1\times 1\times 0.0381 = 0.0038$$
$$\Delta\theta_1 = \alpha\times -1\times\delta_1 = 0.1\times -1\times 0.0381 = -0.0038$$

$$w_{11} = w_{11} + \Delta w_{11} = 0.5 + 0.0038 = 0.5038$$
$$w_{21} = w_{21} + \Delta w_{21} = 0.9 - 0.0015 = 0.8985$$
$$\theta_1 = \theta_1 + \Delta\theta_1 = 0.8 - 0.0038 = 0.7962$$

② 중간층 2번 뉴런의 가중치 수정

$$\delta_2 = y_2(1-y_2)\times\boldsymbol{\delta_1}\times\boldsymbol{w_{21}} = 0.8808\times(1-0.8808)\times-0.1274\times1.1 = -0.0147$$

$$\varDelta w_{12} = \alpha\times x_1\times\delta_2 = 0.1\times1\times-0.0147 = -0.0015$$

$$\varDelta w_{22} = \alpha\times x_2\times\delta_2 = 0.1\times1\times-0.0147 = -0.0015$$

$$\varDelta\theta_2 = \alpha\times-1\times\delta_2 = 0.1\times-1\times-0.0147 = 0.0015$$

$$w_{21} = w_{21} + \varDelta w_{21} = 0.4 + 0.0038 = 0.4038$$

$$w_{22} = w_{22} + \varDelta w_{22} = 1.0 - 0.0015 = 0.9985$$

$$\theta_2 = \theta_2 + \varDelta\theta_2 = -0.1 + 0.0015 = -0.0985$$

이제 1회 학습이 완료되었다. 다시 신경망의 출력 y_1을 계산해보면 다음과 같다.

$$y_1 = sigmoid(x_1w_{11} + x_2w_{21} - \theta_1)$$

$$= 1/[1+e^{-(1\times0.5038+1\times0.4038-1\times0.7962)}] = 0.5278$$

$$y_2 = sigmoid(x_1w_{12} + x_2w_{22} - \theta_2)$$

$$= 1/[1+e^{-(1\times0.8985+1\times0.9985-1\times-0.0985)}] = 0.8803$$

$$y_1 = sigmoid(\boldsymbol{y_1}w_{11} + \boldsymbol{y_2}w_{21} - \theta_1)$$

$$= 1/[1+e^{-(1\times-1.2067+1\times1.0888-1\times0.3127)}] = 0.5022$$

학습 후 오차 e_1을 계산해보면 다음과 같이 줄어들었음을 알 수 있다.

$$e_1 = 0.5022$$

구글 텐서플로 플레이그라운드

다음은 구글의 텐서플로 플레이그라운드(https://playground.tensorflow.org/) 홈 화면이다. 이곳에 들어가면 다층 신경망을 가지고 놀 수 있다. 왼쪽에 있는 4가지 유형의 학습 데이터 중 하나를 선택한 후 중간층 개수와 각 층 뉴런의 수를 늘렸다 줄였다하면서 학습과정을 관찰할 수 있다. 왼쪽 위 플레이 버튼(▶)을 누르면 학습이 진행되면서 가중치를 나타내는 연결선과 출력 등의 색상이 변한다. 학습 도중 가중치가 어떻게 변하는지 하나하나 확인할 수 있으며, 반대로 아무 가중치나 선택해서 그 값을 임의로 바꿔가면서 학습에 미치는 영향을 확인할 수 있다.

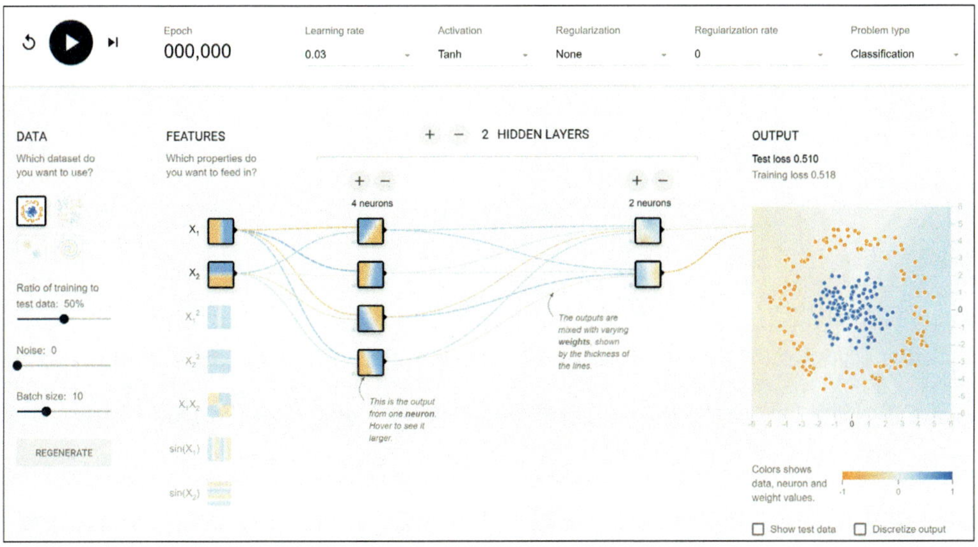

신경망에 관심이 있다면 반드시 들어가서 놀아 볼 필요가 있다. 잘 노는 사람이 성공한다. 잘 놀 수 있도록 중요한 힌트를 주겠다. 푸른 색은 양수, 붉은 색은 음수고, 색이 진하거나 선이 두꺼울수록 절댓값이 크다는 걸 알면 이해하는 데 크게 도움이 된다. 흰색에 가까울수록 0이다.

화면의 신경망은 입력이 x_1, x_2 2개이고, 출력이 하나다. 편의상 출력을 y라 하자. 중간층은 2개이고 각각 4개 및 2개의 뉴런을 가지고 있는데, 중간층의 개수와 각 층의 뉴런 개수는 + − 를 눌러서 마음대로 정할 수 있다.

입력 뉴런의 색상을 이해하는 게 무척 중요하다. 앞에서 언급했듯이 푸른 색은 양수, 붉은 색은 음수다. 따라서 아래와 같다고 이해하면 된다. 즉 신경망에 전달되는 첫 번째 입력은 (-6.0, 6.0)

두 번째 입력은 (-5.0, 6.0) … 이라는 의미다. 숫자를 색으로 바꿔 생각하면 쉽다.

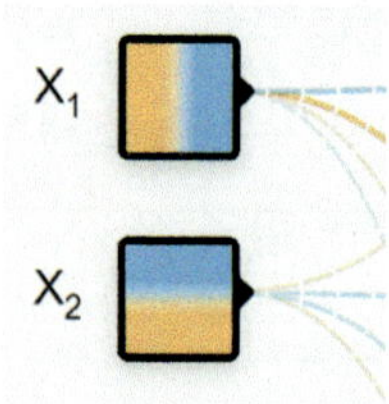

-6.0	-5.0	-4.0		-0.1	0	0.1		4.0	5.0	6.0
-6.0	-5.0	-4.0		-0.1	0	0.1		4.0	5.0	6.0
-6.0	-5.0	-4.0		-0.1	0	0.1		4.0	5.0	6.0
-6.0	-5.0	-4.0		-0.1	0	0.1		4.0	5.0	6.0
	…		…		…		…		…	
-6.0	-5.0	-4.0		-0.1	0	0.1		4.0	5.0	6.0
-6.0	-5.0	-4.0		-0.1	0	0.1		4.0	5.0	6.0
-6.0	-5.0	-4.0		-0.1	0	0.1		4.0	5.0	6.0
-6.0	-5.0	-4.0		-0.1	0	0.1		4.0	5.0	6.0

6.0	6.0	6.0		6.0	6.0	6.0		6.0	6.0	6.0
5.0	5.0	5.0		5.0	5.0	5.0		5.0	5.0	5.0
4.0	4.0	4.0		4.0	4.0	4.0		4.0	4.0	4.0
	…				…				…	
0	0	0	…	0	0	0	…	0	0	0
	…				…				…	
-4.0	- 4.0	-4.0		-4.0	-4.0	-4.0		-4.0	-4.0	-4.0
-5.0	- 5.0	-5.0		-5.0	-5.0	-5.0		-5.0	-5.0	-5.0
-6.0	- 6.0	-6.0		-6.0	-6.0	-6.0		-6.0	-6.0	-6.0

다음 (a)는 학습이 어느 정도 진행된 시점의 출력을 나타낸다. 출력은 다음과 같이 해석하면 된다. 푸른 색과 붉은 색 점들은 정답이다. 예를 들어 입력이 (3.1, 4.4)인 경우 출력은 -1이어야 하고 (0, 0)이면 +1이어야 한다. 그리고 배경 영역은 현재 신경망이 산출한 출력이다. 따라서 푸른 색 점들은 배경이 푸른 색이어야 하고 붉은 색 점들은 배경이 붉은 색이어야 한다. 따라서 X 표시 영역의 점들은 배경이 푸르거나 흰색에 가까우므로 바르게 분류하지 못했음을 알 수 있다. (b)는 학습을 더 수행해서 바르게 분류하는 경우를 나타낸다.

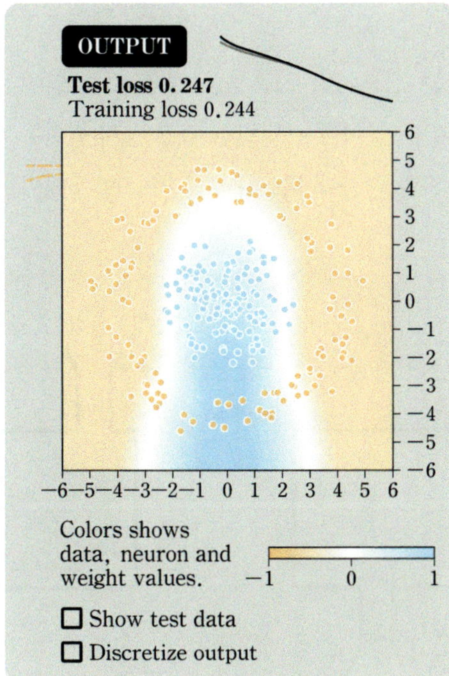

(a) 학습 과정(오차 0.244)

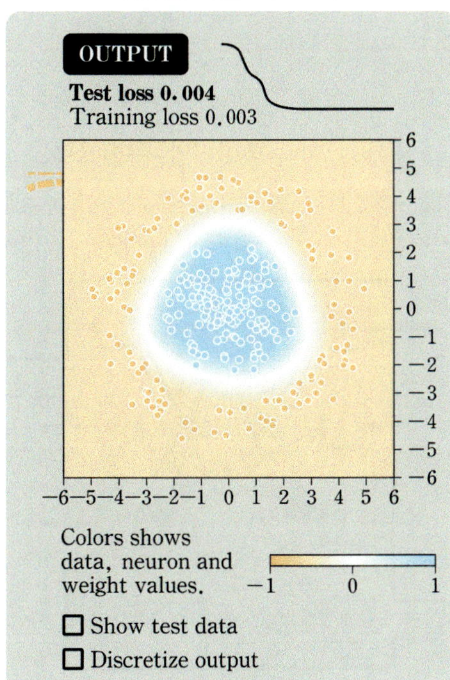

(b) 학습 성공(오차 0.003)

신경망 응용

데이터를 입력받아 처리하는 정보처리 시스템은 보통 다음과 같은 블랙박스로 볼 수 있다. 사용자로서는 안에서 무슨 일이 일어나는지 관심 없고 단지 원하는 결과가 출력되면 그만이다. 반면에 시스템을 개발하는 사람은 블랙박스 내부를 직접 만들어야 한다.

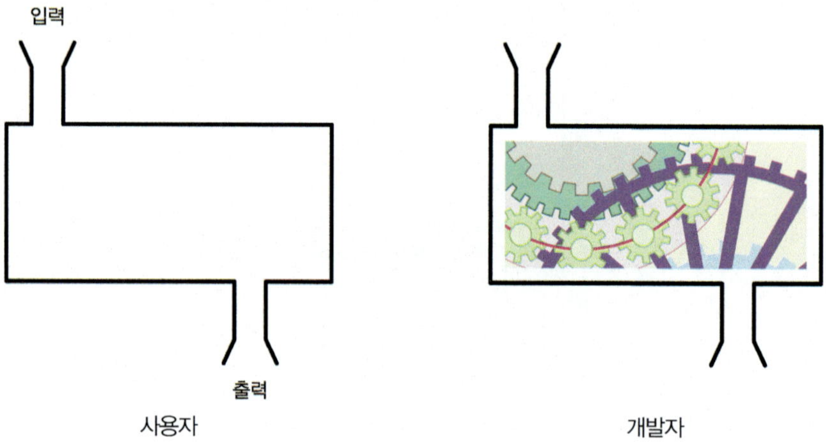

신경망이 좋은 점은 블랙박스 내부를 (학습 데이터만 주면) 스스로 배운다는 것이다.

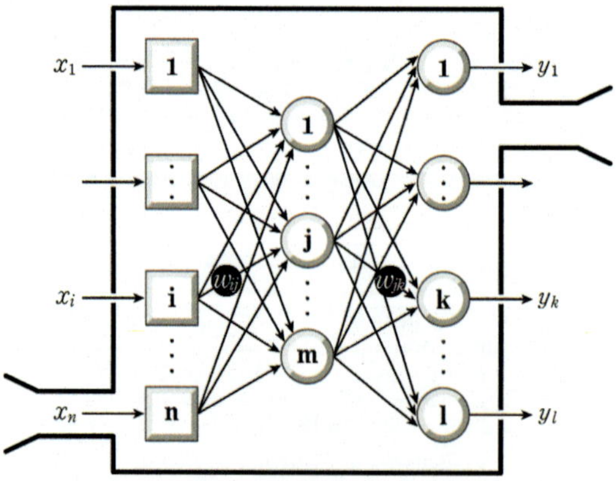

개발자는 신경망 구조와 학습 데이터만 준비하면 된다.

다음과 같은 시스템을 만든다고 가정해보자. 즉 8×8 격자형 입력장치에 숫자를 쓰면, 그 숫자를 인식한 후, 7 세그먼트 LED에 해당 숫자가 표시되도록 하는 간단한 숫자 패턴 인식 시스템이다. 7 세그먼트 LED는 점을 포함해서 8곳 어디를 밝게 할 것인지 신호를 받아 숫자 및 알파벳을 표시하는 디스플레이 장치로 IoT 장치에 많이 활용된다. 아래 그림의 경우 B, C, F, G 스위치를 닫으면 즉, 그곳으로 신호가 들어오면 LED에 숫자 4가 표시된다.

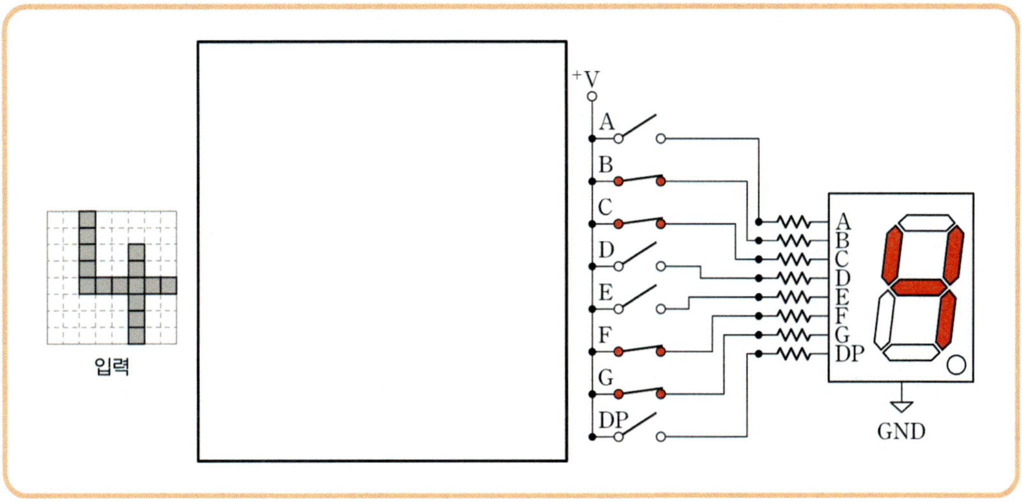

전통적인 방법으로 이런 시스템을 설계한다면 사람이 숫자를 인식하는 온갖 규칙을, 예를 들어 "if 직각으로 꺾인 오른쪽에 십자 형태로 교차하면 then 4", 만들어 시스템에 집어넣고 추론하는 시스템을 생각해 볼 수 있다. 결론적으로 잘 안 된다.

신경망을 이용해서 시스템을 만들기는 매우 쉽고 인식도 아주 잘 한다. 8×8 격자에 다양한 형태로 숫자를 쓰고 정답과 함께 신경망에 전달하면 신경망이 스스로 규칙을 학습한다. 예를 들어 그림의 숫자 4에 대한 학습 데이터의 형태는 다음과 같을 수 있다.

0, 0, **1**, 0, 0, 0, 0, 0,
0, 0, **1**, 0, 0, 0, 0, 0,
0, 0, **1**, 0, 0, **1**, 0, 0,
0, 0, **1**, 0, 0, **1**, 0, 0,
0, 0, **1**, **1**, **1**, **1**, **1**, **1**,
0, 0, 0, 0, 0, **1**, 0, 0,
0, 0, 0, 0, 0, **1**, 0, 0,
0, 0, 0, 0, 0, **1**, 0, 0

B, C, F, G

입력 목표출력

이러한 형태의 데이터는 신경망이 학습하기 쉽게 다음과 같이 1차원 값으로 변환하여 신경망에 전달한다. 즉, 신경망이 스위치를 닫아야 하는 위치는 1, 아닌 위치는 0을 출력하도록 목표출력을 정하여 학습 데이터를 구성한다.

(0,0,1,0,0,0,0,0,0,0,1,0,0,0,0,0,0,0,1,0,0,1,0,0,0,0,1,0,0,1,0,0,0,0,1,1,1,1,1,1,0,0,0,0,0,1,0,0,0,0,0,0,
0,0,1,0,0,0,0,0,0,0,1,0,0) $\Rightarrow$ (B,C,F,G)
(0,0,1,0,0,0,0,0,0,0,1,0,0,0,0,0,0,0,1,0,0,1,0,0,0,0,1,0,0,1,0,0,0,0,1,1,1,1,1,1,0,0,0,0,0,1,0,0,0,0,0,0,
0,0,1,0,0,0,0,0,0,0,1,0,0) $\Rightarrow$ (,B,C, , ,F,G,)
(0,0,1,0,0,0,0,0,0,0,1,0,0,0,0,0,0,0,1,0,0,1,0,0,0,0,1,0,0,1,0,0,0,0,1,1,1,1,1,1,0,0,0,0,0,1,0,0,0,0,0,0,
0,0,1,0,0,0,0,0,0,0,1,0,0) $\Rightarrow$ (0,1,1,0,0,1,1,0)

이렇게 구성한 학습 데이터를 사용해서 다음과 같은 구조의 신경망을 학습하면 원하는 숫자 패턴 인식 시스템을 쉽게 만들 수 있다. 그림에서 입력층은 $8 \times 8 = 64$개의 뉴런, 출력층은 8개의 뉴런으로 구성되었음을 알 수 있다. 입력층 뉴런은 대응되는 격자가 숫자에 포함되는지 아닌지 구분하고, 출력층 뉴런은 대응되는 스위치를 닫아야 하는지 아닌지 출력한다. 중간층 뉴런의 개수를 정하는 일반적인 방법은 없으며 경험에 의존해야 한다.

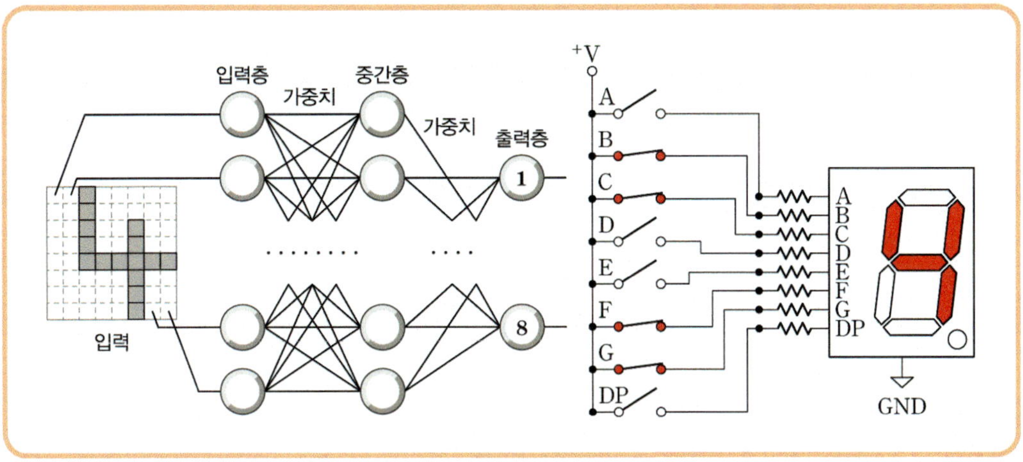

실제로 이런 정도의 신경망은 파이썬 언어를 사용해서 직접 프로그래밍할 수 있고, 텐서플로 등을 이용하면 누구나 최소한의 수고로 쉽게 구현할 수 있다. 다만, 그러한 내용은 이 책의 의도가 아니므로 다루지 않는다.

이제 3장에서 다루었던 틱택토 게임에 신경망을 어떻게 응용할 수 있는지 살펴보자. 우리가 해야 할 일은 다음과 같이 현재 상황이 입력으로 들어오면 다음 플레이어가 어디에 자기 수를 두어야 할지 정하는 시스템이다. 편의상 이 시스템을 틱택토Go라 부르자.

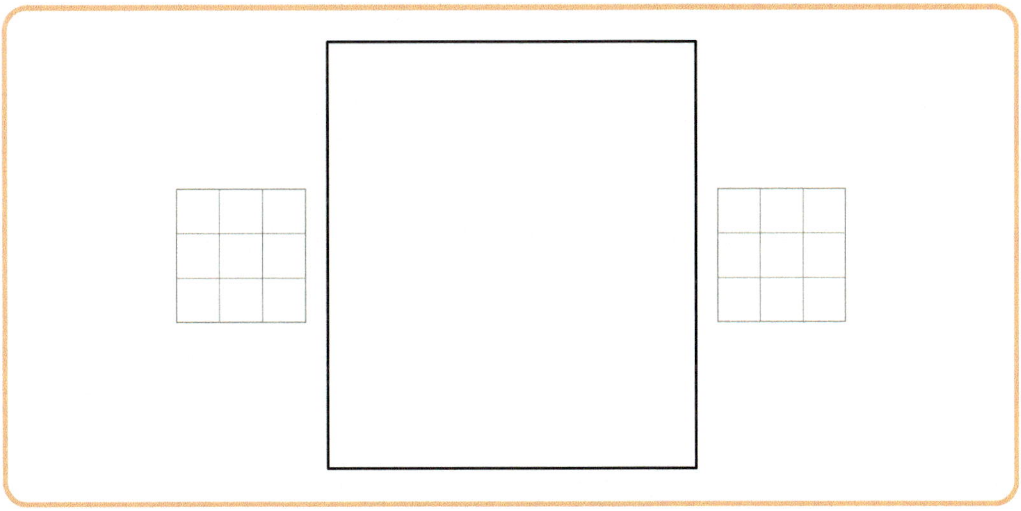

구현하려는 틱택토Go 시스템

3장의 탐색 알고리즘을 이용해서 틱택토Go를 구현한다면 다음과 같을 것이다. 즉, 블랙박스 내부를 $\alpha\beta$ 가지치기를 사용하는 min-max 알고리즘이나 몬테카를로 트리 탐색 알고리즘을 채워 시스템을 구현할 수 있다. 실제로 그런 구현 사례를 인터넷 검색을 통해 흔히 찾을 수 있다.

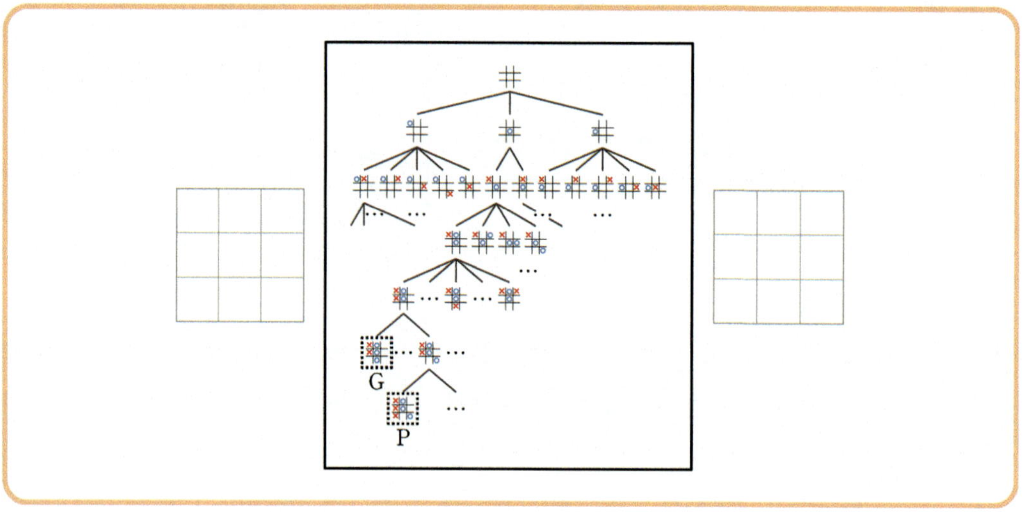

탐색 알고리즘으로 구현

신경망을 이용하는 경우 다음과 같은 구조의 신경망을 사용할 수 있겠다. 학습을 위한 학습 데이터 구조는 예를 들어 (1,0,0,0,1,0,-1,-1,0) ⇒ (0,0,0,0,0,0,0,0,1)이며 아래 그림과 같이 해석한다. 즉, 내 말이 놓인 곳(○)은 1, 상대방 말(×)이 놓인 곳은 −1, 빈 곳은 0으로 표기하고 목표 출력은 다음 수의 위치는 1로 나머지는 0이 출력되도록 한다. 다음에 둘 수 있는 곳이 많은 경우 목표 출력에 1이 여러 개 나올 수 있다.

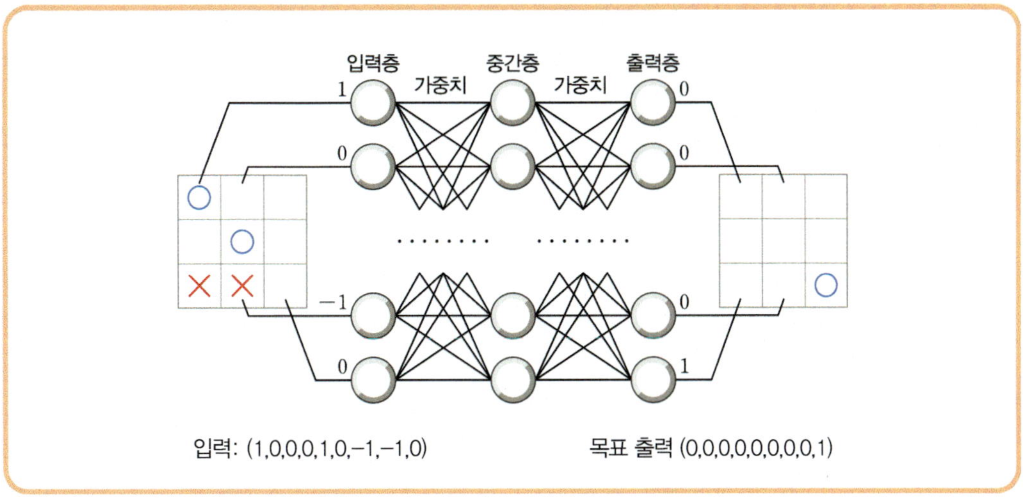

틱택토Go를 위한 신경망 구조

학습 데이터는 보통 사람이 수집하는데, 구글의 알파제로 같이 강화학습을 사용하는 시스템은 별도의 학습 데이터 없이 게임을 해가면서 학습하기도 한다. 다음은 사람이 학습 데이터를 수집하기 위해 상황을 분석한 사례를 나타낸다.

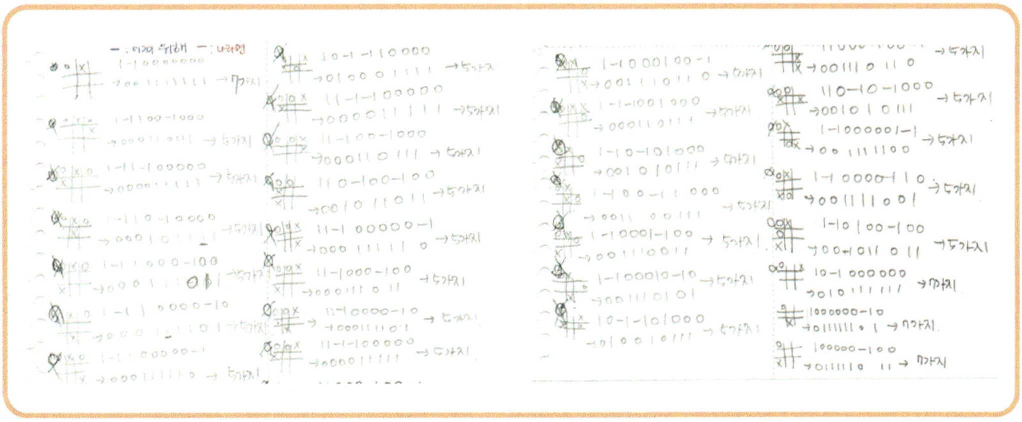

학습 데이터 수집 과정

다음은 신경망 학습 사례를 나타낸다. 그림 첫 줄에서 "-1 1 -1 0 0 0 0 0 0 ⇒ 0 0 0 1 1 1 1 1"은 학습 데이터이고 "0.0 0.0 0.0 0.7 0.7 0.6 1.0 0.4 1.0"은 학습 종료 후 동일한 입력에 대해 신경망이 출력한 값이다. 현재 진행 중인 게임 상황에서, 다음에 둘 수 있는 곳들이 대체로 1에 가까운 값이 출력되었다. 아래 학습 결과는 간단하게 설계된 신경망 결과이므로 더 이상의 분석은 의미가 없으나, 이러한 사례를 통해서 신경망을 사용해서 특정 문제를 어떻게 해결할 수 있는지 알 수 있겠다.

```
                         Results of the Train Data

-1  1 -1  0  0  0  0  0  0 ==> 0 0 0 1 1 1 1 1 1 ==> 0.0 0.0 0.0 0.7 0.7 0.6 1.0 0.4 1.0
-1  1 -1  0  1 -1  0  0  0 ==> 0 0 0 1 0 0 1 1 1 ==> 0.0 0.0 0.0 0.8 0.4 0.6 1.0 0.3 0.9
-1  1  0  0 -1 -1  0  0  1 ==> 0 0 1 1 0 0 1 1 0 ==> 0.0 0.0 0.5 1.0 0.1 0.6 1.0 0.9 0.2
-1  1  0 -1 -1  0  1  0  0 ==> 0 0 1 0 0 1 0 1 1 ==> 0.0 0.1 0.5 0.0 0.3 0.7 0.1 0.6 0.9
-1 -1  0  1  0  0  0  0  0 ==> 0 0 1 0 1 1 1 1 1 ==> 0.0 0.2 0.4 0.1 0.2 0.7 0.1 0.6 0.7
...
 1  1 -1  0  0  0  0  0 -1 ==> 0 0 0 1 1 1 1 1 0 ==> 0.0 0.0 0.1 0.9 0.9 0.7 1.0 1.0 0.0
 1  1  0 -1 -1  0  0  0  0 ==> 0 0 1 0 0 1 1 1 1 ==> 0.0 0.0 0.8 1.0 0.7 0.5 1.0 1.0 1.0
 1  1  0 -1  0 -1  0  0  0 ==> 0 0 1 0 1 0 1 1 1 ==> 0.0 0.0 0.9 0.1 1.0 0.5 1.0 0.9 1.0
 1  0  0  0  0  0  0  0  0 ==> 0 0 0 0 0 0 0 0 0 ==> 0.0 0.0 0.8 0.1 1.0 0.5 1.0 0.9 1.0
 0  0  0  0  0  0  0  0  0 ==> 0 0 0 0 0 0 0 0 0 ==> 0.0 0.1 0.5 0.0 0.3 0.6 0.2 0.6 0.9

                         Results of the Test Data
-1  1 -1  0  0  1 -1  0  0 ==> 0 0 0 1 1 0 0 1 1 ==> 0.0 0.0 0.0 0.0 1.0 0.7 0.0 0.1 1.0
-1  0  0  1  0  0 -1  0  0 ==> 0 1 1 0 1 1 0 1 1 ==> 0.0 0.6 0.6 0.0 0.1 0.8 0.0 0.1 1.0
                                        ...
 1  0  0  0 -1  0  0  0  0 ==> 0 1 1 1 0 1 1 1 1 ==> 0.0 0.0 0.8 1.0 0.7 0.5 1.0 1.0 1.0
 1  1  0 -1  0  0  0 -1  0 ==> 0 0 1 0 1 1 1 0 1 ==> 0.0 0.0 0.9 0.0 1.0 0.5 1.0 0.9 1.0
```

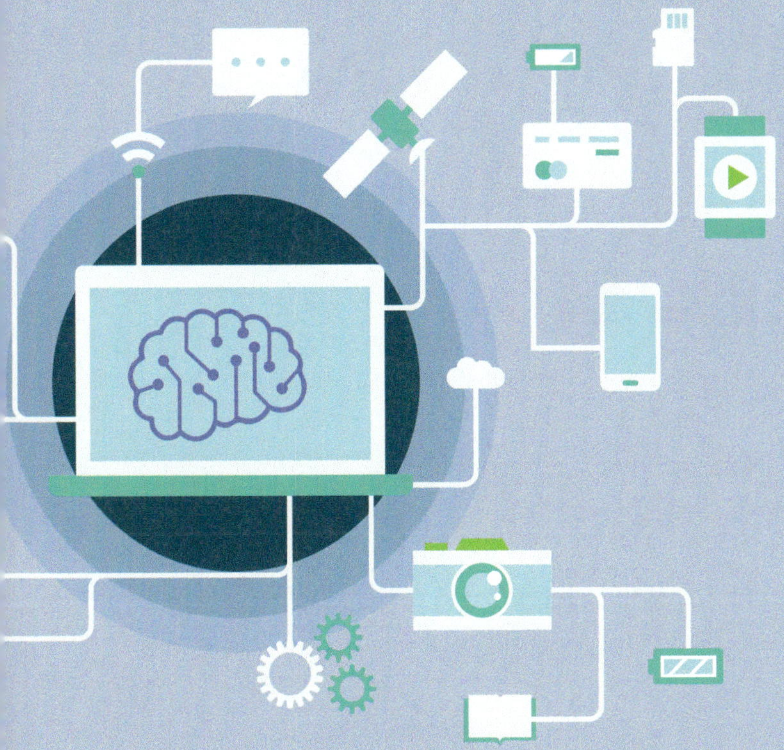

07 CHAPTER

인공지능이 노벨상을!

07

인공지능이 노벨상을!

기대와 다르게 학습이 어려운 경우가 많이 보고되면서 신경망은 다시 위기를 맞이한다. 늘 그렇듯 철새처럼 몰려온 연구자들이 떠나도 진지한 사람들이 남아 문제를 해결한다. 여기서는 깊은 구조의 신경망 학습이 가능한 딥러닝 기술과 딥러닝을 응용한 다양한 사례에 대해 살펴본다.

딥 뉴럴네트워크와 딥러닝

보통 중간층이 4개 이상인 신경망을 딥 뉴럴네트워크 혹은 깊은 혹은 심층 신경망이라 한다.

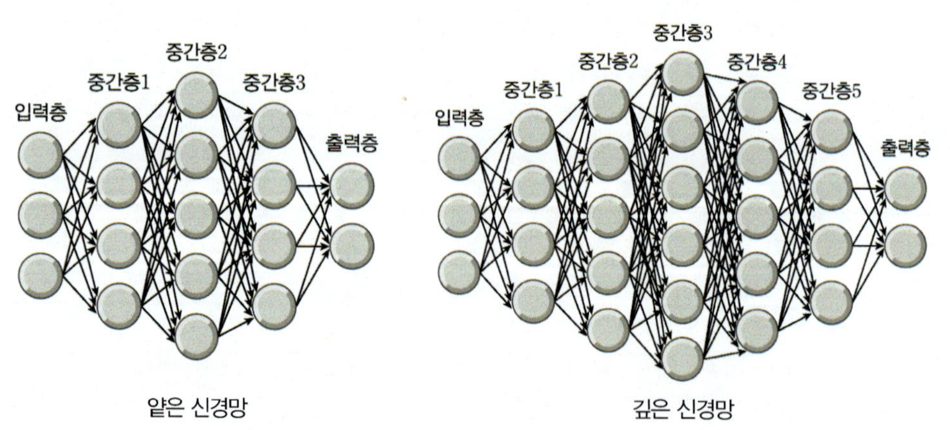

오류 역전파 학습 알고리즘에 의해 출력층의 오차를 역방향으로 전파해가면서 중간층 뉴런들의 연결 가중치를 수정하는 방법이 가능해지기는 했으나 새로운 문제점이 발생했다. 많은 응용사례에서 소위 **기울기 소실**이라는 문제 때문에 학습이 안 되는 상황이 일어났다. 기울기 소실은 다음 그림처럼 역방향으로 진행할수록 가중치 수정량이 0으로 수렴해서 학습이 느리거나 안되는 상황이다.

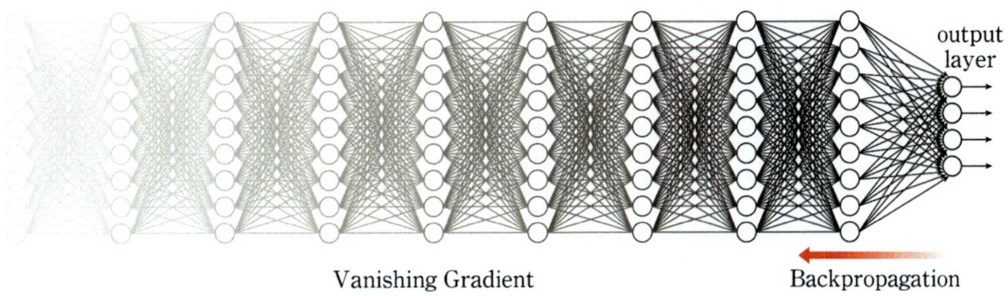

기울기 소실: 그림에서 선의 굵기는 가중치 수정량의 크기(절댓값)

기울기 소실을 완화하기 위해서, 가중치를 초기화하는 방법을 개선하는 등, 다양한 방법이 시도되었으며, 그 결과로 오늘날 가장 많이 적용되는 기술이 활성 함수 ReLU를 사용하는 방법과 드롭아웃이다.

오류 역전파 학습 알고리즘을 사용해서 데이터를 학습하는 신경망은 보통 시그모이드 활성 함수를 사용해왔다. 그런데 이 시그모이드 함수(a)의 경우, 층이 많아지면 계산 복잡도가 커지고 특히, 가중치 수정량이 빠르게 0으로 수렴해서 기울기 소실을 일으켜 신경망 학습속도가 느려진다는 걸 알게 되면서, 더 효과적인 활성 함수를 사용하게 되었으며 최근 가장 많이 사용하는 것이 **ReLU 함수**(b)다. 이 함수는 미분계수가 상수라 계산이 빠르고 시그모이드 함수보다 기울기 소실도 덜하다.

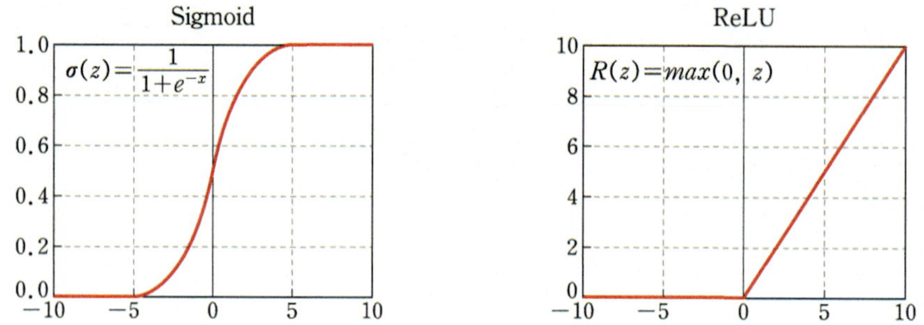

(a) 시그모이드 함수 (b) ReLU 함수

드롭아웃은 학습 과정에 무작위로 선택한 입력층 혹은 중간층 뉴런 일부를 학습에서 배제하는 방법이다. 드롭아웃 된 뉴런들은 일시적으로 전진전파 단계에 다음 층 뉴런으로 출력을 보내지 않거나 역전파 단계에 가중치 수정의 대상에서 제외된다. 물론 드롭아웃 되는 뉴런들은 고정되지 않으며 학습의 매 단계에 정해진 비율만큼 임의로 지정된다.

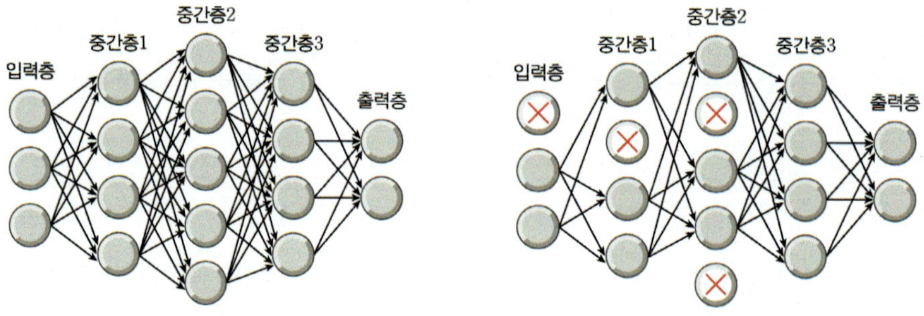

신경망 드롭아웃 신경망

보통 신경망에서 뉴런은 학습하는 동안 이웃 뉴런들과 연결을 통해서 상호 작용을 한다. 이 경우 신경망이 학습 데이터에 지나치게 끼워 맞춰질 수 있다. 드롭아웃을 통해서 신경망 내 일부 뉴런을 없는 것으로 간주하면, 그 뉴런의 연결은 일시적으로 학습에서 배제되어 다른 뉴런의 연결들이 상대적으로 입력 데이터를 더 민감하게 학습할 수 있다.

예를 들어, 다음과 같이 고양이의 특징을 인식하는 신경망에서 입력층 첫 번째 뉴런이 머리 부분, 두 번째 뉴런이 몸통 부분, 세 번째 뉴런이 다리 부분 데이터를 중간층 1로 보낸다고 하면, 중간층 1의 모든 뉴런이 머리, 몸통, 다리에 대한 데이터를 입력받는다.

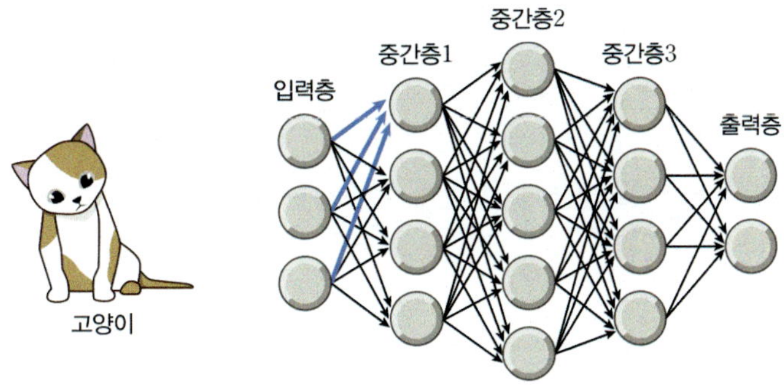

만일 학습의 특정 단계에 다음과 같은 드롭아웃이 적용되었다면, 이 경우 중간층 1 뉴런들은 몸통과 꼬리에 대한 데이터만 입력받게 된다. 몸통과 꼬리의 관계에 집중해서 강아지를 학습할 수 있다. 마찬가지로 다른 단계에 입력층 두 번째 뉴런이 드롭아웃 되면 이번에는 머리와 다리 부분의 관계를 더 집중해서 학습할 수 있다. 중간층 뉴런들이 드롭아웃 되는 경우도 같은 효과가 있다.

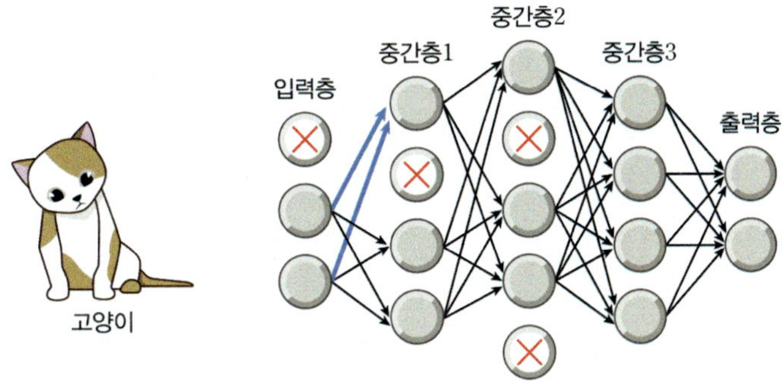

딥러닝

ReLU 활성 함수나 드롭아웃을 이용해서 다층 신경망 학습을 상당히 개선할 수 있으나 중간층이 많은 깊은 신경망을 학습하기 위해서는 완전히 새로운 형태의 개선이 필요하다.

예를 들어 개와 고양이를 구분하는 시스템을 만든다고 가정하자. 전통적인 기계학습에서는 다음과 같이 입력 이미지에서 각 동물의 특징을 사람이 직접 추출하는 방법을 사용한다. 즉, 색상 및 눈, 코, 귀, 입 모양 등에 대해 개발자가 손수 수집해 만든 동물 모양에 대한 지식과 다양한 데이터 차원 축소 및 특징 추출 알고리즘을 직접 구현한다.

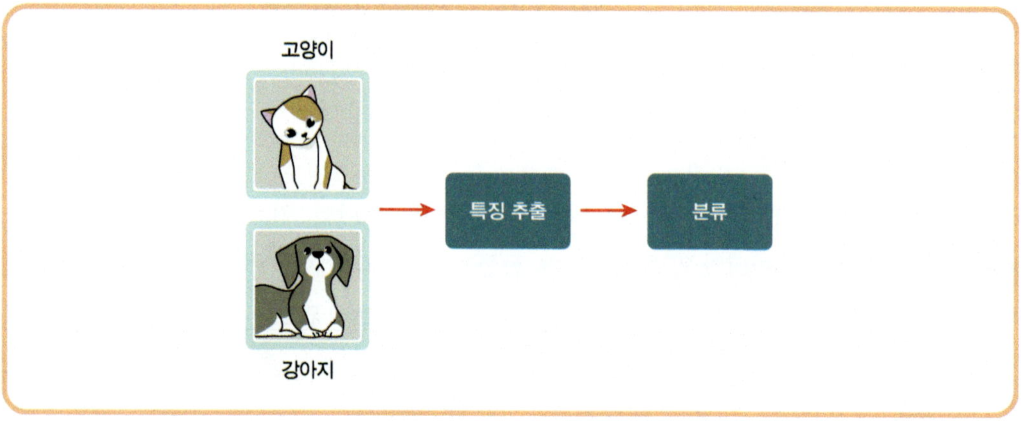

전통적 기계 학습에 의한 분류 과정

신경망을 사용하는 경우라면 다음 그림처럼 사람 대신 신경망이 특징을 추출할 수 있도록 스스로 학습하도록 해야 한다. 즉, 개와 고양이 사진을 많이 수집해서 분류한 학습 데이터를 신경망에 전달해서 학습하도록 만들면 된다.

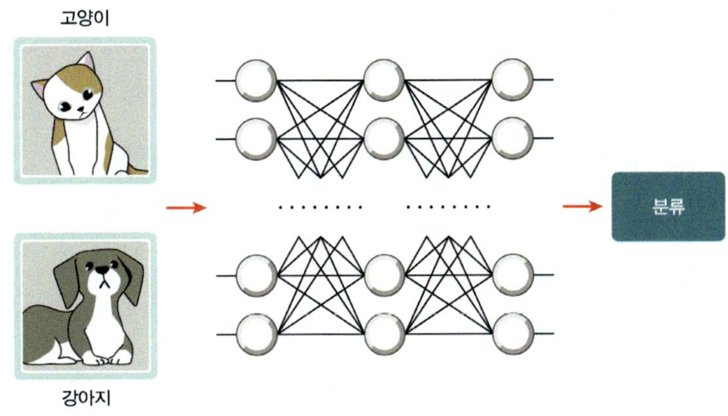

신경망에 이미지를 전달한다는 건 다음 그림처럼 이미지를 구성하는 점의 색상 하나하나를 각각의 뉴런에 전달하는 거다. 예를 들어 그림 크기가 100 × 100이라면 신경망의 입력 뉴런의 개수는 10,000개이고 중간층의 모든 뉴런은 10,000개 값을 입력으로 받는다. 이를테면 배경을 포함해서 강아지 머리 끝에서 꼬리 끝까지 정보를 모든 뉴런이 받아들인다는 의미다. 그리고 가중치 합으로 정보를 종합하여 차례로 다음 층으로 보낸다. 직관적으로 눈이 두 개고 코 위에 있으며... 같은 특징을 추출하기가 어렵겠다는 생각이 든다.

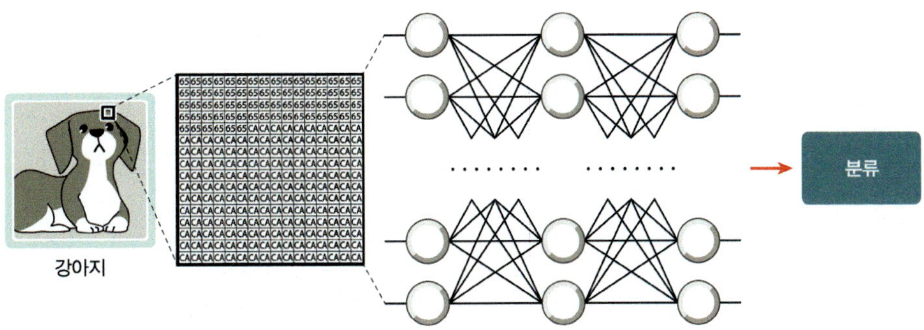

딥러닝 기술로 신경망을 학습하는 경우, 입력 데이터가 다수의 중간층을 차례로 거쳐 가면서, 각 층에서 이미지에 내포된 특징이 추출된다. 이때 추출되는 특징 즉, 패턴은 층마다 수준이 다르다. 보통 앞 층에서 추출된 모서리, 선, 점, 코, 눈, 귀 같은 낮은 수준 특징들이 차례로 전파되면서 뒤 층에서 동물의 전체적 윤곽이나 외형 같은 높은 수준의 특징으로 합성된다.

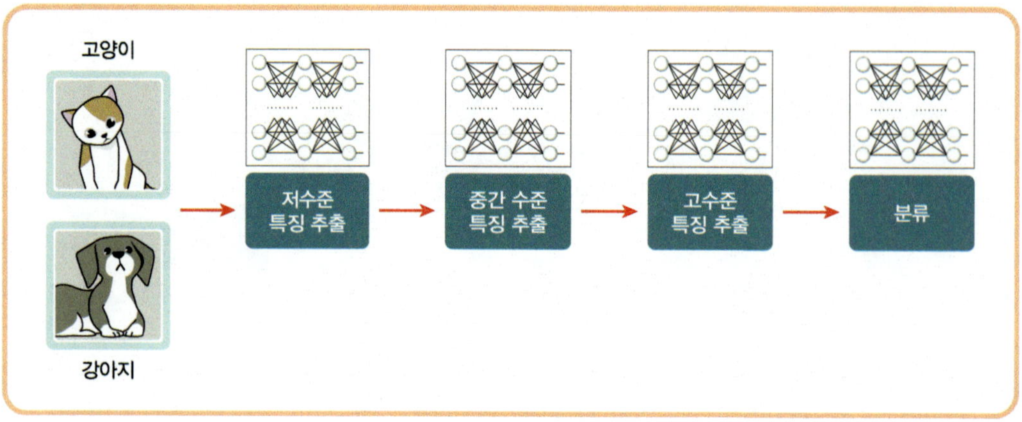

딥러닝에 의한 분류과정

중첩신경망

중첩신경망은 시각의 구조와 처리에서 영감을 얻은 것이다. 인간의 시각 세포는 수직 모서리가 있을 때만 반응하는 것이 있는가하면, 어떤 세포는 수평 모서리에 노출되었을 때 만 활성 되고, 다른 세포는 일정한 방향의 모서리가 보일 때만 강하게 작용한다. 이러한 세포들은 함께 조직되어 상호작용하면서 전체 시각 인식을 생성한다.

마찬가지로 중첩신경망도 모서리와 곡선 조각 같이 낮은 수준 표현에서 시작하여, 그러한 일련의 과정을 차례로 거쳐, 모양이나 윤곽 같이 높은 수준의 표현을 구성하는 방식으로 이미지를 분류한다. 일반적으로 중첩신경망은 입력층, 중첩층, 비선형층, 풀링층, 완전연결층, 출력층으로 구성된다.

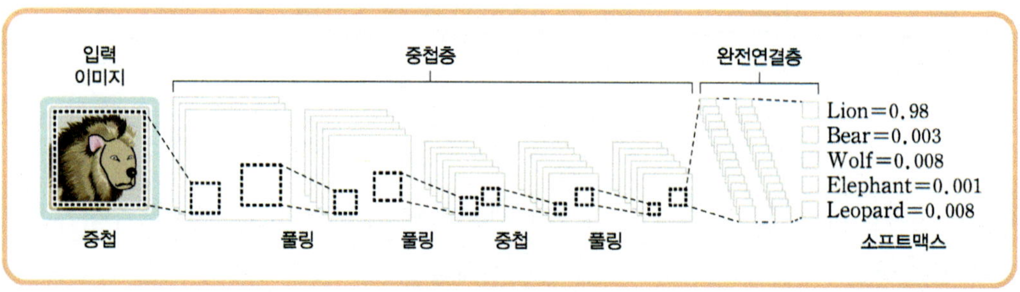

중첩신경망 구조

중첩층에서는 입력에 중첩 연산을 적용해서 중첩층 사이의 연결 가중치와 입력층과 연결된 작은 영역의 내적(대응하는 값끼리 곱한 후 더하는 연산)을 계산한다. 연결 가중치는 일종의 필터로 생각할 수 있다. 이러한 필터가 입력 즉 이미지의 시작부터 끝까지 미끄러지듯 지나가면서 중첩이 계산된다. 입력 이미지의 모든 부분 영역에 대한 중첩이 종료되면 **특징 지도**를 얻을 수 있다. 예를 통해서 중첩층이 이미지를 어떻게 다루는지 알아보자.

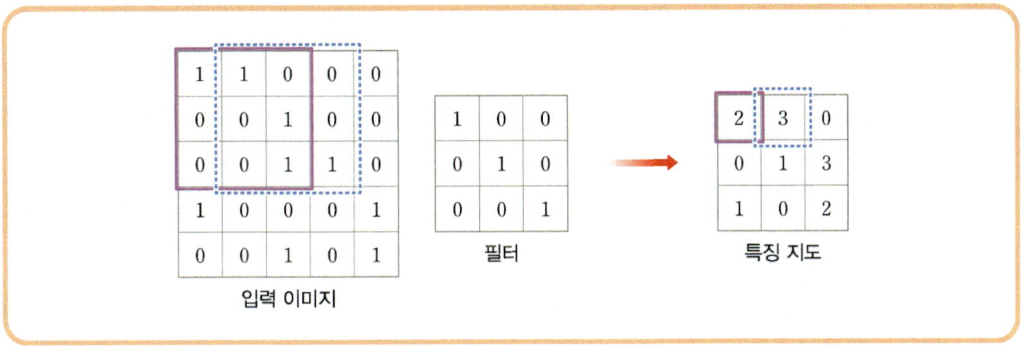

중첩 연산에 의한 특징 지도

위 그림은 크기 3 × 3인 필터를 크기 5 × 5인 이미지의 좌측 상단 부분 영역에서 우측 하단까지 미끄러지듯 이동하면서, 모든 부분영역에 대해 내적을 계산해서 크기 3 × 3인 특징지도가 생성되는 걸 나타낸다. 예를 들어 입력 이미지 좌측 상단과 필터를 내적은 다음과 같다. 이해를 돕기 위해 행별로 나타냈으며 필터 값은 굵게 표시하였다.

$$\begin{gathered} 1\times\mathbf{1}+1\times\mathbf{0}+0\times\mathbf{0} \\ + \\ 0\times\mathbf{0}+0\times\mathbf{1}+1\times\mathbf{0} \\ + \\ 0\times\mathbf{0}+0\times\mathbf{0}+1\times\mathbf{1} \\ = 2 \end{gathered}$$

중첩 연산을 통해서 모서리와 곡선 같은 특징을 추출할 수 있다. 예를 들어 앞 그림의 필터는 역슬래시 모양의 대각선을 묘사하는 것이고, 두 번째 부분 영역에 그러한 선이 있으므로 해당 영역에 대한 특징 지도 성분은 3이라는 큰 값이고, 좌측 하단 구석 부분 영역에는 그러한 모양이 없으므로 1이다.

특징 지도는 필터가 나타내는 모양의 곡선과 이미지 속의 모양이 얼마나 닮았는지를 추출한 것이다. 이미지에 포함된 더 많은 특징을 얻기 위해, 수평, 수직, 곡선 같은 더 많은 필터를 사용할 수 있고, 중첩층을 여러 개 쌓으면 전체 모양이나 윤곽선 같은 높은 수준의 표현을 생성할 수도 있다.

이미지에 포함된 다양한 특징을 추출하려면 여러 유형의 필터를 사용하면 된다. 즉 중첩을 많이 하면 된다. 그렇게 되면 계산량이 많아지는 건 물론이고 중첩층에서 특징 지도를 많이 생성한다. 결국 다음 층으로 전파해야할 데이터의 양이 많아지므로 신경망의 규모가 커질 수밖에 없다.

이런 문제를 해결하기 위해 중첩층 다음에 풀링 연산을 수행하는 풀링층이 하나의 쌍처럼 이어진다. 풀링 연산으로는 최대 풀링과 평균 풀링이 보통 사용된다. 이 연산은 겹치지 않는 모든 부분 영역에 대해 각각 가장 큰 값과 평균을 택한다. 예를 들어, 크기 4 × 4인 특징 지도에 2 × 2 최대 풀링을 적용하면 다음과 같이 크기 2 × 2인 압축된 특징 지도를 얻을 수 있다. 즉, 특징 지도의 크기가 절반으로 줄었음을 알 수 있다.

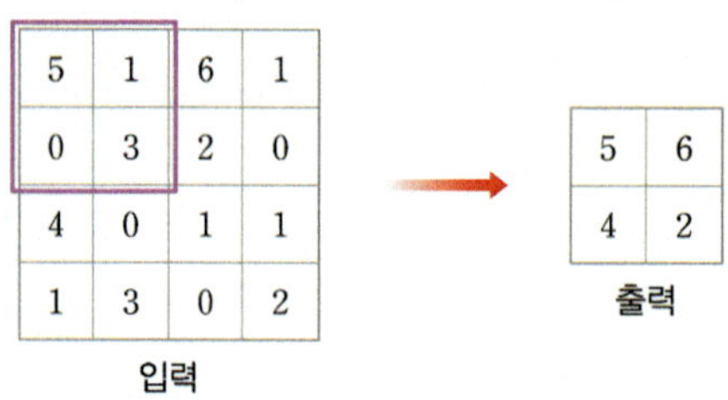

중첩신경망은 다수의 중첩-풀링층을 통해서 입력 데이터의 특징을 추출한 후 마지막으로 완전연결층에 데이터를 전파해서 최종 출력을 생성한다. 완전연결층은 다층 신경망에 대한 다른 이름이다.

다음은 중첩-풀링층 2개와 완전 연결층(중간층이 2개인 4층 신경망)을 하나로 이어 묶은 중첩신경망 구조를 나타낸다. 마이크로소프트가 개발한 중첩신경망 ResNet은 중첩-풀링층이 152개에 이르는 깊은 신경망이다. 결국, 중첩신경망은 중첩-풀링으로 특징을 추출한 후 얕은 다층 신경망으로 최종 출력을 생성한다.

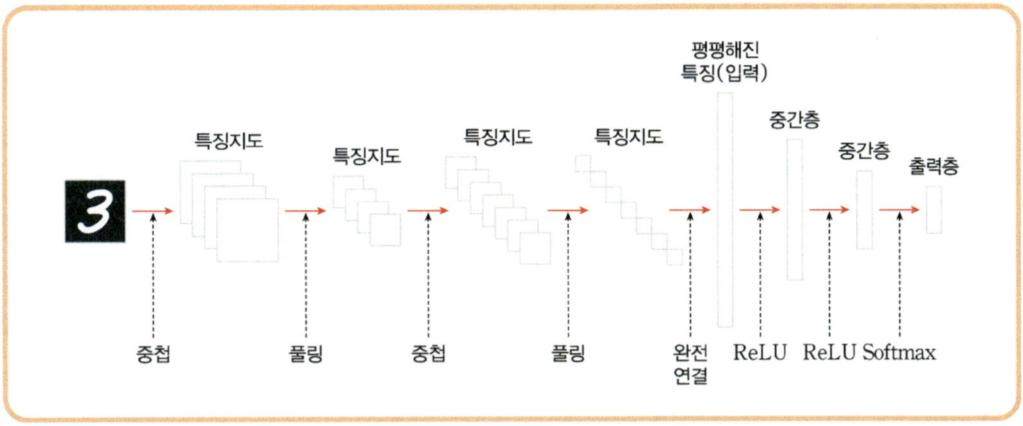

중첩층 2개와 4층 완전연결층으로 구성된 중첩신경망

다음은 자율주행 자동차를 위한 교통 표지판 인식 중첩신경망 구조를 나타낸다. 위 그림과 마찬가지로 중첩-풀링층 2개로 구성되었으며, 분류를 위한 완전 연결층은 중간층이 없는 신경망이다.

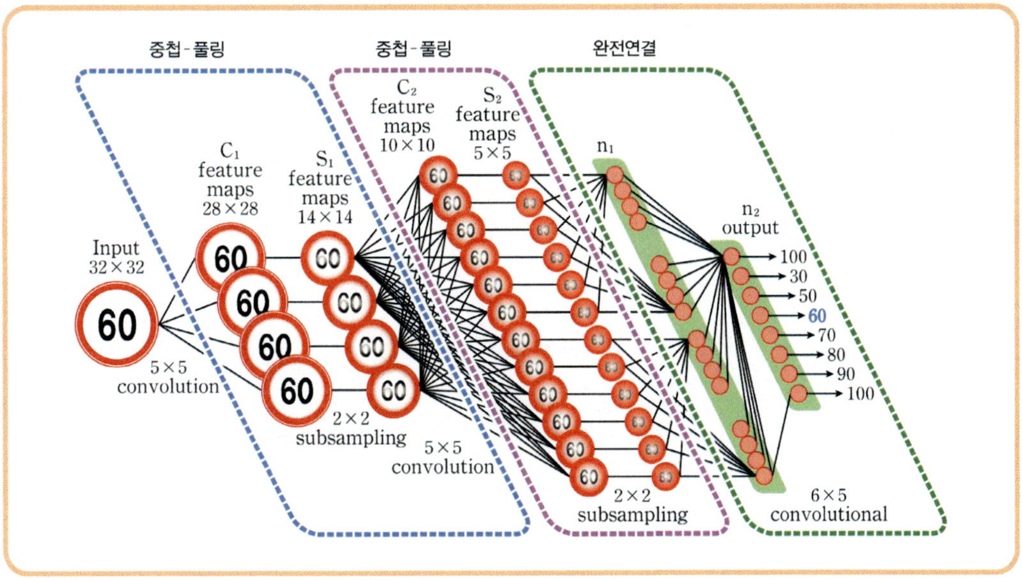

교통 표지판 인식 중첩신경망 구조

14장에서 실제로 이미지를 분류하는 중첩신경망 구현 사례를 다루었다. 시간이 허락한다면 미리 참고해보는 게 좋겠다.

순환신경망

주식 가격이나 날씨같이 일정한 시간을 두고 발생하는 데이터를 시계열 데이터라고 부른다. 시계열 데이터들은 이전 값이 다음 값에 영향을 주거나 밀접하게 관련이 있다. 문장 같은 경우도 단어들의 순서가 문장의 의미를 정하기 때문에 일종의 시계열 데이터이다. 이러한 시계열 데이터를 처리할 수 있게 구성된 게 순환신경망이다. 중첩신경망을 포함한 다층 신경망은 데이터가 입력되는 순서에 대한 정보를 처리하지 않는다. 순환신경망은 중첩신경망과 함께 딥러닝을 대표하는 신경망이다.

순환신경망은 다층 신경망과 다르게 한 뉴런의 출력을 다음 층으로만 전파하는 게 아니라, 자신이 속한 층의 (자신을 포함해서) 모든 뉴런으로 전파하는 되먹임 뉴런 층을 포함하는 되먹임 신경망의 일종이다. 아래는 중간층이 되먹임 뉴런으로 구성된 순환신경망이다(편의상 자신으로만 되먹임되도록 그렸으나 같은 층 다른 모든 뉴런으로도 출력을 전파한다). 순환신경망의 되먹임 출력에도 가중치가 있다는 걸 주의해야 한다.

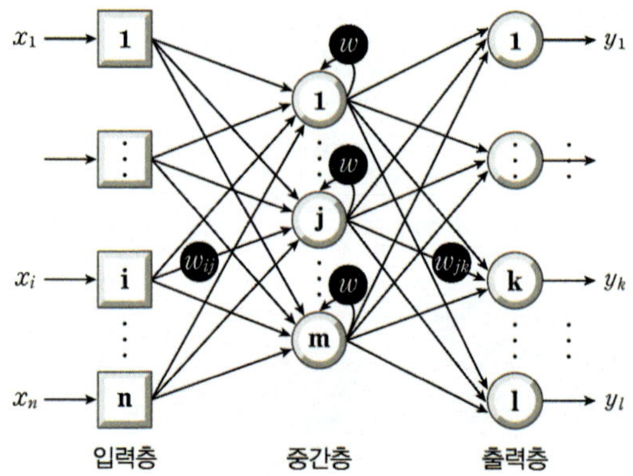

되먹임 중간층을 포함하는 순환신경망

다음은 되먹임 뉴런의 구조를 나타낸다. 그림에서 u, v, w는 가중치를 나타낸다. (a)에서 뉴런이 입력 x를 받아 출력을 계산한 후 출력층 뉴런 o로 전파하면서 동시에 자신에게도 되먹인다. 아래는 중간층에 되먹임 뉴런을 1개만 그린 경우인데, 실제로는 다른 뉴런들이 더 있으며 그들 모두에 출력을 되먹임한다. 물론 자신도 다른 되먹임 뉴런의 출력을 전달받는다.

순환신경망에서는 특정 시점 t에 데이터가 입력된다. (b)는 입력 x_t가 들어오는 시점 t 전후를 연속으로 그린 것이다(시간에 따라 층이 구성되는 게 아니다). 즉, 시점 $t-1$의 출력이 시점 t에 입력으로 들어오고, 다시 시점 $t+1$의 입력으로 되먹임 되는 것을 연속으로 이어 그린 것이다. 뉴런 옆에 표시된 s는 해당 뉴런의 상태를 나타낸다. 순환신경망의 되먹임 뉴런은 출력을 되먹임한다는 점 외에 자신의 고유한 상태를 저장한다는 특징을 가지고 있다. 결국, 순환신경망의 되먹임 뉴런은 외부 입력 x, 이전 출력, 그리고 현재 상태 s를 종합해서 출력과 새로운 상태를 생성한다는 걸 알 수 있다.

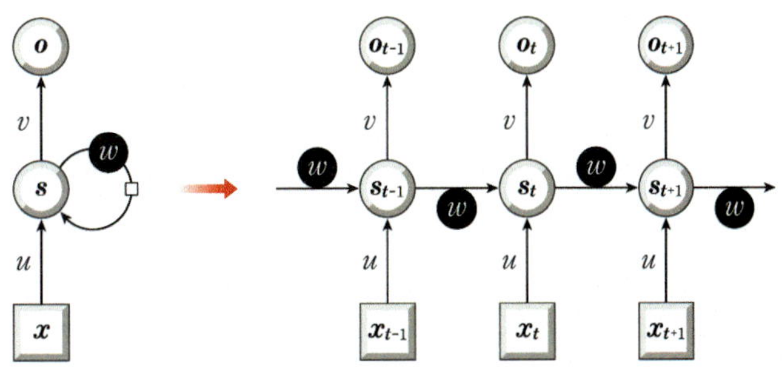

순차 데이터와 관련하여 우리가 할 수 있는 일에는 다음과 같이 예측, 분류, 생성 등이 있다. 순환신경망은 이러한 유형의 데이터 처리에 매우 효과적으로 응용할 수 있는 신경망이다.

순차 예측

주어진 $[x_{t-2}, x_{t-1}, x_t]$에 대해, 순차 열의 다음 항목 x_{t+1} 예측

ex 기상 예보, 주식 가격

순차 분류

주어진 $[x_{t-2}, x_{t-1}, x_t]$에 대해, 이 순차 열의 범주나 이름 예측

ex 감성 분석, 문서 분류

순차 생성

주어진 $[x_{t-2}, x_{t-1}, x_t]$에 대해, 순차 열의 다음 항목 x_{t+1} 생성

ex 이미지에 캡션 붙이기, 텍스트 생성

순차에 대한 순차 생성

주어진 $[x_{t-2}, x_{t-1}, x_t]$에 대해, 동치인 순차 열 $[y_{t-1}, y_t, y_{t+1}]$ 생성

ex 기계 번역

딥러닝 응용 분야

숫자와 문자, 얼굴 인식 같은 전통적인 이미지 인식 분야를 포함해서 매우 광범위한 분야에 딥러닝 기술을 응용할 수 있다. 가상현실을 위한 정확한 동작 감지, 감시 카메라 영상 실시간 분석 기술 발전에 딥러닝이 크게 기여하고 있다. 구글 DeepMind와 옥스퍼드 대학 과학자들은 말하는 입 모양을 읽는 컴퓨터 시스템 LipNet을 개발했는데, 인식률이 93%에 이른다.

이미지 검색 엔진

산길을 걷다 이름 모를 꽃을 발견하면 휴대폰으로 촬영해서 꽃 이름은 물론이고 식생을 자세히 알 수 있으며, 주문 배달도 가능하다.

네이버 스마트렌즈, 구글 렌즈

머신 비전

예를 들어 자율 주행 자동차는 360° 시야 정보를 실시간으로 처리한다. 딥러닝으로 이러한 기술을 실현하게 되었다.

흑백 사진 컬러화

와세다 대학 컴퓨터 과학부에서 개발한 자동 이미지 색 입히기 및 분류 시스템

출처 http://hi.cs.waseda.ac.jp/~iizuka/projects/colorization/extra.html

손 글씨 생성

토론토 대학 알렉스 그래이브즈가 개발한 손 글씨를 생성하는 순환신경망, 문장을 입력하면 손으로 쓴 글씨처럼 변환해 준다.

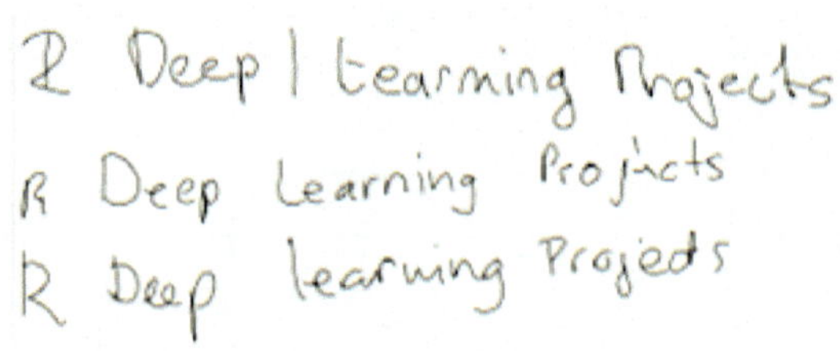

순환신경망에 의한 손 글씨 생성, 알렉스 그래이브즈

이미지 분류

힌튼 교수팀이 개발한 중첩신경망 이미지넷 시스템; 이미지 분류 결과와 확률이 출력된다.

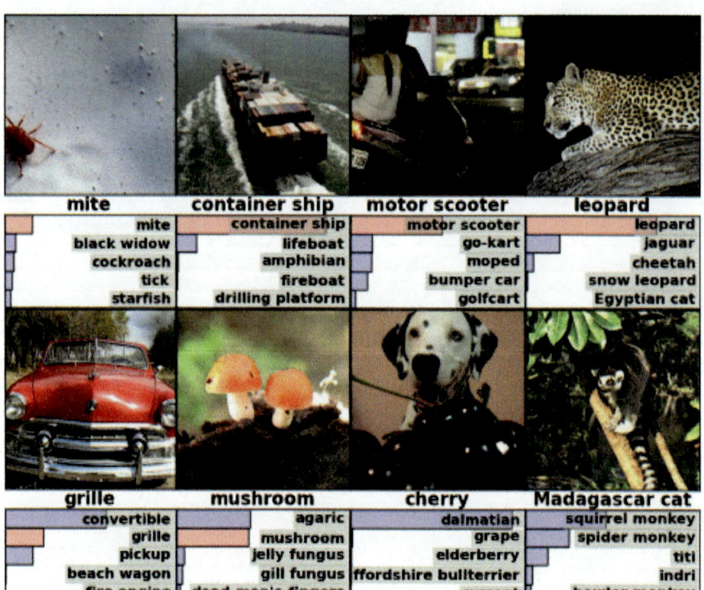

ImageNet Classification with Deep Convolutional Neural Networks, 힌튼 외

이미지 이해

중첩신경망을 이용해서 이미지의 구성 요소를 분리한 후 그것에 이름을 붙이고, 순환신경망으로 이름들을 의미 있는 문장으로 재 구성한다.

출처 앙드레 카파시, http://cs.stanford.edu/people/karpathy/deepimagesent/generationdemo/

심층 신경망에 의한 이미지 스타일 전이

원본 이미지(A)를 각각 다른 화가의 화풍으로 재생성한다.

Figure 2: Images that combine the content of a photograph with the style of several well-known artworks. The images were created by finding an image that simultaneously matches the content representation of the photograph and the style representation of the artwork (see Methods). The original photograph depicting the Neckarfront in Tübingen, Germany, is shown in **A** (Photo: Andreas Praefcke). The painting that provided the style for the respective generated image is shown in the bottom left corner of each panel. **B** *The Shipwreck of the Minotaur* by J.M.W. Turner, 1805. **C** *The Starry Night* by Vincent van Gogh, 1889. **D** *Der Schrei* by Edvard Munch, 1893. **E** *Femme nue assise* by Pablo Picasso, 1910. **F** *Composition VII* by Wassily Kandinsky, 1913.

출처 A Neural Algorithm of Artistic Style, https://arxiv.org/abs/1508.06576

고양이 그림, 비디오 게임 이미지를 포함한 이미지 생성

사람이 대충 그린 그림을 신경망이 재구성한다.

기계번역

구글 신경 기계번역 시스템은 번역의 정확성과 유창함을 높이기 위해 깊은 순환신경망을 사용한다. 삼성 빅스비, 애플 시리, 아마존 알렉사, 구글 홈, 스카이프 트랜스레이터 등은 모두 딥러닝에 기초한 시스템이다.

감성 분석, 정보 검색, 주제 찾기

많은 자연어 처리 응용 분야에서, 워드 임베딩과 딥러닝이 결합하여 불가능할 것 같은 일들을 해내고 있다.

텍스트 생성

순환신경망은 문장을 구성하는 단어는 물론이고, 구두점의 미묘한 관계까지 학습함으로써, 가상의 셰익스피어가 되어 "그날은 구름이 드리운 잔뜩 흐린 날이었다. 방 안은 언제나처럼 최적의 온도와 습도, 요코씨는 그리 단정하지 않은 모습으로 소파에 앉아 시시한 게임으로 시간을 보내고 있다." 같은 놀라운 문장을 쓸 수 있게 되었다. 일본의 하코다테 미래대학교 교수 연구팀이 개발한 시스템이 쓴 소설에 나오는 문장이다. 글쓰기는 물론이고 딥러닝 기술은 작곡까지 한다. 밀라노 기술대학의 프란체스코 마르께사니는 순환신경망을 학습시켜 쇼팽 음악을 작곡할 수 있었다.

강화학습 역시 딥러닝 분야의 중요한 기술 중 하나다. 기계를 조작하고, 계단을 오르고, 요리하는 로봇은 이제는 새로운 게 아니다. 세계 최고 바둑 고수를 꺾은 구글 알파Go, 이후에 개발된 알파Zero, 무인 자동차 등 아주 많은 분야에서 강화학습을 위한 딥러닝 기술이 사용된다. 딥러닝으로 무장한 인공지능 알파Star가 스타크래프트 같은 게임을 배우고 있으며, 생물정보학, 신약 개발, e비지니스, 재정, 주식과 보험 등을 위한 추천시스템 그리고 사물인터넷 등등 딥러닝을 응용한 사례는 지금도 많지만 앞으로 죽 죽 늘어나 머지않아 인공지능이 노벨상을 받을 수 있겠다!

08 CHAPTER

엄마는 고등어를 좋아해!

08

엄마는 고등어를 좋아해!

불확실하다는 것은 자신이 없는 것이고 대답할 수 없으며, 필연적이지 않아 인정할 수 없는 상황이나 상태다. 이렇게 정해진 것 없이 흐릿하여 상대를 자신 있게 이해시킬 수 없는 것이 불확실한 것이다. 어렵고 복잡한 계산을 척척 해내는 컴퓨터와 달리 사람은 이러한 불확실한 데이터를 잘 처리하고 애매한 상황도 잘 극복한다. 불확실한 상황이나 정보를 처리하는 인공지능 기술에 대해 살펴보자.

확률

1시간 후에 비가 올까? 전혀 알 수 없다. 일어나서 바깥을 내다보니 하늘이 맑고 푸르다. 가벼운 차림으로 집을 나선다. 반대로 하늘에 구름이 가득하다. 자연스럽게 우산을 챙겨 들고 나간다. 하늘이 푸르면 비가 올 가능성이 적고 구름이 가득하다면 가능성은 더 크다. 인천에 비가 퍼붓고 있다면 강릉에 사는 사람과 다르게 신촌에 사는 사람은 우산을 들고 나간다.

모든 사람의 몸무게가 동일하다면 체중을 측정할 필요가 없고, 모든 사람의 키가 동일하다면 신장을 측정할 필요가 없다. 마찬가지로 모든 불확실한 정도가 같다면 불확실함의 차이를 측정할 필요가 없다. 다르지 않다면 측정 즉, 비교할 필요가 없다.

비는 올 수도 있고 아닐 수도 있다. 확실하지 않다. 하지만 확실하지 않은 정도가 다르다. 하늘이 푸를 때와 먹구름이 끼었을 때가 다르고 인근에 비가 오는 경우와 그렇지 않은 경우가 다르다. 이럴 때 사람은 가능성의 차이 즉 확률을 생각한다. 확률이란 이렇듯 가능성의 차이를 측정하는 척도 즉, 일종의 저울 혹은 자다.

어떤 일은 확실하게 일어나기도 하고 확실하게 안 일어나기도 한다. 각각을 1과 0이라는 값에 대응시키면 불확실한 일들은 그사이의 값을 가질 것이다. 이렇게 불확실한 정도가 0과 1사이 어디에 위치하는지, 어느 쪽에 가까운지 측정하는 수학이 확률이다.

확률을 대하는 자세

어떤 사건이 일어날 확률이 1인 경우와 0인 경우, 불확실한 사건은 어떤 것일까? 둘 다 확실한 사건이다. 1인 경우는, 동전을 던져서 앞면 또는 뒷면이 나올 사건처럼, 반드시 일어나는 사건이고 0인 경우는, 동전을 던졌는데 주사위가 떨어지는 사건처럼, 확실하게 일어나지 않는 사건이다. 결과를 확실하게 예측할 수 있다는 뜻이다. 가장 불확실한 사건은 확률이 0.5인 경우다. 예를 들어 앞면이 나올 확률이 1/2=0.5인 동전 던지기야말로 결과를 예측하기 가장 모호한 상황이다. 앞면이 나올 가능성이 50%, 다른 면인 뒷면이 나올 가능성도 50% 즉, 반반이다. 반면에 주사위를 던졌을 때 1의 눈이 나올 확률은 상대적으로 덜 애매하다. 1의 눈이 나올 가능성은 1/6 즉 0.17% 정도이므로 다른 숫자의 눈이 나올 가능성이 83%로 더 높다고 확신할 수 있다.

45개 숫자 중에 순서 상관없이 6개를 맞히는 로또 645 1등에 당첨될 확률은 다음과 같다.

1 45개 숫자 중에 순서 상관없이 6개를 뽑는 경우의 수

$$\binom{45}{6}=\frac{45\times44\times43\times42\times41\times40}{6\times5\times4\times3\times2\times1}=\frac{5,864,444,200}{720}=8,145,060$$

2 뽑은 1장이 당첨 번호일 확률

$$\frac{1}{8,145,060}$$

결과에 대해서만 생각해 보자. 로또645 1등에 당첨될 확률은 약 8백만 분의 1이다. 벼락에 맞을 확률 6백만 분의 1보다 작다. 그렇게 확률이 적은데, 언젠가 1등 당첨자가 19명이 나오면서 당첨금을 나누다 보니 너무 적다고 기사화된 적이 있다. 어떻게 그런 일이 일어났을까?

"로또645 1등에 당첨될 확률" 앞에 "내가"를 붙이면 이해가 쉬워진다. 앞에서 계산한 값은 "내가 로또645 1등에 당첨될 확률"이 약 8백만 분의 1이라는 의미다. 이제 "내가" 대신에 "누군가"를 붙여보자. "누군가 로또645 1등에 당첨될 확률"은 얼마일까? 그 값은 "누군가"가 몇 명이냐에 의해 정해진다. 누군가가 n명일 때 이 값은 다음과 같다.

$$\frac{n}{8,145,060}$$

이 값을 기대 당첨자 수라고 부르기로 하자. 그렇다면 $n = 8,145,060$인 경우 즉, 8,145,060명이 (이상적으로 모두 다른 번호를 써낸다고 가정하고) 복권을 구매하면 기대 당첨자 수는 1이다. 누군가 1명은 반드시 1등에 당첨된다는 뜻이다. 800만 명을 훌쩍 넘는 사람들이 1장 이상의 복권을 구매한다. 따라서 누군가는 늘 1등에 당첨된다. 거리에는 사람들이 넘치고 누군가는 반드시 벼락을 맞는다.

물론, 그 누군가가 나 자신일 확률은 다시 제 자리를 찾아 각각 약 8백만 분의 1과 약 6백만 분의 1이다. 내가 꽝손이 아니라 그냥 확률이 낮은 거니 좌절할 필요는 없다.

조건부 확률

어떤 특별한 사건 A가 일어날 확률은 다음과 같이 계산한다. 그래서 동전의 앞면이 나올 확률과 뒷면이 나올 확률은 각각 0.5이다.

$$p(A) = \frac{A\text{가 일어날 경우의 수}}{\text{가능한 모든 경우의 수}} = \frac{m}{n}$$

예를 들어, "쌍둥이가 있을 때, 두 아이가 모두 딸일 확률 G"는? 다음과 같다.

$$p(G) = \frac{\{GG\}}{\{GG, GB, BG, BB\}} = \frac{1}{4}$$

그렇다면, "쌍둥이가 있을 때, 첫 아이가 딸이라면, 두 아이가 모두 딸일 확률 G'"는? 다음과 같다. 즉, "첫 아이가 딸이라면"이라는 조건 때문에 "가능한 모든 경우가" 달라진다.

$$p(G') = \frac{\{GG\}}{\{GG, GB\}} = \frac{1}{2}$$

왜 BG가 빠졌을지 궁금할 수 있다. 이번에는 "쌍둥이가 있을 때, 한 아이가 딸이라면, 두 아이가 모두 딸일 확률 G''"는? 다음과 같다. "첫 아이"와 "한 아이"의 차이 때문에 가능한 경우의 집합에 앞에서 빠진 BG가 포함된다.

$$p(G'') = \frac{\{GG\}}{\{GG, GB, BG\}} = \frac{1}{3}$$

이와 같이 조건 x에 대한 사건 A의 확률 $p(A|x)$을 조건부 확률이라 하며 계산식은 다음과 같다. 즉 조건 x를 만족하는 모든 경우(분모)에 대한 A와 x를 모두 만족하는 경우(분자)의 비율이다.

$$p(A|x) = \frac{p(A \cap x)}{p(x)}$$

따라서 앞의 "첫 아이가 딸이라면, 두 아이가 모두 딸일 확률 G'"에서 "첫 아이가 딸"을 g로 놓으면, $p(G')$는 $p(G|g)$이고 이 값은 다음과 같다.

$$p(G|g) = \frac{p(G \cap g)}{p(g)} = \frac{\{GG\}}{\{GG, GB\}} = \frac{1}{2}$$

또한 "한 아이가 딸이라면, 두 아이가 모두 딸일 확률 G''"에서 "한 아이가 딸"을 g로 놓으면, $p(G'')$역시 $p(G|g)$이고 이 값은 다음과 같다.

$$p(G|g) = \frac{p(G \cap g)}{p(g)} = \frac{\{GG\}}{\{GG, GB, BG\}} = \frac{1}{3}$$

베이즈 규칙

조건부 확률 $p(A|x) = \frac{p(A \cap x)}{p(x)}$에서 A와 x의 위치를 바꾸면 $p(x|A) = \frac{p(x \cap A)}{p(A)}$이고, $\frac{p(x|A)}{1} = \frac{p(x \cap A)}{p(A)}$이므로 $p(x \cap A) = p(x|A)p(A)$가 성립한다.

이때 $p(x \cap A) = p(A \cap x)$이므로 조건부 확률식의 분자 $p(A \cap x)$를 $p(x \cap A) = p(x|A)p(A)$를 이용해서 바꾸면, $p(A|x)$를 다음과 같이 $p(x|A)$에 관한 식으로 나타낼 수 있다. 이 식을 베이즈 규칙이라고 한다.

$$p(A|x) = \frac{p(x|A) \times p(A)}{p(x)}$$

베이즈 규칙의 의미를 알아본 후 이를 일반화한 베이즈 정리를 다루어보자. 어떤 사건 A를 "질병", 조건 x를 "증상"이라고 가정하자. 그러면 $p(A|x)$는 증상 x가 나타났을 때 질병 A에 걸렸을 확률을 나타내고, $p(x|A)$는 질병 A에 걸렸을 때 증상 x가 나타날 확률이다. 이때, 멀쩡했던 정상인이 어느 날 그 증상을 보일 확률 $p(x)$, 정상인이 어떤 질병에 걸릴 확률 $p(A)$, 질병 A에 걸린 경우 증상 x가 나타날 확률 $p(x|A)$는 모두 경험적으로 알 수 있는 값이다. 따라서 베이즈 규칙을 적용하면 경험적 지식으로부터 추론할 수 있다.

베이즈 정리

질병 A가 세상의 유일한 병이고, 멀쩡했던 정상인이 증상 x를 보인다고 가정하자. 그렇다면 가능성은 2가지 중 하나다. 그 사람이 질병 A에 걸렸으면서 증상 x가 나타났거나 A에 걸리지 않았는데도 불구하고 증상 x가 나타났다는 얘기다. 따라서 멀쩡했던 정상인이 증상 x를 보일 확률 $p(x)$는 다음과 같다.

$$p(x) = p(A)p(x|A) + p(\sim A)p(x| \sim A)$$

따라서 이 경우 베이즈 규칙은 다음과 같다. 여기서 $p(x)$를 전 확률이라 부른다.

$$p(A|x) = \frac{p(x|A) \times p(A)}{p(x)} = \frac{p(x|A) \times p(A)}{p(A)p(x|A) + p(\sim A)p(x| \sim A)}$$

어떤 사람이 암($A = C$)양성 판정($x = P$)을 받았다고 하자. 이 진단의 정확성은 99%로 알려졌다. 그렇다면 이 사람이 실제 암에 걸렸을 확률 $p(C|P)$은 얼마일까? 99%일까?

이 문제를 위한 베이즈 규칙은 다음과 같다.

$$p(C|P) = \frac{p(P|C) \times p(C)}{p(P)} = \frac{p(P|C) \times p(C)}{p(C)p(P|C) + p(\sim C)p(P|\sim C)}$$

필요한 값들은 다음과 같다.

$p(P\|C) = 0.99$	암에 걸린 사람이 양성 판정을 받을 확률, 진단의 정확성
$p(C) = 0.0001$	어떤 사람이 암일 확률, 통계에 따르면 인구 10,000명 중 1명의 비율로 암에 걸린다고 가정
$p(\sim C) = 0.9999$	어떤 사람이 암이 아닐 확률, $P(C) = 1 - P(C)$, 통계에 따라 인구 10,000명 중 9,999명은 평생 암에 걸리지 않음
$p(P\|\sim C) = 0.01$	암에 걸리지 않은 사람이 양성 판정을 받을 확률, 진단의 오류 비율은 1%

따라서 $p(C|P)$는 다음과 같다. 오, 신이시여! 진단의 정확성이 99%인데, 이 사람이 실제 암에 걸렸을 확률은 약 0.01 즉 1%도 안 된다.

$$p(C|P) = \frac{0.99 \times 0.0001}{0.0001 \times 0.99 + 0.9999 \times 0.01} = 0.0098 \approx 0.01$$

암 발생 비율이 낮을수록 확률은 더 낮아진다. 예를 들어 $p(C) = 0.00001$이면 $p(C|P) = 0.001$이다.

$p(A|x)$와 $p(x|A)$가 아주 다르다는 건 매우 중요하다. 위 예제처럼 암 진단 양성 판정을 받은 사람이 실제로 암에 걸렸을 확률을 물어야할 때, 반대로 암에 걸린 사람이 양성 판정을 받을 확률을 물어서는 안 된다. 배우자에게 해를 당한 사람이 평소에 배우자에게 괴롭힘을 당한 확률이 매우 높은데도 불구하고, 반대로 평소 배우자를 괴롭힌 사람이 배우자에게 해를 가한 확률이 낮다는 이유로 유력한 용의자가 무죄 판결을 받은 경우는 베이즈 규칙을 악용한 유명한 사례다.

이제 베이즈 규칙을 일반화해 보자.

- 표본 공간 Ω의 사건들 A_i가 다음을 만족할 때 A_i를 Ω의 분할이라 한다.

$$A_i \cap A_j = \varnothing \ (i \neq j) \text{이고, } A_1 \cup A_2 \cup \cdots \cup A_n = \Omega$$

즉, 상호 배반이면서 합집합이 표본 공간이 되는 사건들의 모임을 분할이라고 하는데, 직관적으로 대상을 중복 없이 그리고 빠짐없이 쪼개는 것이 분할이다.

- 사건 $A_1, A_2, \ldots, A_n$이 표본 공간 Ω의 분할이고 $p(A_i) > 0$이면, 임의의 사건 $x \in \Omega$에 대하여 다음이 성립한다. 이를 전 확률이라 한다.

$$p(x) = p(x|A_1) \times p(A_1) + \ldots + p(x|A_n) \times p(A_n)$$

베이즈 규칙과 전 확률 공식으로부터 다음과 같은 베이즈 정리를 얻을 수 있다.

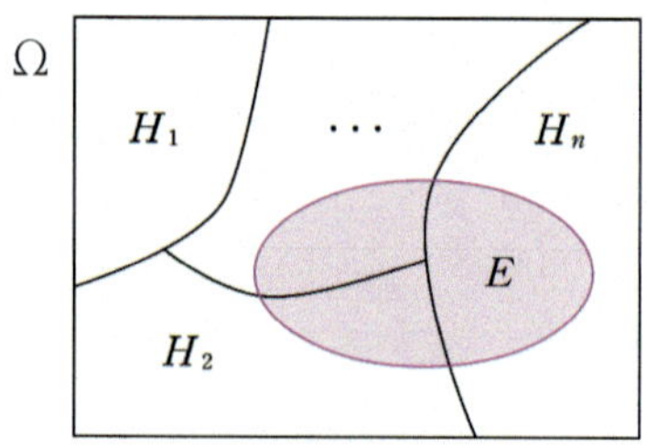

사건 $A_1, A_2, \ldots, A_n$이 표본 공간 Ω의 분할이고 $p(A_i) > 0$, $p(x) > 0$이면,

$$p(A_i|x) = \frac{p(x|A_i) \times p(A_i)}{\sum_{k=1}^{n} p(x|A_k) \times p(A_k)} \text{ 이다.}$$

앞에서 다룬 질병이 A 하나인 사례는 베이즈 정리에서 $n=2$ 즉 표본 사건이 A와 $\sim A$인 특수한 경우다.

베이즈 추론

특정 사건이 발생하고 해당 사건의 원인이 여러 개인 상황에서, 그 사건의 원인을 찾을 때 베이즈 추론을 사용한다.

예를 들어 밥상에 고등어 한 마리가 올라왔다고 하자. 엄마는 그 고등어를 이런저런 마트에서 사 온다. 지난 1년간 통계를 살펴보니 2마트에서 쇼핑하는 비율이 10%(마트에 10번가면 1번은 이 마트에 간다), 홈+에서 쇼핑하는 비율이 20%, 한개로마트에서 쇼핑하는 비율이 30%,

마지막으로 롯댕마트에서 쇼핑하는 비율이 40%라고 하자.

마찬가지로 통계에 의해 2마트에 방문한 경우 고등어를 구매하는 비율이 50%(이 마트에 10번가면 5번은 고등어를 구매한다), 홈+에 방문한 경우 고등어를 구매하는 비율이 20%, 한개로마트에 방문한 경우 고등어를 구매하는 비율이 20%, 마지막으로 롯댕마트에 방문한 경우 고등어를 구매하는 비율이 10%라고 하자.

엄마는 이 고등어를 어디서 사 왔을까?

밥상에 고등어 한 마리가 올라왔다는 사건을 μ(영문자 m에 대응하는 그리스 문자로 뮤라고 읽는다), 마트를 각각 m_1, m_2, m_3, m_4라 놓으면 앞의 데이터는 다음 표와 같이 요약할 수 있다.

마트	$p(\mu \vert m_i)$	$p(m_i)$
m_1	0.5	0.1
m_2	0.2	0.2
m_3	0.2	0.3
m_4	0.1	0.4

오늘 갑자기 밥상에 고등어 한 마리가 올라왔다는 건 (직접 잡아 온 건 아닐 테니) 엄마가 쇼핑을 갔었다는 뜻이고, 그렇다면 사건 μ가 일어날 확률 $p(\mu)$는 전 확률 공식에 의하여 다음과 같이 계산할 수 있다.

$$
\begin{aligned}
p(\mu) &= \sum_{i=1}^{4} p(m_i)p(\mu|m_i) \\
&= 0.1(0.5)+0.2(0.2)+0.3(0.2)+0.4(0.1)=0.19
\end{aligned}
$$

다음으로 그 고등어를 마트 m_1, m_2, m_3, m_4에서 구매했을 확률은 베이즈 정리에 따라 각각 다음과 같다.

$$
p(m_1|\mu)=\frac{p(m_1)p(\mu|m_1)}{p(\mu)}=\frac{0.1(0.5)}{0.19}=0.26
$$

$$
p(m_2|\mu)=\frac{p(m_2)p(\mu|m_2)}{p(\mu)}=\frac{0.2(0.2)}{0.19}=0.21
$$

$$p(m_3|\mu) = \frac{p(m_3)p(\mu|m_3)}{p(\mu)} = \frac{0.3(0.2)}{0.19} = 0.32$$

$$p(m_4|\mu) = \frac{p(m_4)p(\mu|m_4)}{p(\mu)} = \frac{0.4(0.1)}{0.19} = 0.21$$

따라서 마트 m_3에서 사 왔을 가능성이 가장 크다고 추론할 수 있다.

베이즈 정리는 하나의 근거 x와 여러 원인 A_i가 있는 경우의 추론에 사용한다. 그러나 실세계 문제는 다수의 근거 x_i에 대해 다수의 원인 A_i가 있는 경우가 일반적이다. 예를 들어 어떤 질병 A_i에 걸린 사람은 여러 증상 x_i를 보이고, 동시에 여러 질병에 걸리기도 한다. 이런 경우를 추론하기 위한 확장된 베이즈 정리는 다음과 같다.

$$p(A_i|x_1x_2 \cdots x_m) = \frac{p(x_1x_2 \cdots x_m|A_i) \times p(A_i)}{\sum_{k=1}^{n} p(x_1x_2 \cdots x_m|A_k) \times p(A_k)}$$

이 식을 추론에 이용하려면 모든 원인에 의한 모든 사건 조합에 대한 조건부 확률을 알아야 하는데, 그런 데이터를 얻기는 실질적으로 불가능하다. 그래서 실제로는 조건을 완화하여 다음 식을 이용한다. 즉, 원인에 대하여 사건들이 조건부 독립이라고 가정하여 식을 단순하게 만든다. 예를 들어 원인 A에 대하여 사건 x_1, x_2가 조건부 독립이면 $p(x_1x_2|A) = p(x_1|A) \times p(x_2|A)$가 성립한다. 그러면 위 식에서 다음 식을 유도할 수 있다. 이렇게 가정하더라도 추론 결과에 큰 영향을 주지 않는 것으로 알려져 있다.

$$p(A_i|x_1x_2 \cdots x_m) = \frac{p(A_1|A_i) \times p(A_2|A_i) \cdots p(A_m|A_i) \times p(A_i)}{\sum_{k=1}^{n} p(x_1|A_i) \times p(x_2|A_i) \cdots p(x_m|A_i) \times p(A_k)}$$

이 식을 굳이 이해할 필요는 없다.

다만, 이러한 이론에 의해 우리가 여러 가지 편의를 누리고 있다는 사실만 기억하면 좋겠다. 인공지능을 물론이고 자연과 사회과학 및 인문학의 많은 연구 분야에 이 기술이 사용되고 있다.

퍼지 이론

퍼지 이론은 불확실성을 다루는 전혀 다른 방법이다. "우리가 살아가는 세계는 모호함으로 가득 차 있습니다. 그리고 우리는 그런 세상을 잘 살아갑니다."라는 문장을 잘 이해할 수 있을까? 얼마나 차 있어야 "가득"할까 "잘" 사는 것은 무엇일까? 그런데도 우리는 이 문장을 이해한다.

다른 예를 살펴보자 낯선 장소에서 길을 물어보는 상황이다.

"**가장 가까운** 커피숍이 어디 있을까요?"

"**큰길**을 따라 3분**쯤** 내려가면 **큰** 건물이 나옵니다. 거기서 **조금 더** 가면 보일 거예요."

우리는 이런 모호함 속에서 그럭저럭 살아간다. 퍼지 이론은 이러한 모호함을 다룰 수 있는 수학이다. 이 수학은 퍼지 집합에서 출발한다. 퍼지 집합의 개념은 수학자 자데가 (자신의 부인에게서 느낄 수 있는) 아름답다는 주관적 개념을 수학적으로 다루기 위해 개발하였다고 알려졌다. 사실 여부는 중요하지 않다. 다만 "아름답다"라는 게 몹시 퍼지 하다는 사실을 아는 게 중요하다.

퍼지 집합

수학에서 집합은 사물을 모은 것으로 정의한다. 다만 그 모임이 수학적 집합이려면 어떤 대상이 해당 집합에 속하는지 아닌지를 분명하게 알 수 있어야 한다. 그러므로 통상적인 집합 개념에 의하면 "1보다 큰 수의 모임", "오후 6시부터 오후 9시까지의 시각", "키가 180cm 이상인 사람의 모임" 등은 집합이지만 "큰 수의 집합", "저녁 무렵의 시각", "키가 큰 사람들의 모임"은 집합이 아니다.

전통적인 집합의 정의에 따라 키가 작은 사람의 집합 A, 키가 중간인 사람의 집합 B, 키가 큰 사람의 집합 C를 다음과 같이 정의할 수 있다(사람을 집합에 넣는 대신 키에 대응하는 숫자로 집합을 나타낼 수 있다).

$A=\{$ 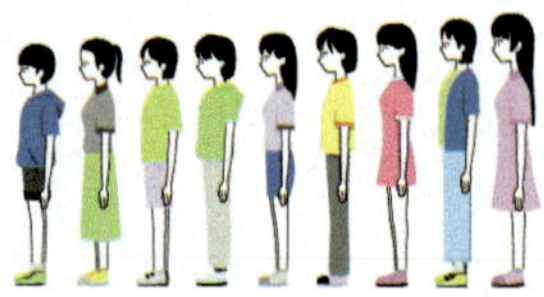 $\}=\{150,\cdots,169,\cdots\}=\{$170 미만인 사람$\}$

$B=\{$ 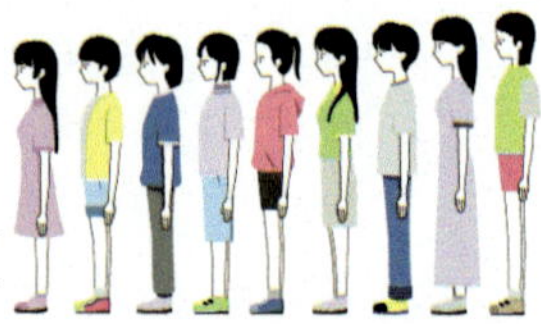 $\}=\{170,\cdots,179,\cdots\}=\{$170 이상 180 미만인 사람$\}$

$C=\{$  $\}=\{180,\cdots,210\}=\{$180 이상인 사람$\}$

그렇다면 이 사람  은 어느 집합에 속할까? 전통적인 집합에 의하면 이 사람의 키에 따라 어디에 속하는지 명확하게 알 수 있다. 예를 들어 이 사람의 키가 175라면 집합 B에 속한다. 속하는 경우를 1, 아닌 경우를 0으로 표시하면 이러한 집합은 다음과 같은 그림으로 나타낼 수 있다.

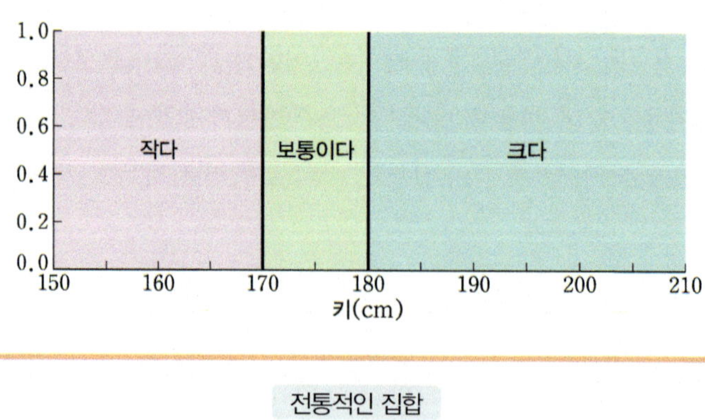

전통적인 집합

즉, 엄밀하게 말해서 집합 A, B, C는 키가 작은 사람의 집합, 키가 중간인 사람의 집합, 키가 큰 사람의 집합이 아니고 키가 170 미만인 사람, 170 이상 180 미만인 사람, 키가 180 이상인 사람의 집합이다.

예를 들어 키가 작은 사람의 모임은 "작다"라는 모호한 기준 때문에 전통적인 방법으로 정의할 수 없다.

이러한 모호한 개념을 수용하는 게 퍼지 집합이다. 퍼지 집합 이론에 의하면 키가 작은 사람의 집합 $\tilde{A}$, 키가 중간인 사람의 집합 $\tilde{B}$, 키가 큰 사람의 집합 $\tilde{C}$를 다음과 같이 정의할 수 있다(틸드($\sim$)를 위에 붙여 전통적인 집합과 구분한다). 퍼지 집합에서는 원소는 $x/\mu_{\tilde{F}}(x)$처럼 나타내는데 이때 $\mu_{\tilde{F}}(x)$는 x가 퍼지 집합 $\tilde{F}$에 속하는 정도를 나타내는 값으로 $0 \sim 1$ 사이의 값을 갖는다.

$\tilde{A}=\{$ 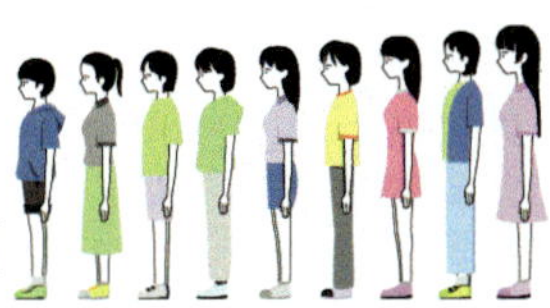 $\} = \{150/1.0 \cdots\ 169/0.1 \cdots\}$ = 키가 작은 사람

1.0, 1.0, ⋯ 0.8, 0.6, 0.4, 0.2, 0.0

키 150인 사람은 상대적으로 확실하게 퍼지 집합 $\tilde{A}$에 속하지만, 169인 사람은 좀 크니까 0.1 정도로 속한다는 의미다.

$\tilde{B}=\{$ 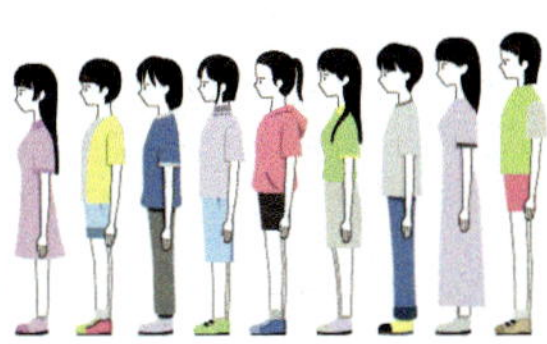 $\} = \{165/0.0 \cdots\ 170/0.4 \cdots\ 175/1.0 \cdots 180/0.4 \cdots\}$

= 키가 중간인 사람

0.0, 0.2, 0.4, ⋯ 1.0, ⋯ 0.4, 0.2, 0.0

키 170인 사람은 0.5 정도 퍼지 집합 $\tilde{B}$에 속하고, 175인 사람은 1.0 정도 즉 확실하게 중간 키란 의미다. 아래 그림을 보면 169인 경우 작은 사람에 속하는 정도(0.1) 보다 중간인 사람에 속하는 정도가 더 크다는 걸 알 수 있다.

$\tilde{C}$= { 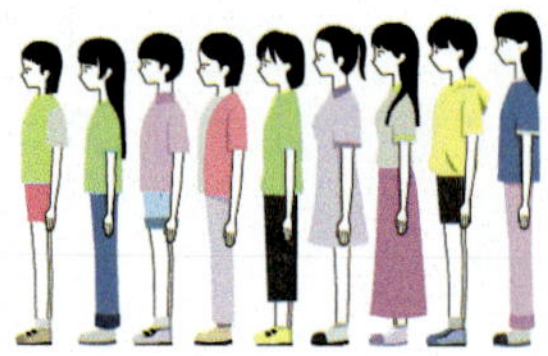 } = {··· 180/0.0 ··· 185/0.5 ··· 190/1.0 ··· 210/1.0}

= 키가 큰 사람

0.0, 0.2, 0.4 ··· 0.8, 1.0, 1,0, 1,0, ···

키 180은 속하는 정도가 0.0이므로 크다고 볼 수 없고, 185부터 키가 좀 큰 편이고 190 이상부터 완전 크다고 할 수 있다는 의미다.

이렇게 정의한 퍼지 집합은 다음과 같은 그림으로 나타낼 수 있다.

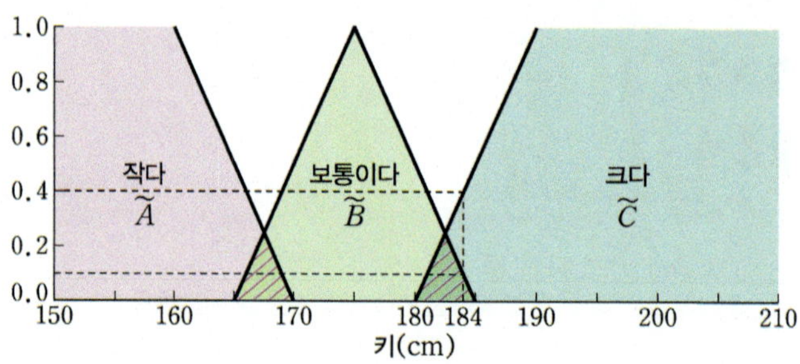

퍼지 집합

이제 이 사람  은 어느 퍼지 집합에 속할까? 전통적인 집합과 다르게 이 사람은 모든 퍼지 집합에 속한다고 할 수 있다. 다만 그 속하는 정도가 다르다. 만일 이 사람의 키가 184라면 $\tilde{A}$에는 0.0, $\tilde{B}$에는 0.1, $\tilde{C}$에는 0.4 정도 속한다.

퍼지 추론

퍼지 집합을 이용해서 퍼지 규칙을 정의할 수 있고, 이 규칙을 이용해서 추론할 수 있다. 퍼지 추론은 특히 제어 분야 아주 많이 응용된다. 다음과 같이 에어컨을 제어하는 퍼지 규칙이 있다고 할 때 퍼지 추론이 어떻게 진행되는지 살펴보자.

- R1: IF(온도와 습도가 모두 높고, 방의 밀폐 정도가 높다) THEN 약하게 냉방
- R2: IF(온도와 습도가 모두 높고, 방의 밀폐 정도가 낮다) THEN 강하게 냉방
- R3: IF(온도가 높고 습도가 낮을 때는 밀폐 정도와 관계없다) THEN 약하게 냉방

이 규칙에는 온도, 습도, 밀폐 정도를 수식하는 높다/낮다와 냉방과 난방을 수식하는 강하게/약하게라는 모호한 표현이 포함되어 있다. 먼저 이에 대응하는 퍼지 집합을 정의해야 한다.

각각의 퍼지 집합을 다음과 같이 정의하자.

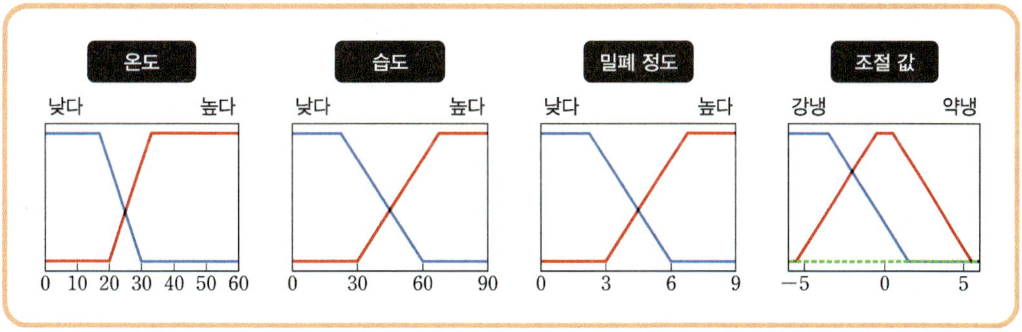

이 정의에 따라 온도 33, 습도 50, 밀폐 정도 4일 때 에어컨 조절 값을 계산하는 과정은 다음과 같다.

규칙1에 의한 조절 값

IF(온도와 습도가 모두 높고, 방의 밀폐 정도가 높다) THEN 약하게 냉방

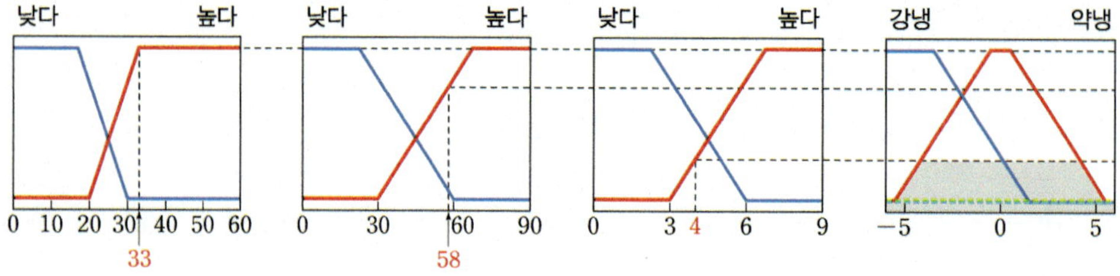

입력 33, 60, 4가 각각 높다, 높다, 높다 와 수직으로 만나는 선을 그은 후, 그 점에서 퍼지 조절 값으로 수평선을 긋는다. 가장 작은 값과 약냉 퍼지 집합이 만나는 아래 영역이 퍼지 출력이다.

규칙2에 의한 조절 값

IF(온도와 습도가 모두 높고, 방의 밀폐 정도가 낮다) THEN 강하게 냉방

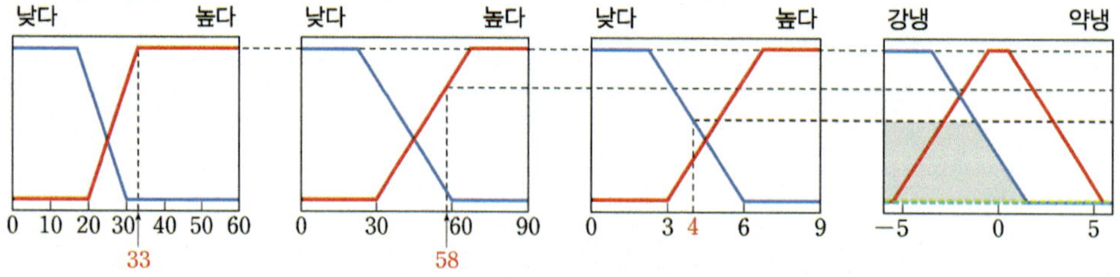

입력 33, 58, 4가 각각 높다, 높다, 낮다 와 수직으로 만나는 선을 그은 후, 그 점에서 퍼지 조절 값으로 수평선을 긋는다. 가장 작은 값과 강냉 퍼지 집합이 만나는 아래 영역이 퍼지 출력이다.

규칙3에 의한 조절 값

IF(온도가 높고 습도가 낮을 때는 밀폐 정도와 관계없다) THEN 약하게 냉방

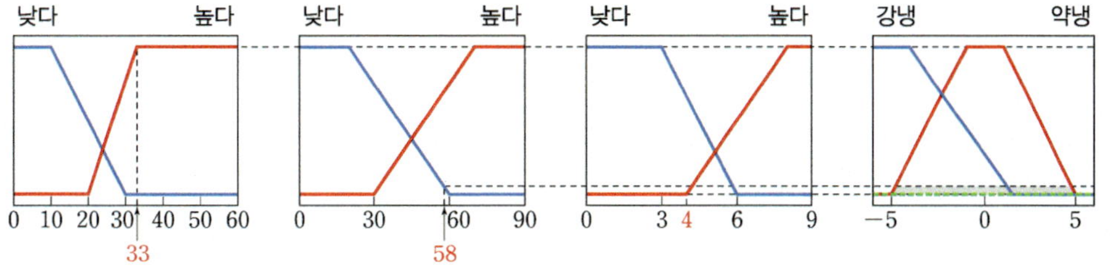

입력 33, 58이 각각 높다, 낮다와 수직으로 만나는 선을 그은 후, 그 점에서 퍼지 조절 값으로 수평선을 긋는다. 가장 작은 값과 약냉 퍼지 집합이 만나는 아래 영역이 퍼지 출력이다. 규칙이 밀폐 정도와 무관하므로 밀폐 정도는 계산하지 않는다.

입력을 3가지 규칙에 차례로 적용한 후, 결론부의 퍼지 집합을 결합하면 다음을 얻을 수 있다. 이 퍼지 집합의 무게중심이 최종 조절 값이다. 결론부 퍼지 집합의 무게중심을 계산해서 최종 조절 값을 정하는 과정을 비퍼지화라고 한다.

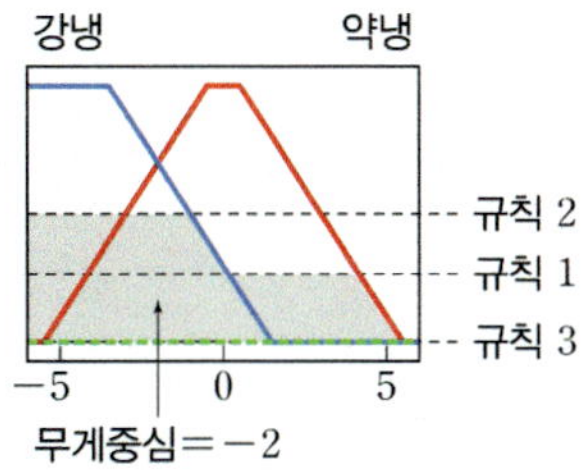

따라서 온도 33, 습도 60, 밀폐 정도 4일 때 에어컨 조절 값은 -2이고, 이는 비교적 강하게 냉방을 하라는 의미이므로 직관과 일치한다. 즉, 온도와 습도가 비교적 높고 다소 밀폐된 상태이므로 강하게 냉방을 하는 게 맞다.

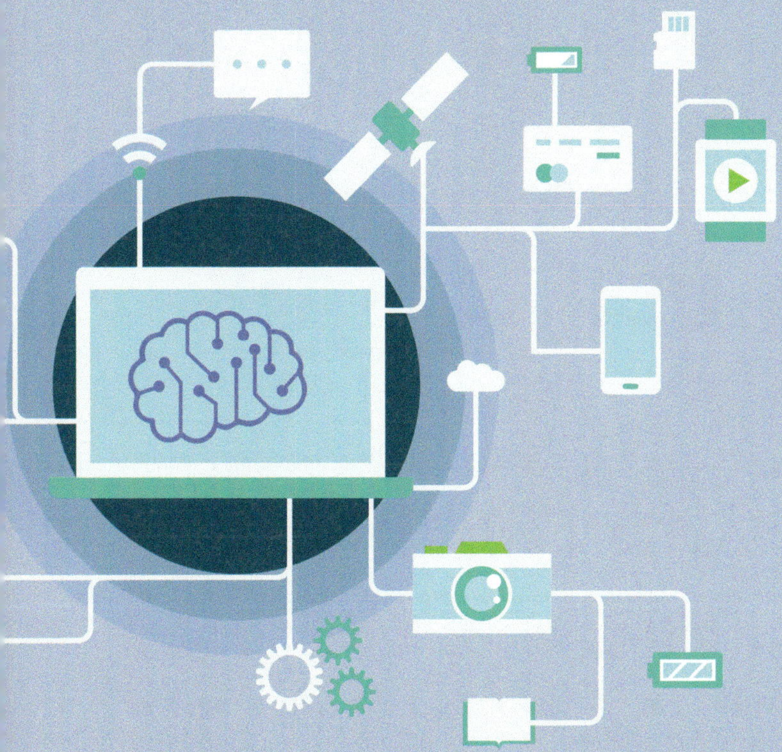

09 CHAPTER

모두 거짓말을 한다!

09

모두 거짓말을 한다!

Internet 기술로 모든 사람이 연결되고 WWW에 의해 누구나 모든 걸 알 수 있게 되었다. 많은 사람이 온종일 인터넷에 접속해서 정보를 검색하고 동시에 데이터를 생성한다. 아는 게 많아지면 세상에 알리고 싶어지는가 보다. 사람들의 의도와 무관하게 그 데이터는 고스란히 수집되어 분석되고 있다. 우리의 활동은 물론, 생각까지 낱낱이 털리고 있다. 우리를 꽁꽁 묶어놓는 기술에 대해 살펴보자.

Internet

서로 연결된 컴퓨터가 데이터를 교환하는 시스템을 컴퓨터 네트워크라고 한다. 기업이나 학교 정부 기관 같은 조직은 나름의 네트워크를 구성하여 사용한다. 그렇다면 서로 다른 네트워크들끼리 데이터를 주고받을 필요가 있다. 그래서 네트워크들을 서로 연결 즉 inter-network을 구성할 필요가 있다. 여러 국가가 정치, 경제, 사회, 문화적으로 얽혀있을 때 국가들의 네트워크 즉 inter-nation을 구성하는 것과 같다.

그런데 네트워크들의 네트워크를 사용하기 위해서는 한 가지 문제를 해결해야 한다. 일반적으로 서로 다른 국가가 서로 다른 언어를 사용하듯 독립된 네트워크는 서로 다른 규칙으로 데이터를 교환한다. 그러면 서로 다른 특히 다른 나라의 네트워크들이 원만하게 데이터를 교환할 수 없을 수 있다. 그래서 네트워크들을 연결할 때는 통일된 규칙을 사용할 필요가 있다. 오늘날 세상의 네트워크는 TCP/IP라는 공통의 통신 규약을 사용한다. TCP/IP를 사용한 inter-network을 Internet이라 부른다. 따라서 우리가 흔히 말하는 인터넷은 영어로 internet이라고 쓰면 안 된다. Internet은 고유명사이므로 어느 경우든 대문자로 시작한다.

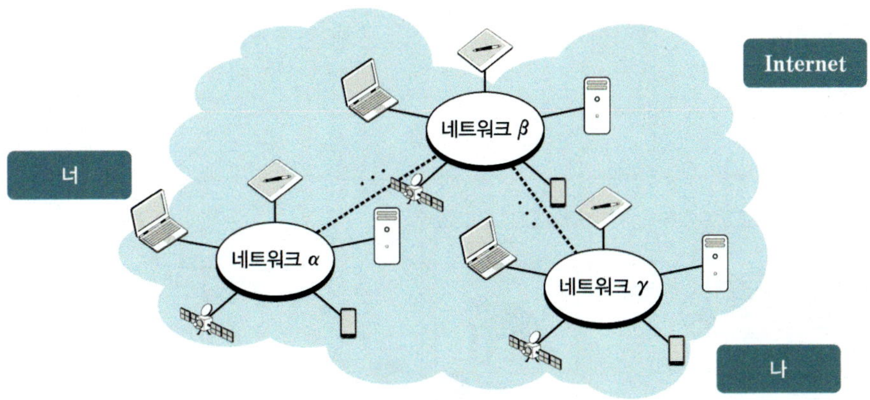

구름 속에서 무슨 일이 일어나는지 모르지만 나는 네가 지금 막 보낸 사진을 보고 있다.

사용자 관점에서 Internet은 구름과 같은 존재다. 구름은 그 속이 보이지 않는다. 마찬가지로 우리는, 내가 보낸 데이터가 어떤 과정을 거쳐 어떤 경로로 상대방에게 전달되는지 모른다. Internet은 구름에 가려 그 속을 전혀 보여주지 않는다. 그러나 언제나 데이터가, 마치 구름 속을 투명하게 들여다보고 보낸 듯이, 확실하게 전달될 것을 안다. 그가 전 세계 어느 구석에 있든지 그저 내 옆에 있는 것처럼 데이터를 주고받을 수 있다.

WWW

Internet으로 전 세계 컴퓨터가 하나로 묶였다. 상대방이 전 세계 어느 구석에 있는 컴퓨터를 사용하든지 그 위치를 의식하지 않고 데이터를 주고받을 수 있다. 적어도 컴퓨터 네트워크상에서는 우리는 시간과 공간을 초월하게 되었다. 그런데 그 주고받는 데이터가 단지 문자 형태로 제한된다면 어떨까? Internet은 과거에 사람들이 사용하던 우편 시스템과 크게 다르지 않을 것이다. 즉, 편지나 물건을 운송하는 대신 전자 문서를 전송하는데 그쳤을 것이다.

종이에 글자와 그림을 채운 걸 문서 또는 책이라 하는데, 이를 컴퓨터에 저장한 걸 전자 문서라 부른다. 전자 문서는 컴퓨터를 이용한 생성, 처리, 보관하기 쉬우며 또한 전자 문서는 Internet을 통해 빠르게 다른 곳으로 전송 할 수 있다. 여기까지가 끝이었을 수 있었다.

종이로 된 문서나 책과 다르게 하이퍼텍스트는 글자, 소리, 그림 등 다양한 매체의 데이터를 저장할 수 있다. 그뿐만 아니라 "링크"를 사용해서 어디로든 갈 수 있다. 예를 들어 호랑이라는 글자를 클릭하면 호랑이 사진이 뜨고 (사람만 입 동물은) 아가리 주위를 클릭하면 호랑이 울음소리가 재생된다.

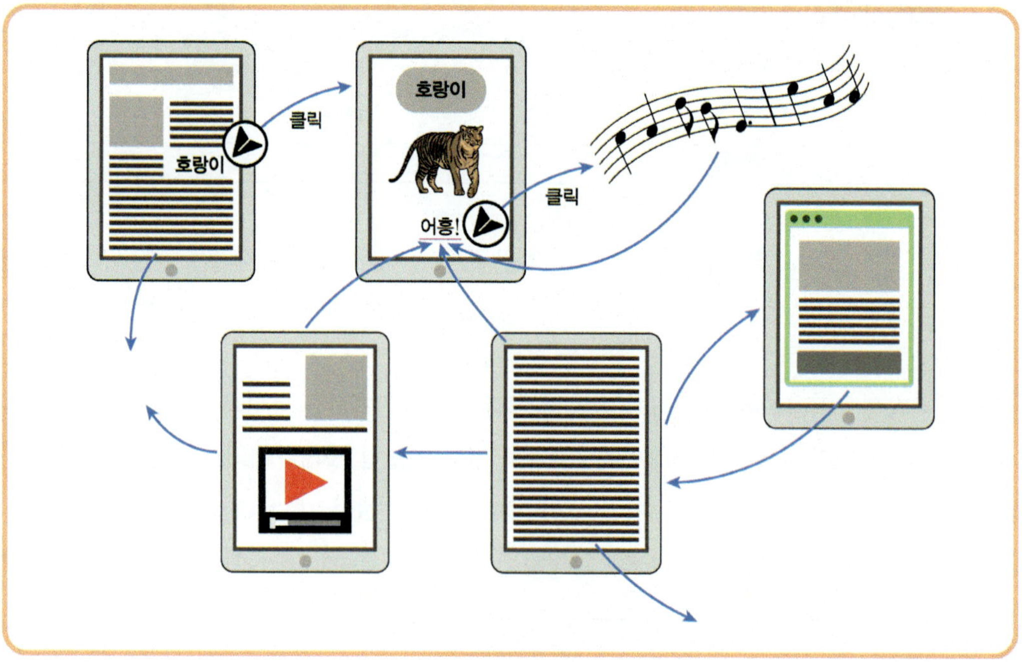

하이퍼 텍스트

Internet에 연결된 컴퓨터(웹 서버)에 저장된 하이퍼텍스트를 웹 페이지(또는 웹 문서)라 부르고, 전 세계 웹 서버에 저장된 웹 페이지를 통틀어서 WWW 즉 월드와이드웹이라 부른다. 동양과 서양을 연결한 비단길이 그 길을 따라 운반할 상품이 있었기에 가치가 더해졌고 결과로 문명이 가속화되었듯, Internet과 WWW이 만나서 세상이 크게 달라지기 시작했다. 오늘날 우리가 누리는 많은 것들이 바로 2가지 기술인 Internet과 WWW에서 비롯된다.

다음은 Internet 현황을 실시간으로 보여주는 사이트(https://www.internetlivestats.com/)를 캡처한 것이다. 지금 이 순간에도 천문학적 숫자는 끝 모르게 날뛰고 있다. 당장 들어가서 수치를 비교해보라! Internet을 통해 엄청난 정보가 생성 및 소비되고 있음을 알 수 있다. Internet은 세상을 하나의 문명으로 묶었으며 그곳은 엄청난 물량의 정보가 유통되는 거대한 시장이다.

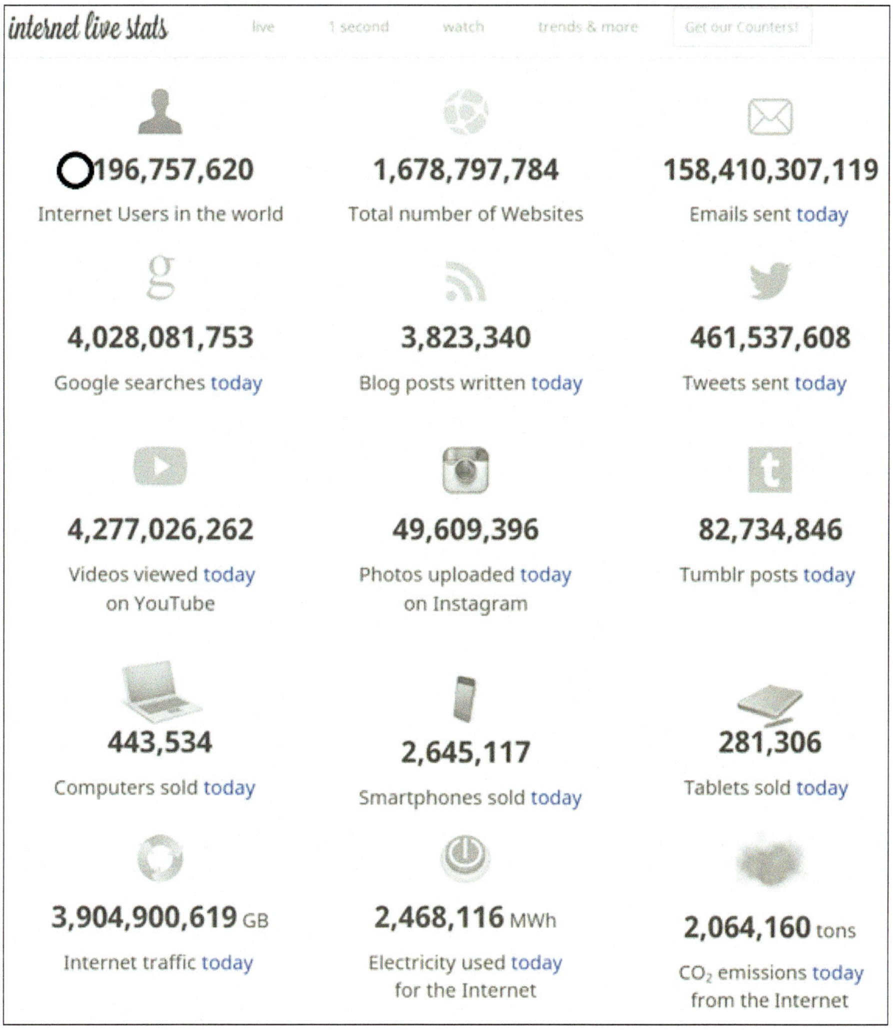

웹 브라우저

웹 페이지는 HTML 같은 메타언어로 작성된다. 일반적으로 메타x는 "x의 x"로 해석하면 된다. 즉 메타언어란 언어의 언어다. 따라서 웹 페이지는 문서를 만드는 문서 형태로 작성된다. 메타언어로 작성된 웹 페이지는 다음 그림에서 알 수 있듯이 우리가 흔히 보는 문서 형태가 아니다. 이를 웹 페이지 소스 문서라 부르는데, 여기서 <html>, </html>, <head>, </head>, <body>, </body> 등이 태그라는 메타단어다. 쉽게 말해서 메타단어는 화면에 무엇이 어떻게 보여야 하는지를 나타내는 기호다.

```
<!DOCTYPE html>
<html>
  <head>
    <title>맥주</title>
  </head>
  <body>
    <p>오늘은 에일 맥주에 대해 알아보겠습니다.</p>
    <p>두 번째 단락</p>
  </body>
</html>
```

HTML로 작성된 웹 페이지를 해석해서 우리가 보는 형태의 문서로 변환해 주는 게 웹 브라우저다. 앞의 웹 페이지를 브라우저로 열면 다음과 같다.

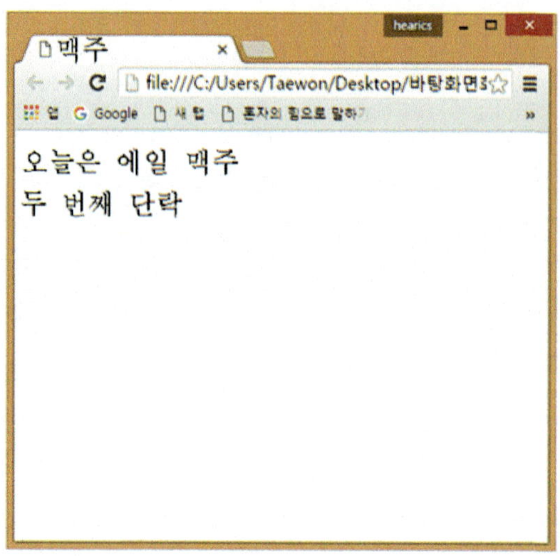

웹 페이지를 브라우저로 열려면 해당 웹 페이지가 저장된 위치 즉 주소를 알려주면 된다. 웹 페이지는 전 세계에 흩어져 있는 문서들이다. 그렇다면 그 위치를 어떻게 알 수 있을까?

검색 엔진

Internet으로 전 세계 구석구석이 손끝에 연결되어 있고, WWW에 정보가 넘쳐난다. 난 지금 에일 맥주에 대해 알고 싶다. 어디를 들어가 봐야 할까? 많다는 게 마냥 좋은 건 아니다. 전 세계에 퍼져있는 엄청난 양의 웹 페이지 중 우리가 원하는 또는 원할 것으로 보이는 정보를 담은 페이지를 찾아주는 소프트웨어를 검색 엔진이라고 한다.

사람들은 자신의 컴퓨터에 설치된 웹 브라우저에, 그곳의 주소를 입력해서, 검색 엔진을 장착한 사이트에 접속한 후 전 세계를 이 잡듯이 뒤져가면서 자신의 원하는 정보를 찾고 문제를 해결하고 욕구를 분출한다.

검색 엔진은 결과를 보여주기 위해 브라우저 기능을 포함한다. 그러나 모든 브라우저가 검색 엔진은 아니다. 브라우저는 검색 엔진 사이트를 보여줄 뿐이다. 그게 브라우저와 검색 엔진의 차이다. 구글의 크롬은 브라우저고 구글 검색 엔진을 사용한다. 따라서 크롬의 검색 엔진을 네이버 검색 엔진으로 바꾸어 지정할 수도 있다. 마이크로소프트 익스플로러는 브라우저고 기본 검색 엔진은 Bing이다. 그러나 홈 페이지를 구글로 지정하면 구글 엔진과 연결된 검색 창이 나타난다.

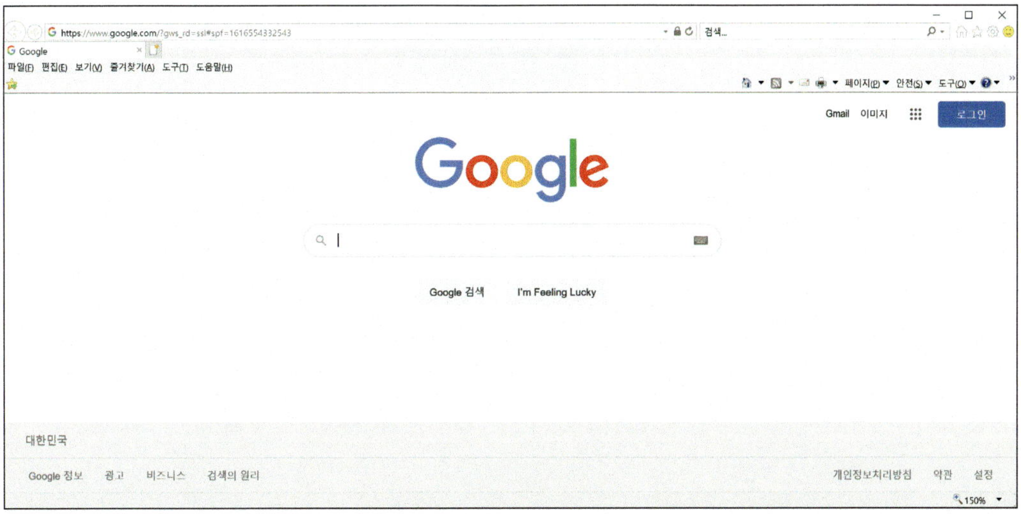

마이크로소프트웨어 익스플로러 브라우저에서 구글 검색 엔진을 사용하는 모습

크롤링과 크롤러

검색 엔진은 빠른 검색 서비스를 제공하기 위해 쉬지 않고 웹 페이지 정보를 수집한다. 검색 엔진이 웹 페이지를 통째로 가져와서 검색에 필요한 데이터를 추출하는 작업을 크롤링 또는 스파이더링이라 한다. 거미가 거미줄 즉 웹을 돌아다니며 먹이를 낚아채는 과정을 연상하면 이해가 쉽다. 거미 대신 웹 사이트를 돌아다니며 데이터를 추출하는 소프트웨어를 크롤러라 부른다.

크롤러는 거미와 다르게 매우 체계적인 방법으로 웹 페이지를 수집하여 검색에 필요한 정보를 추출한다. 웹 페이지는 메타언어로 작성된 문서다. 즉 태그를 포함하는 문서이므로 크롤러는 태그를 제외하고 문서의 의미 있는 텍스트를 추출하는 매우 번거로운 작업을 자동으로 수행한다.

인덱싱

다음은 구글 검색 엔진으로 "ale beer"를 검색한 화면이다.

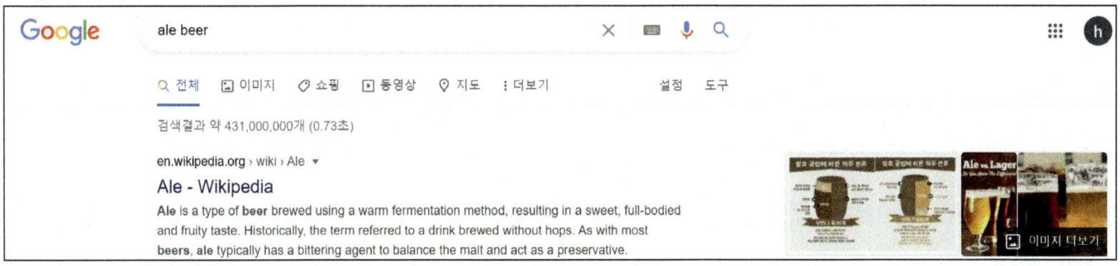

약 4억3천만 개의 웹 페이지를 0.73만에 찾아냈다. 전 세계에는 약 20억 개의 웹 사이트가 있고, 웹 페이지 개수는 파악조차 안 된다. 그 많은 문서 중에서 "ale"과 "beer"라는 키워드 2개에 대해 그것과 관련이 있을 것으로 예상하는 웹 페이지 4억3천만 개를 1초도 안 되는 시간 만에 찾아냈다.

어떻게 그게 가능할까?

이 책은 후반부에 인공생명이라는 주제를 다루고 있다. 그렇다면 인공생명을 설명하는 페이지를 찾으려면 어떻게 해야 할까? 앞에서부터 한 페이지씩 훑어보면서 인공생명이라는 단어가 나오는 페이지를 찾지는 않을 것이다. 그것은 마치 전 세계 20억 웹 사이트를 일일이 방문하면서 페이지마다 "ale"과 "beer"라는 단어를 포함하는지 확인하는 것과 같은 일이다. 그래서는 1초도 안 되는 시간에 검색을 마칠 수 없다. 일반적으로 책의 뒤에 있는 찾아보기(인덱스)에서 "인공생명"이라는 단어를 찾아보는 게 가장 빠른 방법이다.

모든 검색 엔진은 인덱싱을 통해서 웹 페이지를 빠르게 검색할 수 있는 근거를 마련한다. 즉, 사람들이 검색하기 전에 이미 인덱싱이라는 작업을 통해서 찾아보기를 만들어 놓는다. 인덱싱을 통해서 만들어 놓은 찾아보기 데이터베이스의 형태는 다음과 같다. 물론 실제 인덱싱이 이런 형태는 아니다. 웹 페이지 URL 등 여러 부수적인 정보를 함께 저장한다. 여기서는 앞으로 다룰 주제를 위해 필요한 정도로 추상화하여 나타냈다. 크롤링을 통해서 찾아보기 데이터베이스를 구성하는 세부 과정 역시 우리가 다루려는 주제는 아니므로 제외한다.

⋮
"맥주" ..., 50-10, 100-5, 100-12, 120-4, 300-70 ⋯
⋮
"에일"..., 100-11, 300-2, ⋯
⋮

검색 엔진은 모든 웹 페이지에 고유한 일련번호를 부여한다. 그리고 각 페이지에 해당 단어가 나타나는 순서를 저장한 것이 검색 엔진에서 사용하는 찾아보기다. 예를 들어 책을 5권 가지고 있다면 각 책의 찾아보기를 찢어서 하나로 묶되 책에 번호를 붙여 페이지를 구분하는 것과 같다. 다만 책에서 찾아보기는 페이지를 나타내지만 검색 엔진이 사용하는 찾아보기는 각 페이지를 기준으로 그 단어가 몇 번째에 나타나는지를 의미한다. 그러므로 위와 같은 찾아보기는 "맥주"라는 검색어가 50번 웹 페이지 10번째, 100번 웹 페이지 3번째 단어, ⋯ 이고, "에일"이라는 단어는 100번 웹 페이지 2번째, 300번 웹 페이지 2번째 단어임을 나타낸다. 따라서 검색 엔진은 찾아보기를 이용해 두 검색어 맥주 또는 에일을 포함하는 웹 페이지가 50, 100, 120, 300, ⋯ 임을 빠르게 찾아낼 수 있다.

페이지 랭킹

검색 엔진이 어떻게 빠르게 웹 페이지를 찾는지 알았다. 물론 찾아보기 크기가 상당하겠지만 오늘날의 컴퓨터는 대단한 처리 능력을 갖추고 있다. 찾아보기를 아주 빠르게 뒤져서 잠재적으로 사용자가 원하는 웹 페이지 목록을 만들어 낼 수 있다. 진짜 중요한 것은 이제부터다. 컴퓨터 화면에는 대략 10개 정도의 검색 결과를 나타낼 수 있다. 물론 더 많은 결과를 출력할 수도 있겠으나 한 화면에 담기에는 글씨가 작아져서 보기가 어렵다. 게다가 사람들은 검색 결과가 많은 것을 원하지도 않는다. 내가 원하는 정보나 지식을 담은 몇 개, 때에 따라서 단 한 개만 찾아주기를 바란다.

사람들의 요구를 만족하게 하려면 검색 엔진은 예를 들어 앞에서 검색한 4억3천만 웹 사이트에 순서를 정해야 한다. 그리고 중요한 순서대로 화면에 보여주어야 한다. "Ale – Wikipedia"가 1등 당선자인 셈이다. 이렇게 검색 엔진이 검색한 결과에 순위를 정하는 작업을 페이지 랭킹이라 한다. 페이지 랭킹에 의해 각각의 웹 페이지는 고유한 순위를 가지게 된다.

페이지 랭킹 기술은 구글 이전과 이후로 나눌 수 있다. 먼저 구글 이전의 방법에 대해 알아보자.

단어 거리

구글 이전의 페이지 랭킹 알고리즘은 모두 웹 페이지의 내용 즉 웹 페이지에 포함된 단어 정보를 이용한다. 가장 단순하게 검색어가 많이 그리고 여러 번 나오는 페이지를 높은 순위로 지정할 수 있다.

다른 교묘한 수법으로 검색어가 여러 개인 경우, 웹 페이지에 처음으로 나타나는 두 단어의 거리를 순위에 반영하는 전략이 있다. 다음 두 페이지에 대해 생각해 보자.

웹 페이지 번호 : 100 ⋮ 오늘은 에일 맥주에 대해 알아보겠습니다. ⋮ ⋮	웹 페이지 번호 : 300 ⋮ 어쩌고 에일 저쩌고 … ⋮ 헐! 맥주 대박 … ⋮

100번 웹 페이지는 에일 맥주에 대한 글이 분명해 보인다. 반면에 300번 웹 페이지는 에일과 맥주라는 단어를 포함하지만 어떤 내용인지 확신할 수 없다. 심지어 에일이 혹시 "에이"는 아닌지 의심이 간다. 이런저런 수다를 늘어놓은 가운데 맥주가 튀어나온 문서일 수 있다. 우리는 이런 추론을 할 수 있지만, 검색 엔진 초창기 시절의 컴퓨터 시스템은 그런 추론을 할 수 없었으며 지금의 인공지능 기술로도 문맥을 완벽하게 추론하기는 어렵다. 그런 가운데 초기 검색 엔진 개발자들은 검색어 들이 웹 페이지 상에서 얼마만큼 떨어져 있느냐는 정보를 활용해서 비슷한 추론을 할 수 있었다. 사실 그런 이유로 인덱싱 단계에서 찾아보기에 단어의 위치를 저장했다. 앞의 찾아보기를 다시 살펴보자.

```
⋮
"맥주"  ..., 50-10, 100-5, 100-12, 120-4, 300-70 …
⋮
"에일"..., 100-11, 300-2, …
⋮
```

검색 엔진은 찾아보기에서 100번 웹 페이지는 두 단어가 (11, 12번째에) 나란하게 나오는 경우가 있지만 300번 문서에는 (2번째와 70번째로) 상당하게 떨어져 있다는 것을 쉽게 계산한다. 빼기라는 수학이 검색 엔진에 지능을 부여했다. 물론 이 전략이 항상 옳은 건 아니지만 아주 성공적인 것으로 지금도 유효하게 사용된다.

단어 위치

앞에서 언급했듯이 웹 페이지는 우리가 보는 것과는 달리 약속된 태그로 작성한 문서다.

```
<!DOCTYPE html>
<html>
  <head>
    <title>맥주</title>
  </head>
  <body>
    <p>오늘은 에일 맥주에 대해 알아보겠습니다.</p>
    <p>두 번째 단락</p>
  </body>
</html>
```

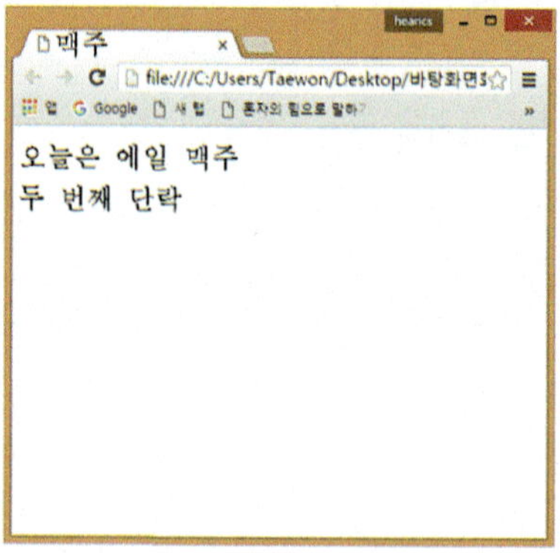

웹 페이지는 크게 <head> 부분과 <body>부분으로 구분할 수 있고 <head> 부분에는 <title>이라는 필드가 있다. 타이틀이란 일반적으로 그 문서의 내용을 대표한다고 볼 수 있다. 따라서 이 영역에 있는 단어를 찾아보기에 기록해 놓는다면 페이지랭크를 더 정확하게 정할 수 있다.

다음은 메타언어 정보를 포함한 찾아보기 사례다.

```
  ⋮
"맥주"     ..., 50-10, 100-5, 100-12, 120-4, 300-70 ···
  ⋮
"에일"     ..., 100-11, 300-2, ···
  ⋮
<body>                 ..., 100-8, ···
<head>                 ..., 100-3, ···
<html>                 ..., 100-2, ···
<p>                    ..., 100-9, 100-16···
<title>                ..., 100-4, ···
<!DOCTYPE html> ..., 100-1, ···
</body>                ..., 100-21, ···
</head>                ..., 100-7, ···
</html>                ..., 100-22, ···
</p>                   ..., 100-15, 100-20, ···
</title>               ..., 100-6, ···
```

찾아보기를 이렇게 만들어 놓으면 <title> 100-4, "맥주" 100-5, </title> 100-6이므로 검색 엔진은 "맥주"가 제목에 있는 단어라는 걸 쉽게 계산할 수 있다. 그리고 이 페이지가 높은 순위가 되도록 순서를 부여한다.

실제로 검색 엔진 알타비스타는 단어 위치를 반영하여 페이지에 순위를 부여하는 전략으로 검색의 질을 높이는 데 성공하였으며 당시 가장 인기 있는 검색 엔진 자리를 차지한다.

구글 PageRank 알고리즘

구글은 전에 없는 놀라운 아이디어로 세상을 바꾸어 놓았다. 구글 이전의 검색 엔진들이 모두 웹 페이지 내용 즉 문서에 포함된 단어를 기반으로 한 것과 다르게 그들은 웹 사이트에 대한 사람들의 반응을 이용해서 웹 페이지의 순위를 정하는 방법을 고안해냈다. WWW에 존재하는 웹 페이지들은 일반적인 문서와 다르다. 웹 페이지는 하이퍼링크로 서로 연결되어 있다. 즉 연결에 의해 서로 관계를 맺고 있다. 구글은 이 정보를 활용해서 웹 페이지에 대한 사람들의 반응을 알아냈다.

웹 페이지 A, B가 검색되었고, 다른 페이지와 연결 관계가 다음과 같다고 하자. 이 정보를 활용하면 페이지의 순위를 더 정교하게 산출할 수 있다. A를 링크한 페이지가 한 개인 반면 다른 네 개의 페이지가 B를 링크했다. 페이지 B의 인기가 더 좋다는 뜻이다. 따라서 검색한 웹 페이지의 순위를 정할 때 그 페이지로 향하는 링크 수를 더해서 값이 클수록 순위를 높게 할 수 있다. 이번에는 더하기가 검색 엔진을 더 똑똑하게 만든다.

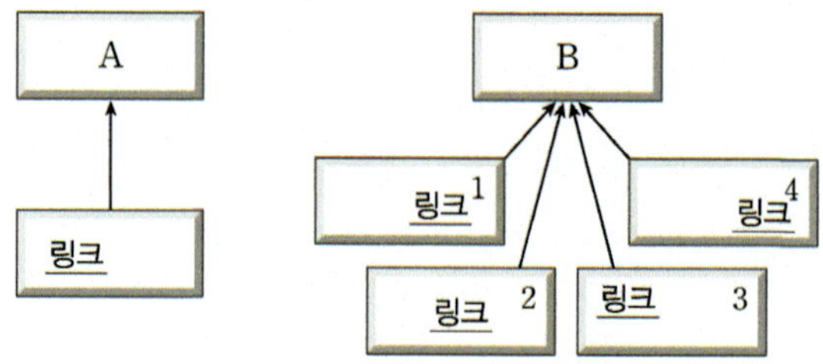

아주 단순한 생각이지만 그 속에는 집단 지능이라는 무척 중요한 개념이 담겨 있다. 일반적으로 B를 링크한 페이지 1, 2, 3, 4를 만든 사람은 서로 알지 못하는 불특정 다수들이다. 그냥 자신의 입장에서 페이지 B가 쓸모 있다고 판단하여 연결했을 것이다. 즉 웹 페이지에 대한 불특정 다수의 반응이 웹 페이지의 순위를 정하는데 반영된 것이다. 이렇게 군중의 지혜를 반영함으로써 검색 순위를 정하는 새로운 세계가 열렸다. 집단 지능은 인공지능을 넘어선 인공생명 시대의 핵심 개념으로 이 책의 나머지 부분에서 중요하게 다루게 된다.

웹 페이지 링크 개수를 활용해서 페이지의 순위를 정하는 경우 특정 웹 페이지나 사이트가 높은 검색 순위를 갖도록 조작 할 수 있다는 문제가 있다. 이를테면 웹 페이지 A의 검색 순위를 높이기 위해 A를 연결한 페이지와 사이트를 고의로 많이 만들 수 있다. 이런 조작은 그리 어려운 일이 아니다.

검색을 통해서 웹 페이지 A, B를 찾았고, 다른 페이지와 연결 관계가 다음과 같다고 하자. 이 경우는 두 페이지 모두 하나의 페이지가 링크를 했다. 그렇다면 링크 개수 값은 같다. 하지만 당신이라면 어떤 페이지가 더 중요하다고 생각하는가? 아무래도 B가 더 중요하다고 생각하겠다. 왜 그럴까? 백종원이 링크했으니 다른 사람들도 관심을 가질 만한 페이지라고 생각하는 게 자연스럽기 때문이다. 이런 생각을 근거로 페이지 A, B의 순위를 산출할 때 그것을 링크한 페이지의 중요도를 반영한다는 전략을 생각할 수 있다.

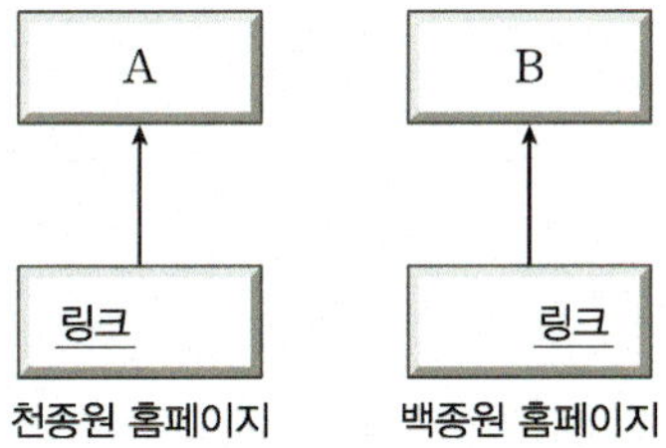

멋진 생각이긴 한데 문제가 하나 있다. 특정 페이지의 중요도를 어떻게 측정할 수 있을까? 검색 엔진은 백종원이 누구고 천종원이 누군지 모른다. 전 세계 20억 웹 사이트에 셀 수 없이 많은 웹 페이지가 생성 소멸을 반복하며 서로 연결되어 있다. 기술적으로 어떤 페이지가 중요한지 알 방법이 없다.

웹 페이지의 중요도를 측정할 방법은 결국 없는 것일까? 한 가지 꾀를 내보자. 다음과 같이 앞에서 설명한 링크 개수를 해당 페이지의 중요도 측정 수단으로 이용하는 것이다. 즉 천종원이냐 백종원이냐는 알 수 없으니 따지지 말고, 중요하니까 많은 사람이 그 페이지를 링크했다고 단순하게 생각해서, 링크가 많은 페이지를 더 중요한 페이지로 간주할 수 있다. 그러면 더 많은 링크를 가진 사이트 2에 의해 링크된 *B*가 *A*보다 순위가 높은 페이지가 된다.

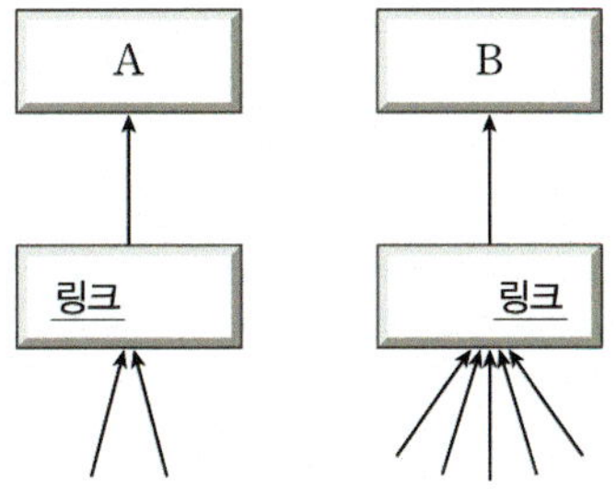

링크한 페이지(예를 들어 그림의 2)의 링크 개수를 중요도로 사용하여 특정 페이지(예를 들어 그림의 *B*)의 순위를 정하는 방식은 단순히 *B*의 링크 개수를 사용해서 순위를 정하는 것에 비해 명백한 개선이다. 그러나 이 전략 역시 고의로 특정 웹 페이지의 순위를 높이는 것이 가능하다.

이제 구글의 PageRank 알고리즘을 살펴볼 준비가 끝났다. 검색된 수많은 웹 페이지에 순위를 정하는 것이 페이지 랭킹이고, 각 페이지는 자신의 순위 즉 페이지랭크를 갖게 된다. 결국, 페이지 랭킹은 페이지랭크를 정하는 작업이다.

다음 그림은 특정 시점에 웹 페이지 A의 페이지랭크를 구하는 것을 나타낸다. 그림에서 A, B, C, D는 페이지를 나타내고 A를 제외한 페이지는 현재 페이지랭크를 가지고 있다. 그것을 이용해서 A의 페이지랭크 즉 중요도를 계산한다. 페이지의 링크는 A를 기준으로 들어오는 것은 점선 나가는 것은 실선으로 표시했다.

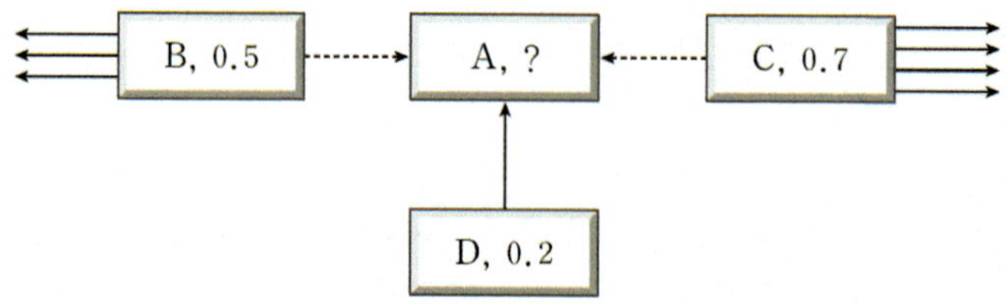

웹 페이지 A의 페이지랭크 $PR(A)$는 다음과 같이 계산한다.

$$\begin{aligned} PR(A) &= PR(B)/B\text{의 링크 개수} + PR(C)/C\text{의 링크 개수} + PR(D)/D\text{의 링크 개수} \\ &= 0.5/4 + 0.7/5 + 0.2/1 \\ &= 0.125 + 0.14 + 0.2 \\ &= 0.465 \end{aligned}$$

예를 들어 $PR(B)/B$의 링크 개수는 페이지 B의 현재 페이지랭크 값 $PR(B) = 0.5$를 페이지 B의 링크 개수 4로 나눈 값이다. 왜 나누었을까? 현재 페이지 B를 보고 있는 사람은 그 페이지를 읽다가 A를 포함하여 총 4곳의 다른 페이지로 이동할 수 있기 때문이다. 그 상황에서 다른 페이지로 이동할 확률은 특별한 정보가 없으므로 균등하다고 보는 게 합리적이다. 이렇게 정보가 없는 상황에서 가능성을 균등하게 추정하는 걸 불충분 추론 원리라 한다.

이 알고리즘은 아주 영리한 방법으로 집단 지능을 이용하면서 악의적인 조작 가능성을 차단한다. 페이지랭크 값으로만 따지면 C의 중요도가 가장 높다. 하지만 A의 페이지랭크를 정하는데 가장 크기 영향을 주는 페이지는 중요도가 가장 낮은 D다. C처럼 페이지랭크가 높더라도 그 페이지가 다른 많은 페이지를 연결했으면 연결된 페이지의 랭크 즉 중요도를 산정하는데 크게 영향을 주지 못한다. 중요도를 여럿이 나누므로 영향력이 작아진다. 따라서 중요도가 그리 크지 않은, 예를 들어 일반 사람이 만든, 다수의 웹 페이지가 링크한 웹 페이지의 페이지랭크가 클 수 있다.

그런데 이 계산법에는 한 가지 궁금한 게 있다. 앞에서 A의 페이지랭크를 계산할 때, B, C, D의 페이지랭크를 아는 것으로 가정했다. 그 값들은 어떻게 정해진 것일까? 특히 A가 B 등을 링크한 경우라면 더욱 문제가 된다. 그 값들이 하늘에서 뚝 떨어진 값일까? 답은 의외로 간단하다. 하늘에서 뚝 떨어진 값이다. 페이지랭크를 정하는 초기에 모든 페이지의 페이지랭크를 특정한 값으로 균등하게 배정한다. 그리고 WWW의 웹 페이지를 대상으로 주기적으로 페이지랭크를 계산하면 각 페이지의 페이지랭크가 특정한 값으로 수렴하는 것으로 알려졌다. 이번에도 불충분 추론 원리가 적용되었다.

페이지랭크는 고정된 값이 아님에 주의하자. WWW은 살아 숨 쉬는 생명체다. 지금 이 시각에도 웹 사이트와 웹 페이지가 끊임없이 생성 소멸하고 있으며 그들을 연결하는 링크 역시 역동적으로 변한다. 거미가 매일 거미줄을 수리하듯이 구글은 끊임없이 페이지랭크를 계산하고 있다.

지금까지 검색 엔진이 인덱싱을 통하여 빠르게 검색할 수 있고, 랭킹에 의해 사람들이 원하는 웹 페이지를 보여준다는 걸 알아보았다. 실제로 대부분의 검색 엔진은 보통 200가지 이상의 다양한 정보를 사용해서 페이지 순위를 정하는 것으로 알려져 있다. 하지만 가장 중요한 것은 집단 지능 즉 군중의 지혜를 사용한다는 점이다. 더불어 개개인의 취향에 맞게 순위를 정하는 알고리즘들도 많이 있다.

빅데이터

단순히 데이터가 많다는 뜻이 아니다. 데이터가 많이 쌓이면 양은 많아진다. 빅데이터는 크기도 엄청나다. 많아도 너무너무 많고 커도 너무 크다. 2020년 기준으로 60초 동안 유튜브에 500시간 분량의 동영상, 페이스북에 사진 147,000장, 인스타그램에 스토리 347,222개가 올라온다. 게다가 데이터의 크기도 엄청나서 영화 한 편이 100기가를 넘기도 한다. 빅데이터의 특징을 볼륨, 다양성, 속도로 구분해서 알아보자.

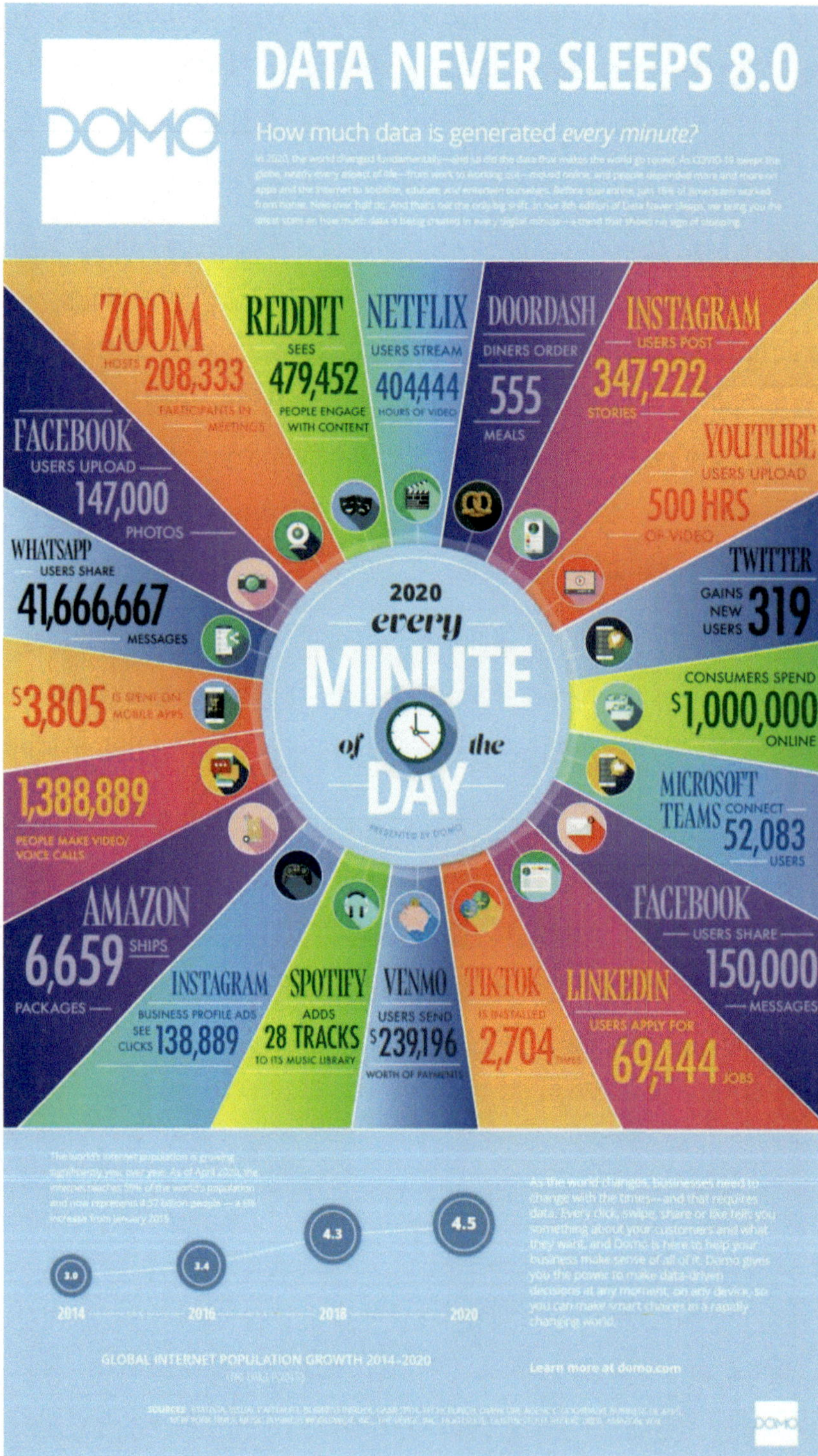

Data Never Sleeps 2020: Here's What Happens On The Internet Every 60 Seconds Posted on August 15, 2020 by Editor

우선 빅데이터는 그 크기가 엄청나다. 보통 테라바이트에서 페타바이트 단위인데, 테라는 $10^{12} \approx 2^{40}$, 페타는 $10^{15} \approx 2^{50}$이다. 사실 그 크기를 실감하기가 쉽지 않다. 에레즈 에이든 등은 저서 "빅데이터 인문학"에서 빅데이터의 크기를 짐작할 수 있도록 쉬운 예를 사용했다. 그들의 방식으로 설명해보겠다. 우선 컴퓨터의 데이터 저장 단위는 비트고, 여기에는 0 또는 1이 저장된다. 그리고 1바이트는 비트 8개 즉 8비트다. 그들의 계산에 의하면, 1기가 바이트에 저장된 만큼의 0 또는 1을 손으로 쓰면 그 길이가 지구 적도를 한 바퀴 도는 만큼이고, 1테라바이트 분량은 토성까지 25회 왕복 거리, 1페타바이트 분량은 탐사선 보이저 1호까지 왕복 거리라고 한다. 사실 우리는 보이저 1호가 지구에서 얼마나 멀리까지 갔는지 체감하지 못하므로 숫자 자체는 큰 의미가 없다. 대신 데이터 용량이 크고 양도 너무 많아서 전통적인 데이터베이스 기술로 감당할 수 없어지자 빅데이터라는 용어가 등장했다고 알아두면 된다.

빅데이터는 그 형태가 매우 다양하다. 전통적으로 컴퓨터 시스템으로 다루는 데이터는 그 형태가 엄격하게 정의되어있었고, 데이터베이스 시스템은 숫자, 문자, 이미지 같은 정형적인 데이터를 전제로 개발되었다. 부연할 필요도 없이 모든 조직이 컴퓨터를 사용하고 모든 사람이 모바일기기를 사용하게 되면서 모두가 데이터를 생성하는 시대가 되었다. 사람들은 웹 로그 즉 블로그에 데이터를 쌓고, 소셜 미디어에 사진과 글을 올려 소통한다. 시장에 가는 대신 온라인상에서 쇼핑하고 기업의 온갖 거래가 온라인 트랜잭션 형태로 이루어진다. 이런 모든 활동에 데이터가 발생하며 이런 데이터는 형태도 제각각이다. 빅데이터 시대의 컴퓨팅 시스템은 형식에 제한 없이 데이터를 수집, 저장, 가공, 처리할 수 있어야 한다.

당연한 말이지만 데이터가 축적되는 속도가 엄청나다. 데이터의 크기도 크다. 그렇다면 상대적으로 짧은 시간 내에 수집, 저장, 가공, 처리할 수 있는 기술이 필요하다.

이렇게 크기가 엄청나고 형태가 제각각이면서 빠르게 수집, 저장, 가공, 처리해야 하는 게 빅데이터다.

데이터 과학

자연을 다루는 게 자연과학, 컴퓨터를 다루는 게 컴퓨터 과학이듯이 데이터를 다루는 게 데이터 과학이다. 데이터가 많아졌을 뿐 아니라, 데이터를 다루는 인공지능 기술이 발전하고, 데이터가 무궁한 가치를 지니고 있으니 데이터 과학이 등장하는 건 매우 자연스러운 일이다. 과학이란 표현은 직관적으로 체계적인 방법론을 사용할 때 붙인다. 따라서 데이터 과학은 데이터를 체계적인 방법으로 다루어 유익한 가치를 끌어내는 분야로 이해할 수 있다. 여기서 가치란 경제적 가치를 초월한다.

데이터 과학에서 사용하는 기술은 통계에 기초한 전통적인 방법과 다르다. 다음은 남성과 여성이 자주 사용하는 단어를 워드 클라우드 형태로 나타낸 것이다. 우리 주제가 남성과 여성이 아니므로 내포된 의미를 설명하진 않는다. 대신 워드 클라우드를 사용하여 텍스트를 시각적이고 정성적으로 분석할 수 있다는 점을 알 필요가 있다.

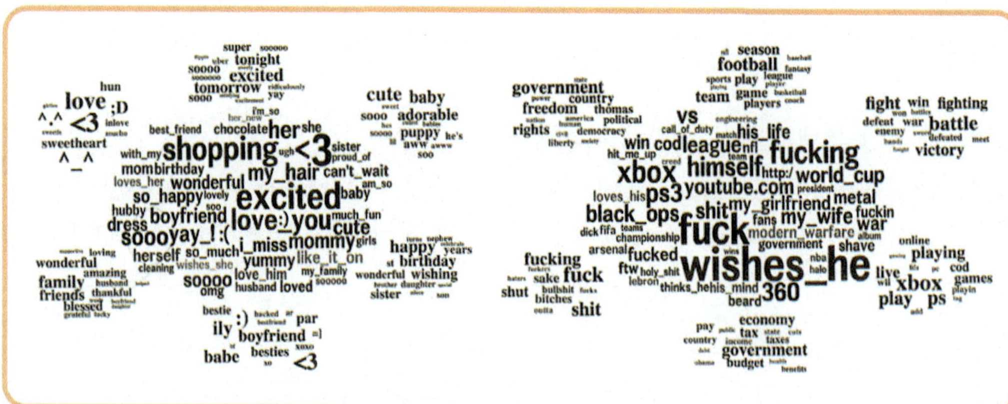

출처 H. Andrew Schwartz 외, "Personality, Gender, and Age in the language of Social Media: The Open Vocabulary Approach", 2013

데이터 과학 전공 교육과정이나 취업 전망은 이 책의 관심사는 아니다. 데이터 과학에서 사용하는 기술에 대해서는 다음 장에서 다루기로 하고 여기서는 데이터 과학이 무엇을 어떻게 알아내는지에 대한 간단한 사례를 살펴보자.

커피 대신 차를 마시는 비율이 늘어나고 있다고 한다. 두 음료의 판매 비율을 어떻게 알 수 있을까? 간단하다 통계청에 들어가면 그 데이터가 있을 수 있다. 다른 생각을 해보자 아무래도 커피보다 차를 마신 역사가 더 오래되었을 것 같다. 그리고 현재는 커피를 마시는 비율이 높을 것 같기도 하다. 그렇다면 언제 비율이 역전되었을까? 마찬가지로 통계청 사이트에 들어가 연도별 커피와 차의 소비량을 조사해보면 알 수도 있겠다. 그런데 만일 그런 데이터가 없다면? 통계를 축적하기 이전에 일어난 일은 알아낼 방법이 없는 걸까?

다음은 미국인의 커피와 차의 소비 패턴을 나타내는 그래프다. 대략 1968년 전후로 교차가 일어났음을 알 수 있다. 중요한 건 커피와 차의 소비 패턴이 아니다. 이 그래프는 어떻게 그려진 것일까? 자세히 보면 알겠지만 y축이 소비율이나 판매량 따위가 아닌 100만 단어당 빈도다.

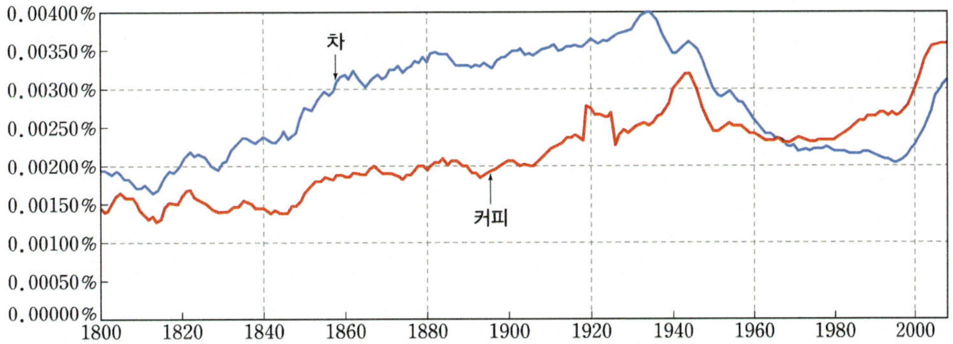

출처 Jean-Baptiste Michel, Yuan Kui Shen, Aviva Presser Aiden, Adrian Veres, Matthew K. Gray, The Google Books Team, Joseph P. Pickett, Dale Hoiberg, Dan Clancy, Peter Norvig, Jon Orwant, Steven Pinker, Martin A. Nowak, Erez Lieberman Aiden, "Quantitative Analysis of Culture Using Millions of Digitized Books", Science 14 Jan 2011 : Vol. 331, Issue 6014, pp. 176-182

구글은 사람이 만든 모든 책을 담은 단 하나의 도서관이라는 야심 아래 디지털 도서관을 구축하고 있다. 이 데이터를 활용하면 불가능할 것 같은 데이터 분석이 가능하다. 앞의 그래프는 1800년부터 200년간 공표된 문서에 등장한 커피와 차라는 단어의 빈도를 그린 것이다. 비록 이것이 객관적이고 의도적으로 분석된 통계는 아니지만 불가능할 것 같은 분석이 가능하다는 것을 알 수 있다. 사실 구글이 이런 분석을 할 목적으로 문헌을 디지털화한 건 아니다. 대신 하버드 출신의 두 젊은 생물학자가 특정한 단어가 사람들 사이에 어떻게 퍼져나가는지를 연구하는 과정에 구글의 도서관을 활용하는 새로운 방법을 생각해냈다. 그들의 연구 결과물은 "빅데이터 인문학(Uncharted)"으로 발표되어 세상을 놀라게 했다. 그들은 세포를 관찰하는 대신 세상에서 일어난 일을 확대하는 디지털 현미경을 만들었다.

빅데이터가 갖는 힘

데이터를 분석하는 다양한 방법이 등장하면서 빅데이터가 갖는 가치가 더욱 구체화되고 있다. 구글의 데이터 과학자 출신 경제학자 S. S. 다비도위츠는 그의 저서 “모두 거짓말을 한다”를 통해서 빅데이터가 지닌 힘을 자세하게 설명하고 있다.

빅데이터는 새로운 유형의 데이터를 제공한다. 불특정 다수가 은밀하게 생산하는 데이터는 인간의 성적 취향을 이해하는 데 매우 유용한데 이런 유형의 데이터는 초연결 사회가 생산한 전에 없이 새로운 유형의 데이터다.

빅데이터는 솔직한 데이터다. 모두가 볼 수 있는 페이스북 내용과 검색에 사용한 키워드가 일치하지 않는다. 사람들은 무심코, 때로는 자신도 알지 못하는, 자신의 은밀한 비밀을 익명의 공간에 던진다. 사람들의 자연스러운 일상은 모두 기록되고 우리는 그들이 원한다고 말하는 게 아니라 그들이 진실로 원하는 걸 알아낼 수 있다.

빅데이터를 활용하면 작은 집단이나 세밀한 부분을 확대하여 관찰할 수 있다. 국가나 도시 단위가 아니라 작은 마을에서 일어난 일을 분석할 수 있고, 특정 학교 출신들이 어떤 일을 하는지 들여다 볼 수도 있다. 데이터가 많고 수집이 용이하기 때문에 가능해진 일이다.

두 데이터의 상관관계를 알아내기는 쉽다. 그러나 그것으로 인과관계를 단정 할 수는 없다. 실제로 상관관계가 있는 경우라도 대부분 인과관계는 부정된다. 체중과 신장은 상관관계가 있지만 무거우니까 커야 하는 건 아니다. 빅데이터를 이용하면 인과관계에 있는지 실험할 수 있다.

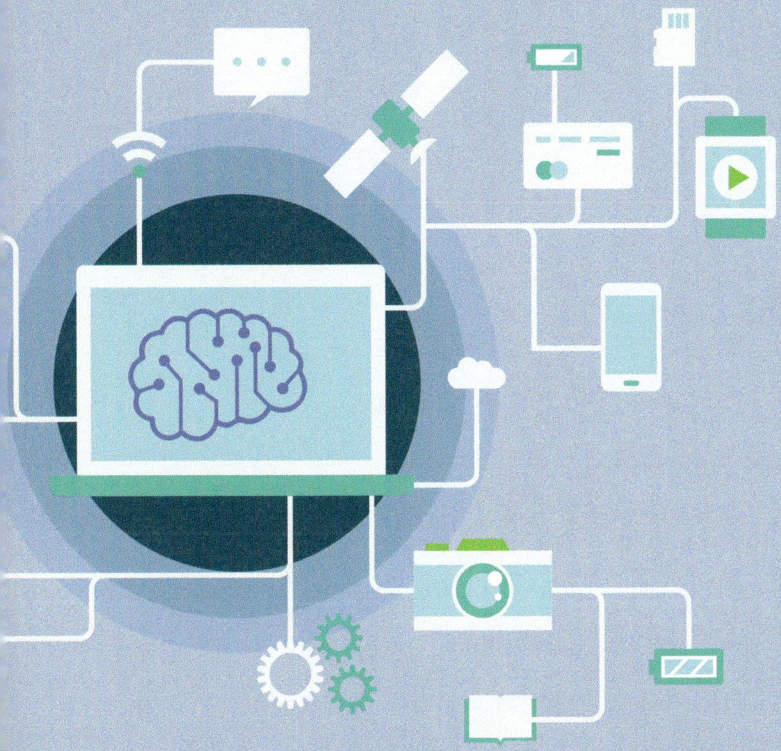

10 CHAPTER

이 영화 보세요!

10

이 영화 보세요!

데이터는 모아서 저장해 놓은 것, 우리가 알고 있는 것 등으로 정의할 수 있다. 보통 가공한 데이터를 정보라 하고 그 정보가 가치가 있을 때 지식이라고 한다. 대규모로 저장된 데이터에서 체계적이고 자동적으로 규칙이나 패턴을 찾는 것을 데이터마이닝이라 한다. 즉 데이터에 내포된, 숨어서 보이지 않지만, 의미 있는 지식을 찾기 위해 데이터를 뒤지고 분석하는 것이 데이터마이닝이다. 데이터마이닝과 구분되는 용어로 머신러닝이란 게 있다. 머신러닝은 세상을 관찰한 기록정보 즉 데이터에서 패턴을 추측하고 통찰을 이끌어내는 데 활용되는 도구나 방법론들의 모임으로 정의한다. 즉 머신러닝은 데이터마이닝을 위한 수단이다.

회귀

데이터로부터 그 데이터를 잘 설명하는 관계식을 얻어내는 것을 회귀라고 한다. 그리고 회귀로 얻은 관계식을 이용해서 예측행위를 할 수 있다. 예를 들어 다음과 같이 평균 학습 시간과 취득학점 사이의 관계에 대한 데이터가 있다고 하자 직관적으로 시간이 길수록 학점이 높다는 것을 알 수 있다. 이때 학습 시간이 6.5시간이라면 학점은 얼마일까? 6.5시간에 대한 데이터는 없으므로 알아서 추론해야 한다. 이렇게 알려진 데이터로부터 (이 경우 학습 시간과 취득학점 같은) 특징을 잘 설명하는 관계식을 유도하는 게 회귀다. 특히 관계식이 직선이면 선형회귀라 부른다.

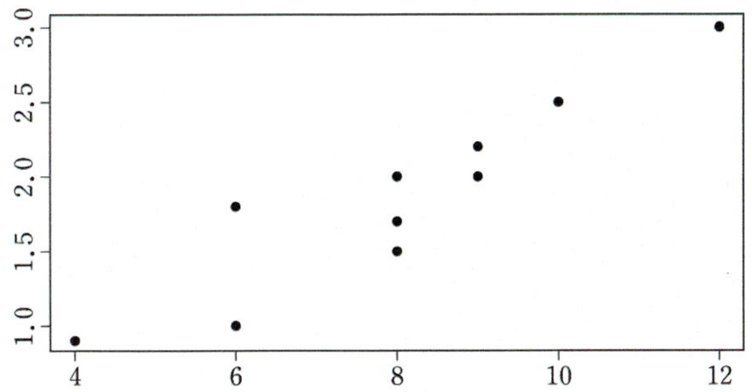

선형회귀

위 데이터에 대해 회귀를 수행하면 다음과 같은 관계식을 얻을 수 있다.

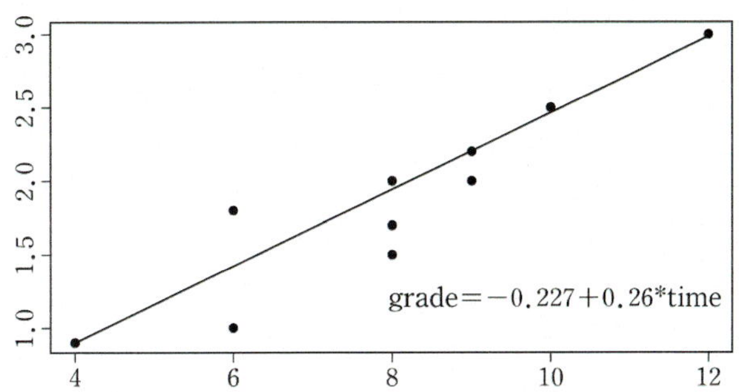

$grade = -0.227 + 0.26 * time$ 이 식을 사용하면 임의의 학습 시간에 대한 예상 취득학점을 얻을 수 있다.

데이터로부터 회귀식을 얻어내는 다양한 방법이 있다. 임의의 직선에 대해 오차를 최소화하는 최소자승법이 가장 대표적인 방법이다. 회귀는 임의의 직선에 대한 오차 총합이 $Q = \sum_{i=1}^{N}(y_i - mx_i - b)^2$ 일 때 Q를 최소로 하는 기울기 m, y축과 만나는 절편 b를 정하는 문제이고, 최소자승법은 Q를 각각 m, b로 미분했을 때 0이 되는 점에서 최소인 성질을 이용해서 기울기와 절편에 대한 계산식을 얻어낸다. 다음은 어떤 컴퓨터시스템의 입력 데이터 개수와 처리시간 사이의 관계식을 회귀하는 계산식을 나타낸다. 먼저 (굵게 표시한) 주어진 데이터로부터 (이탤릭체로 기울인) 몇 가지 통계치를 계산한 후 기울기와 절편을 계산하여 간단하게 식을 구할 수 있다.

입력 데이터개수 (x)	처리시간 (y)	xy	x^2	y^2
50	**30**	1500	2500	900
100	**65**	6500	10000	4225
150	**90**	13500	22500	8100
200	**130**	26000	40000	16900
250	**150**	37500	62500	22500
300	**190**	57000	90000	36100
350	**200**	70000	122500	40000
$\sum x_i$	$\sum y_i$	$\sum x_i y_i$	$\sum x_i^2$	$\sum y_i^2$
1400	*855*	*212000*	*350000*	*128725*

$$\text{기울기 } m = \frac{N\left(\sum_{i=1}^{N} x_i y_i\right) - \left(\sum_{i=1}^{N} y_i\right)\left(\sum_{i=1}^{N} x_i\right)}{N\left(\sum_{i=1}^{N} x_i^2\right) - \left(\sum_{i=1}^{N} x_i\right)^2} \text{이므로,}$$

$$m = \frac{7 \times 212000 - 855 \times 1400}{7 \times 350000 - 1400^2} = 0.5857$$

$$\text{절편 } b = \frac{1}{N}\left(\sum_{i=1}^{N} y_i - m\sum_{i=1}^{N} x_i\right) \text{이므로,}$$

$$b = \frac{855 - 0.5857 \times 1400}{7} = 5.003$$

따라서 입력 데이터 개수와 처리시간은 $y = 0.585x + 5.003$라는 함수 관계를 따른다.

최소자승법을 적용하기 어려운 비선형 회귀에는 신경망을 포함된 딥러닝 기술이 흔히 사용된다. 즉 주어진 데이터에 맞는 입·출력 동작을 보이는 신경망을 학습을 통해 구축하면 해당 신경망을 이용해서 예측행위를 할 수 있다.

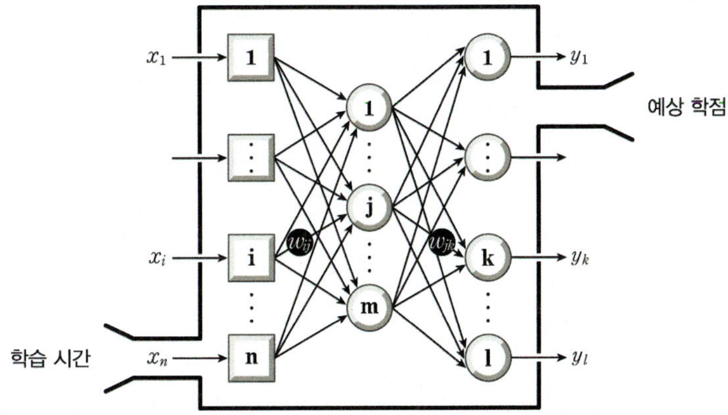

다음은 포도주 가격을 예측하는 식이다. 이 식은 포도주 애호가가 매년 달라지는 포도주 가격이 겨울강수량, 평균기온 및 가을강수량에 의존한다는 점을 파악하고 회귀를 이용해 만들어낸 식이다.

$$price = 12.145 + 0.00117 \times \text{겨울강수량} + 0.0614 \times \text{평균기온} - 0.00386 \times \text{가을강수량}$$

겨울강수량, 평균기온 및 가을강수량은 쉽게 알 수 있는 데이터이므로 위 식은 회귀를 이용해서 간단하게 구할 수 있다. 하지만 그것이 포도주 가격에 영향을 미친다는 사실을 파악한다는 건 쉬운 일이 아니다. 데이터가 널려있는 빅데이터 시대, 데이터에서 지식을 추출하는 머신러닝 기술이 널려있는 인공지능 시대에 우리가 무엇을 해야 하는지 잘 보여주는 사례다.

남들과 다른 질문을 해야 한다!

분류

대상이 어디에 속하는지 구분하는 게 분류다. 분류는 군집화와 함께 머신러닝을 대표하는 가장 기본적인 작업이다. 새로 받은 메일이 스팸인지 아닌지를 구분하는 일, 증상에 따라 진단을 내리는 일, 지나가는 멍멍이 뽀삐가 래브라도 리트리버종인지 혹은 다른 어떤 종인지를 구분하는 일이 모두 분류다.

분류 작업을 위한 다양한 알고리즘이 존재한다. 가장 흔하게 사용할 수 있는 게 앞에서 다룬 베이즈 규칙에 기초한 베이즈 분류기다. 베이즈 규칙은 다음과 같다.

$$p(A|x) = \frac{p(x|A) \times p(A)}{p(x)}$$

이 식은 다음과 같이 바꿔쓸 수 있고(스팸이 아닌 메일을 햄이라 한다),

$$p(spam|words) = \frac{p(words|spam) \times p(spam)}{p(words)}$$
$$p(ham|words) = \frac{p(words|ham) \times p(ham)}{p(words)}$$

두 식에서 고정된 값인 $p(spam)$, $p(ham)$, $p(words)$를 무시하면, 다음을 얻을 수 있다.

$$p(spam|words) = f(p(words|spam))$$
$$p(ham|words) = f(p(words|ham))$$

즉 새로 받은 메일에 어떤 단어들($words$)이 들어있을 때 그 메일이 스팸일 확률 $p(spam|words)$은 이전에 받은 스팸 메일에 그 단어들이 들어있을 확률 $p(words|spam)$를 이용해서 계산할 수 있고, 마찬가지로 새로 받은 메일에 어떤 단어들($words$)이 들어있을 때 그 메일이 햄일 확률 $p(ham|words)$은 이전에 받은 햄 메일에 그 단어들이 들어있을 확률 $p(words|ham)$를 이용해서 계산할 수 있다는 의미다. 따라서 새로 받은 메일에 대해 두 확률을 계산하여 그 메일의 스팸 여부를 추론할 수 있다.

과거 데이터를 학습해서 미래 데이터를 분류할 수 있는 베이즈 분류기는 스팸뿐 아니라 다양한 형태의 분류 문제에 적용할 수 있는 분류 방법이고 실제로 매우 다양한 분야에 응용되고 있다.

딥러닝은 분류를 위한 최고의 기술이다. 딥러닝이 크게 일반 대중의 관심을 끈 것은 알파고의 성공 사례지만, 실제로 분류 분야에서 이룬 성공으로 크게 주목받기 시작했다. 주어진 이미지가 1,000가지 범주 중 어디에 속하는지 분류하는 ImageNet이라는 대회가 2005년부터 개최되었는데, 2012년 알렉스 크리에프스키가 중첩신경망을 사용해서 오류율 15%로 분류를 하면서 딥러닝이 화려하게 세상에 등장했다. 그때까지 가장 낮은 오류율이 26% 정도였으며 거의 한계라고 생각할 무렵이었다. 딥러닝 분류 기술은 더욱 발전해서 인셉션 버전3 같은 경우 오류율 3.46%로 사람(5%)보다 더 정확하게 대상을 분류하는 수준이다.

다음은 범주 10개에 속하는 70,000개 흑백 이미지로 구성된 패션 MNIST 데이터셋을 학습한 후 분류 성능을 시험한 화면이다. 신경망이 각 이미지를 해당 이미지로 인식하는 확률과 함께 분류 결과를 출력했음을 알 수 있다. 중첩신경망을 응용하는 이러한 사례는 누구나 이곳(https://www.tensorflow.org/tutorials/keras/classification)에 들어가서 손쉽게 체험할 수 있다.

우리는 14장에서 10가지 범주에 속하는 이미지를 분류하는 중첩신경망을 어떻게 만들 수 있는지 살펴본다.

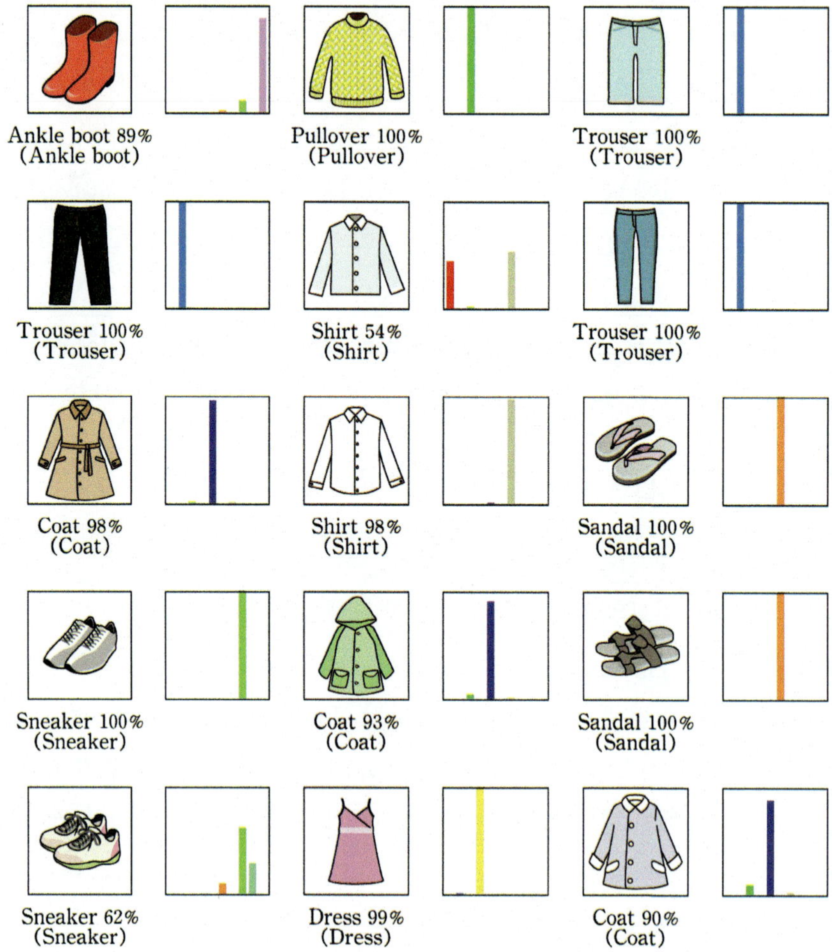

출처 https://www.tensorflow.org/tutorials/keras/classification

군집화

대상을 관련 있는 것들의 덩어리로 묶는 게 군집화다. 분류와 짝을 이루면서 분류보다 더 근본적인 작업이다. 분류를 못 할 수 있는 갓난아이도 군집화는 할 수 있다는 뜻이다. 갓난아이가 그것이 구름인지 솜사탕인지 분류는 못 하더라도 앞에 하얀 덩어리기가 있다는 건 안다. 군집화를 했기 때문이다. 군집화는 그 자체가 근본적인 영역이라 기계학습, 패턴인식, 영상처리, 정보검색, 생물정보학, 데이터 압축, 컴퓨터 그래픽스 등 다양한 분야에 응용되는 작업이다.

회귀나 분류와 다르게 군집화는 보통 데이터에 정답이 없다. 예를 들어 회귀의 경우 학습 시간에 대한 취득학점이 주어지고, 분류의 경우 어떤 메일이 스팸인지 햄인지에 대한 정보가 주어진다. 이처럼 주어진 입력에 대한 출력 즉 모범 답안이 주어지는 데이터를 사용하는 학습을 (선생님이 있는) 지도학습이라고한다. 반면에 군집화는 입력데이터 이외에 덩어리를 구분하는 기준 따위가 주어지지 않는다. 이렇게 모범 답안이 없는 데이터를 사용하는 학습을 (선생님이 없는) 비지도학습이라고 한다.

k-means 알고리즘

마찬가지로 군집화를 위한 다양한 알고리즘이 있다. 그중 가장 대표적인 것이 k-means 알고리즘이다. 군집화는 정답이 없는 비지도학습에 속한다. 즉 덩어리가 몇 개인지에 대해 사전에 알 수 있는 방법이 없다. 예를 들어 다음과 같이 5개의 데이터가 주어진 경우 몇 개의 덩어리로 나눌 수 있겠는가? 직관적으로 2 덩어리라는 생각이 들겠으나 그것이 정답은 아니다. 게다가 컴퓨터는 사람처럼 눈으로 데이터를 보지 않는다.

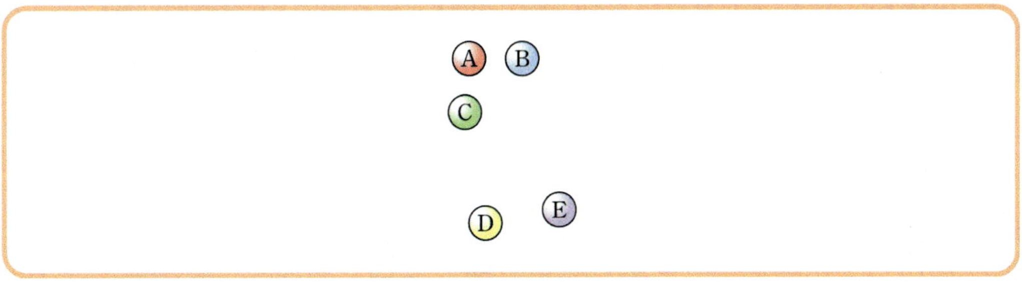

덩어리 개수를 임의로 k개라고 가정하고 데이터를 k개의 덩어리로 묶어내는 게 k-means 알고리즘이다. 다음은 $k = 2$인 경우 덩어리를 나누는 과정을 나타낸다.

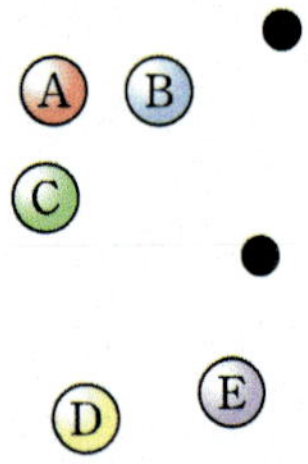	$k=2$이므로 두 덩어리의 중점 k_1, k_2를 임의로 정한다.
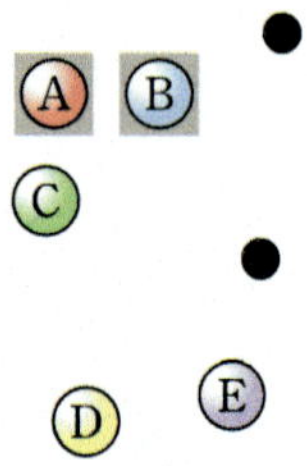	점 A, B, C, D, E와 k_1, k_2 사이의 거리를 모두 측정한 후 k_1에 가까운 점(네모)과 k_2에 가까운 점을 구분한다.
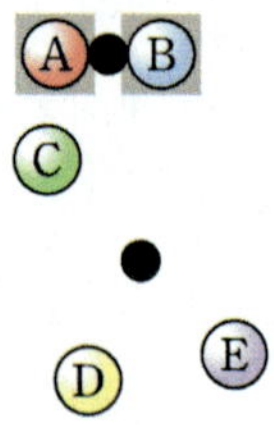	k_1, k_2를 자신에 속한 점들의 중심으로 옮긴다.
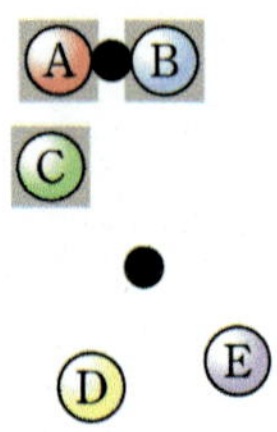	점 A, B, C, D, E와 k_1, k_2 사이의 거리를 모두 측정한 후 k_1에 가까운 점(네모)과 k_2에 가까운 점을 구분한다. 중점이 이동하면서 C의 소속이 바뀌었음에 주목하자.
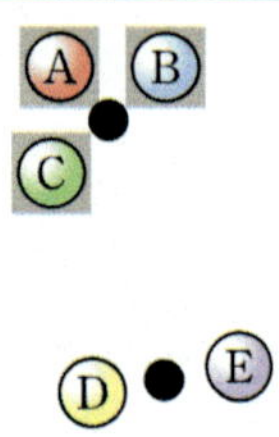	k_1, k_2를 자신에 속한 점들의 중심으로 옮긴다.
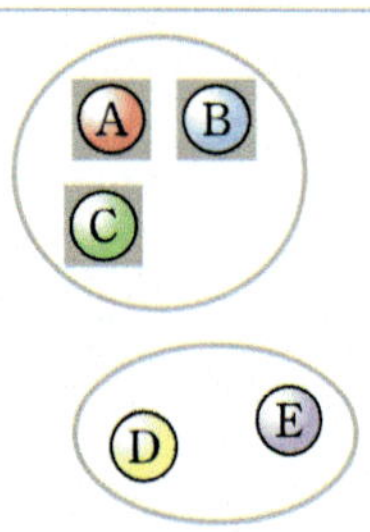	점 A, B, C, D, E와 k_1, k_2 사이의 거리를 모두 측정한 후 k_1에 가까운 점(네모)과 k_2에 가까운 점을 구분한다. 이 경우 더 이상 변화가 없으므로 군집을 반환하고 종료

k-means 알고리즘은 덩어리 개수를 사람이 정해주어야 한다는 약점에도 불구하고 매우 효과적으로 덩어리를 나눌 수 있어 다양한 분야에 응용되는 쓸모가 무척 많은 중요한 알고리즘이다.

계층적 클러스터링

덩어리 개수를 알 수 없으니 작은 크기부터 차례로 큰 덩어리로 묶어나가는 방법을 생각할 수 있다. 이렇게 덩어리를 묶는 방법이 계층적 클러스터링이다. 다음은 최소 단위로부터 차례로 큰 덩어리로 묶어 나가는 과정을 나타낸다.

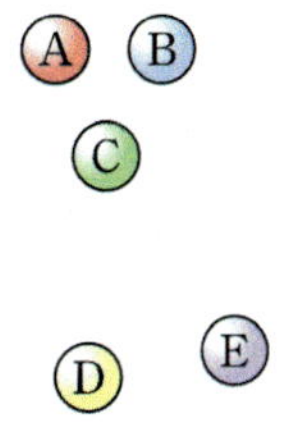	각 점을 독립적인 덩어리로 간주한다. 전체 덩어리 개수 = 5
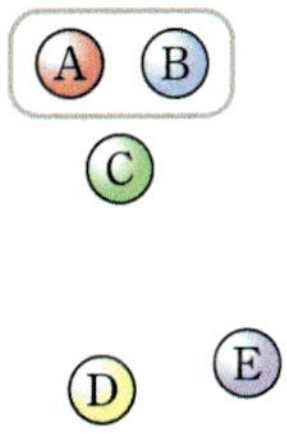	거리가 가장 가까운 두 덩어리를 하나로 묶는다. 전체 덩어리 개수 = 4
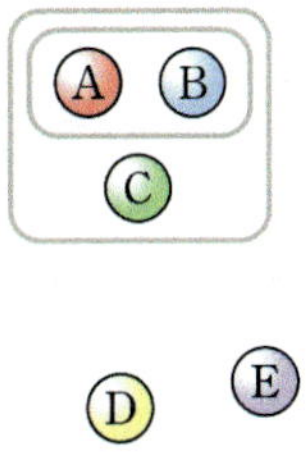	거리가 가장 가까운 두 덩어리를 하나로 묶는다. 전체 덩어리 개수 = 3
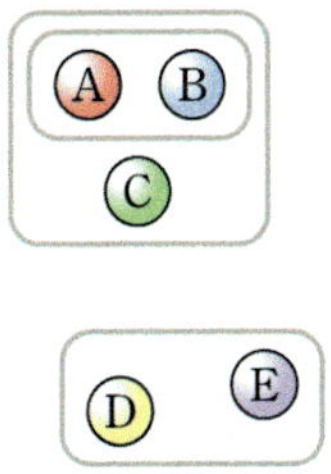	거리가 가장 가까운 두 덩어리를 하나로 묶는다. 전체 덩어리 개수 = 2

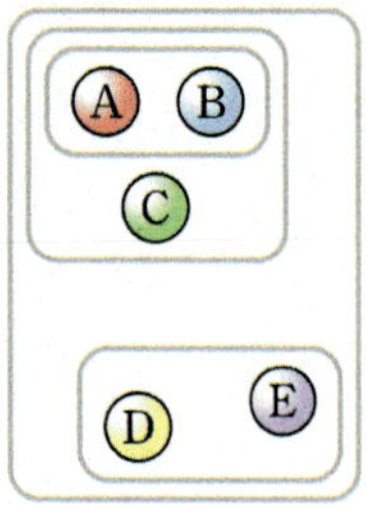	거리가 가장 가까운 두 덩어리를 하나로 묶는다. 전체 덩어리 개수 = 1

전체 덩어리 개수가 2인 경우 k-means 알고리즘을 적용한 경우와 결과가 같다는 것을 알 수 있다.

계층적 클러스터링은 가능한모든 덩어리를 묶기 때문에 실행시간이 길지만 가능한 덩어리 전체를 파악 할 수 있기 때문에 응용문제에 따라 적절한 덩어리를 선택하여 사용할 수 있어 역시 쓸모가 있는 접근 방법이다.

앞에서 덩어리를 나누는 과정을 공간의 물리적 거리를 이용해서 설명했다. 하지만 거리를 유사성으로 확장하면 덩어리는 공간을 초월한다. 예를 들어 거리를 색상의 유사성으로 바꾸면 같은 색을 갖는 덩어리로 묶을 수 있고, 거리를 영화에 대한 취향으로 바꾸면 취향이 같은 사람을 덩어리를 묶어 낼 수 있다. 그래서 군집화가 매우 중요한 작업이다.

회귀, 군집화, 분류

다음과 같은 데이터가 있다고 하자. 무엇이 떠오르는가? 아니 무엇을 알아내고 싶은가?

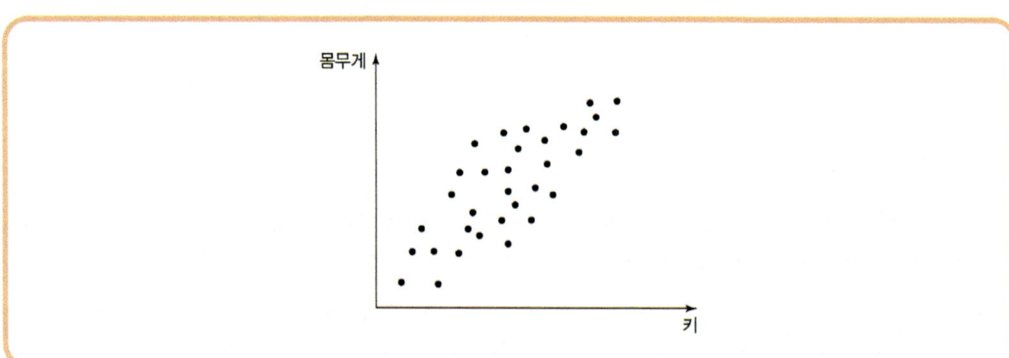

데이터 분포

다음처럼 선을 하나 찍 긋고 싶었을 것이다. 그렇다 회귀를 해서 키와 몸무게 사이의 관계를 알아낼 수 있다.

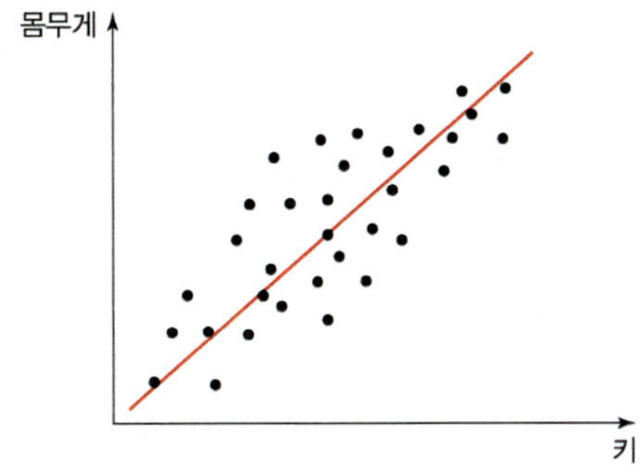

선형회귀

좌표축을 없앨 수 있는 지혜가 있다면 군집화를 해서 몇 개의 덩어리로 나누는 걸 생각해 볼 수 있다. 사람에 따라 의견이 다를 수 있겠으나 3개로 나누는 게 좋아보인다.

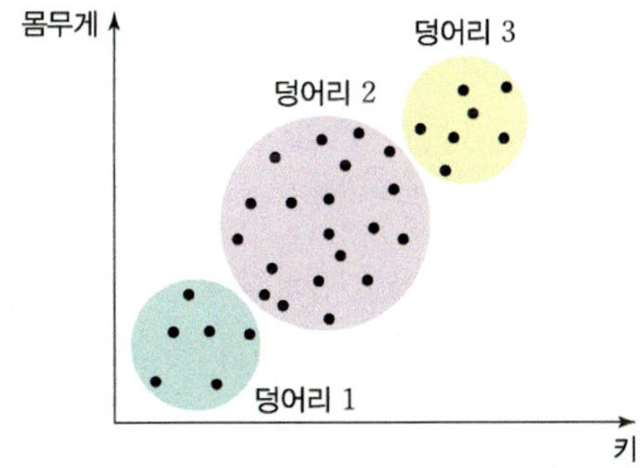

군집화

그래 좋다. 그렇다면 이 덩어리를 어디에 사용할 수 있을까? 다음과 같이 덩어리에 (머신러닝 분야에서 레이블이라 부르는) 이름을 붙여보면 어떨까?

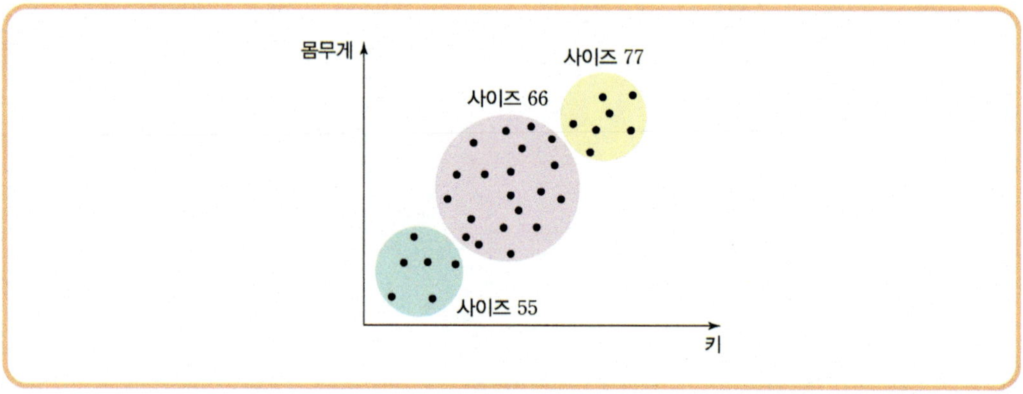

분류

이제 분류라는 작업을 할 수 있게 되었다. 즉 어떤 사람의 키와 몸무게를 알면 당신은 덩어리 1에 속하니 55사이즈를 구매하라고 추천할 수 있다. 이렇게 군집화와 분류는 하나의 쌍으로 작용하여 많은 응용문제에 활용할 수 있는 매우 유익한 수단이다.

키와 몸무게라는 데이터에 대해 어떤 작업을 하느냐에 따라 활용하는 게 달라 질 수 있다는 걸 확인했다. 이처럼 동일한 데이터에 대해 여러 가지 작업을 할 수 있으며, 데이터를 어떤 시각으로 보느냐 즉, 어떤 질문을 하느냐로 미래 가치가 정해진다는 점을 기억해야 한다.

추천 시스템

제작사, 배포사, 상영관이라는 영화 산업의 3대 구성요소 중 상영관 즉 극장을 없앤 게 Netflix다. 지금은 주문형 콘텐츠 서비스 제작 기업으로 구분되는 Netflix는 1997 창업 당시 VHS 비디오, DVD 등을 우편으로 판매 또는 대여하는 미국 서부를 주 무대로 활동하던 작은 기업이었다. 이런 작은 기업이 2020년 기준 200여 개국 2억 명의 회원을 두고 있으며, 시가총액 기준으로 세계 4위의 미디어 그룹으로 성장했다.

어떻게 그럴 수 있었을까? 인터넷으로 책을 판매하던 Amazon이라는 신생 기업으로부터 영감을 얻어, 책 대신 영상물을, 스트리밍이 아니라 우편으로, 판매 혹은 대여하는 사업을 하던 기업이 영화 산업의 구조를 바꾸는 일을 어떻게 이루어냈을까?

추천!

그들은 영상물을 보낼 때 추천이라는 걸 했다. 해당 고객의 성향을 파악한 후 이 사람이라면 다음에 저 영화를 보는 게 좋겠다는 걸 파악해서 해당 영화에 대한 홍보자료를 함께 보냈다. 추천이 오늘의 Netflix를 위한 전부는 아니더라도 Netflix는 온라인 세상에 혁명을 가져오는 데 큰 역할을 했으며 앞으로 세상을 어떻게 바꿀지 예측하기도 어렵다.

추천한다는 생각도 대단하지만, 그들은 한발 더 나아갔다. 추천의 정확도를 높이기 위해 다른 사람들의 기술을 끌어내는 생각을 해낸다. 그들은 큰 상금을 걸고 Netflix Prize라는 추천 알고리즘 대회를 2006년 개최했다. Netflix Prize는 머신러닝 기술을 적용해서 관람자들의 영화 별점 데이터로부터 영화에 대한 선호도를 예측하는 알고리즘 경진대회다. Netflix는 이러한 대회를 통해 큰 홍보 효과를 얻은 것은 물론이고 자사의 추천 시스템 성능도 향상할 수 있었다.

이 대회를 통해 추천 알고리즘을 대표하는 협업 필터링이 세상에 공유되었다. 모든 위대함은 공유에서 비롯되는 것 같다.

인터넷 서점으로 출발한 Amazon은 VHS 비디오, DVD, 음악 CD, MP3, 소프트웨어, 비디오 게임, 전자 제품, 옷, 가구, 음식, 장난감 등을 판매하는 세계 최대의 온라인 쇼핑 중개 회사로 성장했다. 또한, 전자책 단말기 킨들과 킨들 파이어 태블릿 컴퓨터를 자체 제작하였으며 세계 최대 규모의 클라우드 컴퓨팅 서비스를 제공하고 있다.

Amazon 성공의 비결 역시 추천은 아니지만, 추천 시스템을 언급하면서 Amazon을 빼놓을 수 없다. 지금이야 모든 쇼핑 사이트가 추천이란 걸 하고 그 방법이 날로 교묘해지는 상황이지만, Amazon 역시 Netflix처럼 일찍부터 추천을 시작해왔다.

상품을 추천하기 위해 활용할 수 있는 데이터 형태는 크게 두 가지가 있다. 첫째는 상품 자체에 수반되는 데이터다. 예를 들어 텔레비전이라면 UHD, QLED 같은 제품 유형, 제조사, 화면 크기, 가격 등의 데이터이고, 영화라며 장르, 출연진, 감독, 상영 시간 같은 데이터다. 중요한 것은 두 번째인데, 이것은 고객의 구매 행위 자체나 구매전 웹 사이트 검색 행위와 구매 후 반응으로부터 얻을 수 있는 데이터다. 이러한 데이터를 통해 새로 플라스마 TV를 구매한 고객이 어떤 액세서리를 구매했는지, 박찬욱 감독 팬이 어떤 드라마를 좋아하는지 알아낸다.

협업 필터링

사람들의 선호도를 조사하는 손쉬운 수단으로 설문조사가 있다. 예를 들어 영화 목록을 만든 후 다음에 어떤 영화를 보기 원하는지 표시해달라고 할 수 있다. 그런데 뜻밖에 사람들이 그 영화를 대여하지 않는다는 걸 Netflix가 알아냈다. 사람들이 거짓말을 한 것일까? 딱히 그럴 이유는 없다. 그냥 선택의 순간 사람들의 마음이 바뀌었을 수 있고, 어쩌면 사람들이 취향이란 게 변덕스러워 자신도 모를 수 있다.

추천 시스템의 전제를 구성하는 기본 원리는 다음과 같다.

> "너랑 취향이 같은 사람이 이 영화를 보던데, 너는 안보니?"
> 이 책을 구매한 사람은 이 영화를 보더라, 그러니 너도 이 영화를 보는 게 어떻니?"

사람들이 원하는 걸 직접 고르게 하는 게 아니라 그들에게 잠재된 욕구를 자극하겠다는 것이다. 어떻게 그럴 수 있을까?

앞에서 다루었던 군집화를 응용할 수 있겠다. 다음은 사람들의 색상에 대한 선호도를 조사한 후 그 데이터를 이용해서 선호도가 비슷한 정도에 따라 평면에 배치한 그림이다. 그림처럼 $k = 2$로하여 군집화를 수행하면 붉은 계통을 선호하는 집단과 푸른 계통을 선호하는 집단으로 묶을 수 있다.

이름 \ 색상	빨	주	노	초	파	남	보	흰	검	회
서민지	3	2	3	3	4	5	2	5	5	5
김일섭	3	2	1	1	4	5	4	3	5	5
이일원	3	4	3	1	4	3	5	4	4	2
김민석	5	3	5	1	3	2	2	5	5	1
이기원	2	1	1	3	5	1	1	5	5	1
강태원	4	4	2	2	5	4	1	5	5	4
김선민	1	1	1	5	5	1	5	1	1	1
이주연	1	2	3	5	5	4	1	5	5	4
김재원	2	1	1	3	3	4	2	5	5	5
이다솔	1	1	1	4	4	5	1	3	5	4

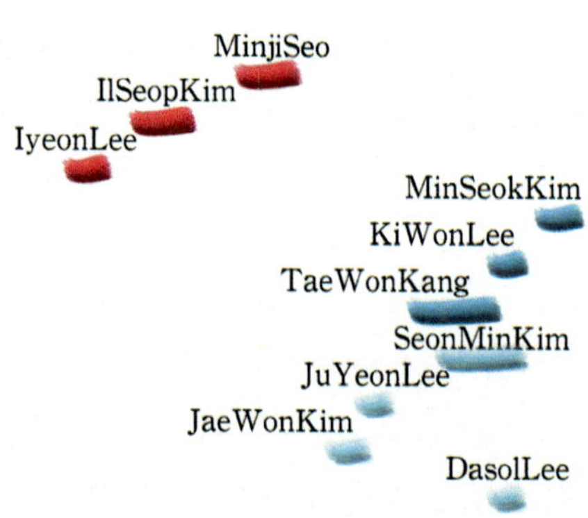

누가 어떤 색을 좋아하는지 알았으니 적절하게 추천할 수 있겠다. 그렇다면 색상에 대한 선호도 데이터로부터 누가 누구와 얼마나 가까운지 어떻게 측정할 수 있을까?

영화든 책이든 상품에 대한 선호도 데이터로부터 사람들 사이의 유사성 혹은 상품들 사이의 유사성을 추천하는 방법이 협업 필터링 알고리즘이다. 영화에 대한 평점 데이터가 아래와 같이 주어졌다고 하자. 협업 필터링을 사용하는 추천 시스템이 누구에게 어떤 영화를 추천할지 알아내는 과정을 자세하게 살펴보자.

	숙녀	뱀	행운	초인	너	밤
리사	2.5	3.5	3.0	3.5	2.5	3.0
진	3.0	3.5	1.5	5.0	3.5	3.0
마이클	2.5	3.0		3.5		4.0
클라우디아		3.5	3.0	4.0	2.5	4.5
믹	3.0	4.0	2.0	3.0	2.0	3.0
잭	3.0	4.0		5.0	3.5	3.0
토비		4.5		4.0	1.0	

유사성 측정(거리)

영화 평점 데이터로부터 사람들의 영화 취향이 얼마나 유사한지 어떻게 측정할 수 있을까? 먼저 표를 대충 훑어보자. 예를 들어 뱀과 너라는 두 영화에 대한 평점으로 판단하면 리사와 클라우디아가 토비보다 취향이 비슷한 거 같다.

왜?

리사와 클라우디아의 평점은 같고, 토비와 다르기 때문이다.

이제 이런 직관을 정량적으로 측정해보자. 너를 X_1축, 뱀을 X_2축으로 놓고 각 영화에 대한 평점을 X_1축과 X_2축 값으로 하여 좌표 $p=(p_1, p_2)$를 만든 후 점을 찍으면 다음 그림을 얻을 수 있다. 즉 평점이 평면상의 점으로 대치되었다. 그렇다면 누가 누구와 가까운지는 자로 재면 된다. 평면 위에 있는 점의 거리를 재는 수학적 자가 바로 두 점 $p=(p_1, p_2)$, $q=(q_1, q_2)$ 사이의 거리를 구하는 유클리드 공식 $d=\sqrt{(p_1-q_1)^2+(p_2-q_2)^2}$ 이다. 이 공식으로 측정한 리사와 클라우디아의 거리는 $\sqrt{(2.5-2.5)^2+(3.5-3.5)^2}=0$이고 리사와 토비의 거리는 $\sqrt{(2.5-1.0)^2+(3.5-4.5)^2}=1.8$이다. 우리의 직관을 숫자로 나타낼 수 있게 되었다. 이렇게 사람들 사이의 거리를 측정할 수 있다.

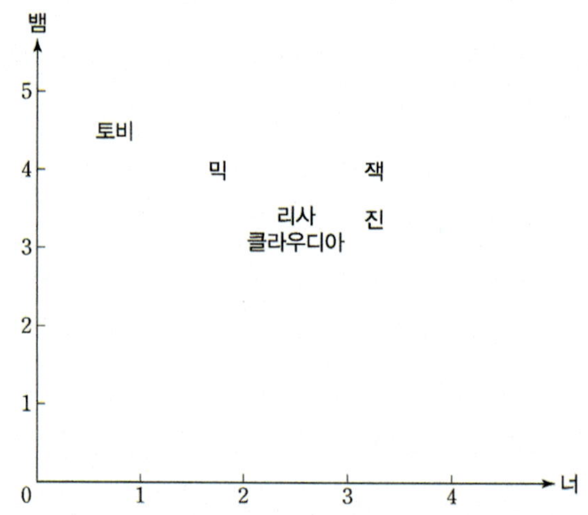

영화 평점에 대한 유사성

영화도 많고 사람도 많다. 영화가 한 편 추가되면 좌표 성분이 하나 늘어난다. 예를 들어 초인을 추가하면 리사의 좌표는 $(2.5, 3.5)$에서 $(2.5, 3.5, 3.5)$로 바뀐다. 즉 평면에서 공간으로 바뀔 뿐이고 거리의 개념은 달라지지 않는다. 예를 들어 영화 n개에 대한 두 사람 p과 q의 평점 좌표 $p=(p_1, p_2, \cdots, p_n)$, $q=(q_1, q_2, \cdots, q_n)$의 거리는 다음 식으로 구할 수 있다. 평점 좌표는 보통 평점 벡터라고 부른다.

$$|p-q|=\sqrt{(p_1-q_1)^2+(p_2-q_2)^2+\cdots+(p_n-q_n)^2}=\sqrt{\sum_{i=1}^{n}(p_i-q_i)^2}$$

유사성 측정(상관계수)

사람의 취향을 공간좌표로 나타낼 수는 있지만, 사실 사람 마음의 차이를 거리 측정하듯이 재는 게 적절하지 않은 경우가 있다. 예를 들어 리사, 클라우디아, 토비의 영화 평점이 다음과 같다고 가정하자.

리사 = (1.0, 2.0, 3.0, 3.0, 2.0, 1.0)
클라우디아 = (3.0, 4.0, 5.0, 5.0, 4.0, 3.0)
토비 = (3.0, 4.0, 1.0, 1.0, 4.0, 3.0)

리사와 클라우디아의 거리와 리사와 토비의 거리가 약 4.9로 동일하다. 과연 그럴까? 평점 차이가 동일해서 취향이 다른 정도가 일치하지만 평점 분포를 자세히 보면 리사와 클라우드의 평점은 경향이 일치하지만 리사와 토비는 반대임을 알 수 있다. 즉 토비는 리사가 높게 평가한 영화를 낮게 리사가 낮게 평가한 영화는 높게 평가했다. 따라서 두 사람은 영화 취향이 다르다고 봐야한다. 반면에 리사와 클라우디아는 평점은 다르지만 리사가 높게 평가한 영화를 클라우디아 역시 높게 평가했으며 반대의 경우도 마찬가지다. 따라서 두 사람의 영화 취향은 일치한다고 봐야하며 다만 리사가 평점을 짜게 주었다고 보는 게 더 합리적인 해석이다. 유클리드 거리로 유사성을 측정하는 경우 이런 관계를 파악할 수 없다.

상관계수는 데이터 분포가 얼마나 직선에 가까운가를 나타내는 척도다. 다음은 데이터 분포와 상관계수의 관계를 나타낸다. 그림에서 알 수 있듯이 상관계수가 1(리사와 클라우디아)에 가까우면 두 사람은 취향이 비슷하고, 0에 가까우면 불분명하며, -1(리사와 토비)에 가까우면 취향이 반대라고 해석할 수 있다. 취향이 같은지 아닌지 불분명한 경우라면 혹시 하는 마음으로 추천 할 수 있으나 반대인 경우라면 추천하지 말아야한다. 싫어할 게 분명하다.

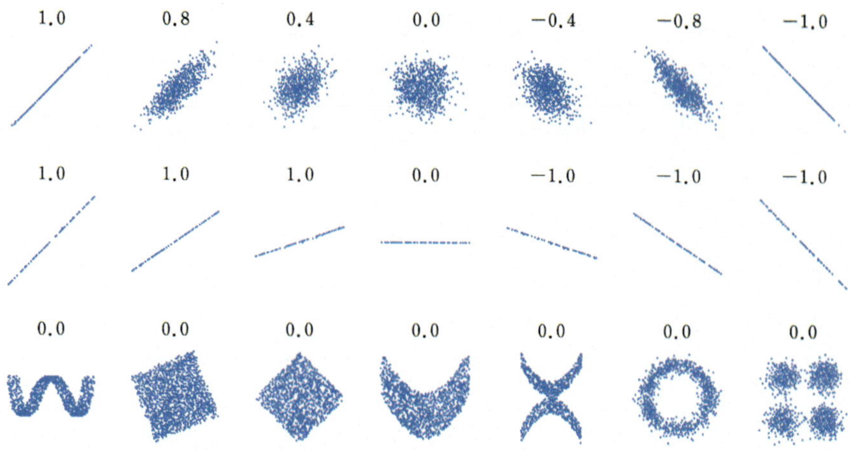

출처 By DenisBoigelot, original uploader was Imagecreator

두 평점 벡터 p, q의 상관계수 r을 계산하는 식은 다음과 같다.

$$r = \frac{\sum(p-\bar{p})(q-\bar{q})}{\sqrt{\sum(p-\bar{p})^2\sum(q-\bar{q})^2}}$$

다음 그림은 진과 믹 그리고 리사와 잭의 평점 분포를 나타낸다. 그림에서 알 수 있듯이 진과 믹의 평점 분포에 비해 리사와 잭의 평점 분포가 더 직선에 가깝다는 걸 알 수 있다. 따라서 리사와 잭의 영화에 대한 취향이 진과 믹보다 유사하다고 추측할 수 있다.

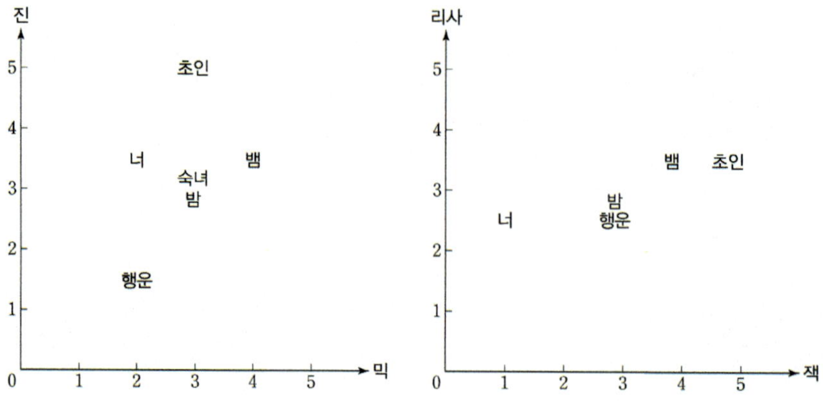

이 영화 보세요!

영화 취향에 대한 사람들의 유사성을 측정할 척도 즉 자가 마련되었으니 이제 추천할 영화를 선정해보자. 다음은 사람 i가 영화 j를 선택할 가능성 p_{ij}를 계산하는 식이다.

$$p_{ij} = \sum_{k=1}^{n} u_{kj} s_{ik} \ / \ \sum_{k=1}^{n} s_{ik}$$

여기서 u_{kj}는 다른 사람 k의 영화 j에 대한 평점, s_{ik}는 사람 i와 다른 사람 k사이의 유사성이다. 즉, 사람 i가 영화 j를 선택할 가능성 p_{ij}는 사람 i에 대해 모든 다른 사람과의 유사도 s_{ik}와 각 영화에 대한 평점 u_{kj}의 가중 평균이다.

쉽게 풀이하자면 "나랑 취향이 가장 비슷하면서 그가 가장 높은 평점을 남긴 영화"를 추천하자는 거다. 지극히 상식적인 생각이다. 또한 ""안의 문장을 수식으로 나타낸 게 p_{ij}다. 이렇게 말이나 글로 표현할 수 있는 걸 기호로 나타내는 게 수학이다.

다음은 $i=$토비 즉, 토비에게 추천할 영화를 선정하기 위해 $p_{i(=\text{토비})j}$를 계산한 표다. 그는 3편의 영화를 보았고 따라서 추천 대상 영화 역시 3편이다. 이 경우 영화 밤의 추천 가능성이 3.35로 가장 높으므로 토비에게 밤을 추천한다(우리는 이렇게 계산된 상품을 매일 추천 받고 있다!).

	유사성 (토비)	밤 (평점)	유사성 ×밤	숙녀 (평점)	유사성 ×숙녀	행운 (평점)	유사성 ×행운	
리사	0.99	3.0	2.97	2.5	2.48	3.0	2.97	
진	0.38	3.0	1.14	3.0	1.14	1.5	0.57	
클라우디아	0.89	4.5	4.02			3.0	2.68	
믹	0.92	3.0	2.77	3.0	2.77	2.0	1.85	
잭	0.66	3.0	1.99	3.0	1.99			
			12.89		8.38		8.07	$\sum_{k=1}^{n} u_{kj} s_{ik}$
			3.84		2.95		3.18	$\sum_{k=1}^{n} s_{ik}$
			3.35		2.83		2.53	$p_{i(=\text{토비})j} = \frac{\sum_{k=1}^{n} u_{kj} s_{ik}}{\sum_{k=1}^{n} s_{ik}}$

협업 필터링은 사람의 행동, 활동 또는 선호도에 대한 데이터를 사용해서 사람들의 유사성을 측정한 후 추천 대상을 추론한다. 협업 필터링의 명백한 특징은 추천 대상의 내용에 독립적인 점이다. 즉 영화 내용에 대한 아무런 정보 없이 영화와 같은 복잡한 대상을 추천할 수 있다. 결국, 우리가 선택한 것이 모두 우리에게 되돌아오고 있다. 그리고 우리는 또 선택한다. 이렇게 우리는 끊임없이 상호작용하는 세계를 지나고 있다.

11

CHAPTER

개미의 길 찾기!

11

개미의 길 찾기!

자연은 알고 있다. 그저 아는 게 아니라 모든 걸 알고 있는 것 같다. 모든 걸 알고 있는 자연은 무엇일까? 영어 단어 nature의 어원은 라틴어 natura이고 "낳아진 것"이란 의미고 한자어 자연은 "스스로 그러하다"란 의미다. 산과 들, 강과 바다. 그곳의 살아있는 동물과 식물, 바위와 물, 그리고 바람과 파도처럼 거기에 있고 거기서 일어나는 모든 것이 자연이다.

40,000년 역사를 가진 우리 인간은 13,800,000,000년 역사의 자연에서 배울 게 너무 많다.

자연 컴퓨팅

자연과 관계한 연구 분야는 크게 3가지가 있다. 자연에서 아이디어를 가져와 새로운 문제 해결 기술을 만드는 일, 컴퓨터 기술을 이용해서 생명을 포함한 자연 현상을 합성하는 일, 그리고 분자와 같은 생명의 물질을 이용하는 DNA 컴퓨팅이나 원자의 양자적 특성을 이용한 퀀텀 컴퓨팅 기술을 개발하는 일.

자연 컴퓨팅은 이러한 3가지를 아우르는 용어다.

자연에서 아이디어를 얻은 계산 모델

세포 자동자

시간에 따라 상태가 변하는 시스템을 동역학 시스템이라고 하는데, 세포 자동자는 바둑판 모양의 정규 격자 공간으로 구성된 동역학 시스템이다. 셀이라 부르는 격자는 유한 상태 중 하나를 취할 수 있고, 특정 시점의 셀 상태는 이전 시점 자신의 상태와 인접한 이웃 셀의 상태에 의해 결정된다. 즉 시스템 전체가 아니라 자기 주변의 정보만 사용해서 셀의 다음 상태를 결정한다.

그런데도 세포 자동자는 아주 복잡한 형상이나 거동을 생성한다. 지역 정보만 사용하는 간단한 규칙을 사용하는데도 불구하고 단순한 구성요소들의 상호작용에서 나타나는 시스템 전체의 거동이 아주 복잡하다. 이러한 특징으로 너무 복잡해서 전통적인 수학으로 다루기 어려운 물리 혹은 자연의 문제를 해결하는 중요한 수학적 수단이다.

다음은 생명 게임이라 부르는 2차원 세포 자동자에서 볼 수 있는 "글라이더 건"이라는 자동자로 글라이더라 부르는 이동체를 무한히 생성한다. 생명 게임의 자세한 내용은 13장에서 다루기로 한다. 이곳(https://www.youtube.com/watch?v=v8wu2pXRq2Y)에서 동영상으로 확인해보기 바란다.

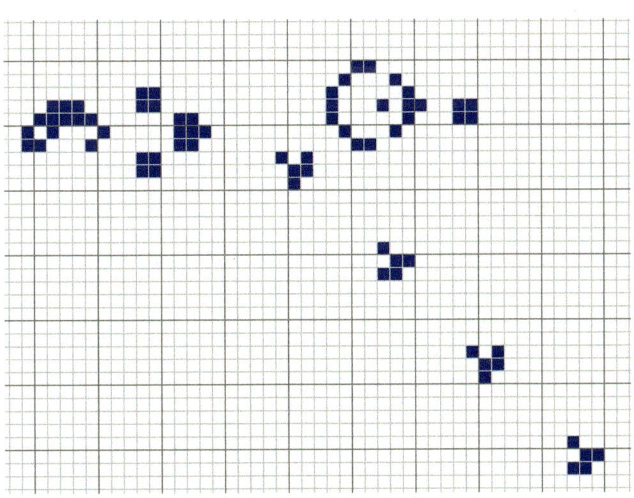

글라이더 건

뉴로 컴퓨팅

사람의 뇌 신경계통과 계산장치를 융합한 모델이 여기에 속한다. 사람을 포함한 생명체의 뇌가 어떻게 동작하는지 더 잘 이해하려는 두뇌 이론 혹은 계산 뇌과학 분야와 사람의 뇌 정보처리 원리를 응용한 효율적인 알고리즘 즉 인공 신경망 연구 분야로 구분할 수 있다. 딥러닝을 포함한 인공 신경망은 5, 6, 7자에서 상세하게 다루었다.

진화 컴퓨팅

자연의 진화 원리를 이용해서 문제를 해결하는 계산 모델이 여기에 속한다. 딥러닝을 포함한 인공 신경망 분야의 난제를 해결하는 데 사용될 수 있는 알고리즘들이 이 분야에 속한다. 진화 컴퓨팅에 대해서는 12장 발가락이 닮았네!에서 자세하게 살펴본다.

스웜 인텔리전스

스웜 인텔리전스는 집단 지능 혹은 떼 지능이라 부르는 것으로, 박테리아, 개미, 꿀벌, 거미, 물고기, 새처럼 상호작용하는 독립적인 개체들로 구성된 집단에서 나타나는 (갑자기 툭 튀어나오는) 현상을 응용한 문제 해결 모델들이 여기에 속한다. 개체들은 집단 전체가 아니라 자기 주위에 있는 개체와 상호작용한다는 게 큰 특징이다. 그런데도 집단 전체는 지휘자가 있는 것 같은 거동을 보인다.

다음은 파티클 스웜 인텔리전스 알고리즘으로 최소값을 찾는 과정을 나타낸다. 이곳(https://en.wikipedia.org/wiki/Particle_swarm_optimization)에서 움직이는 그림을 확인해보기 바란다.

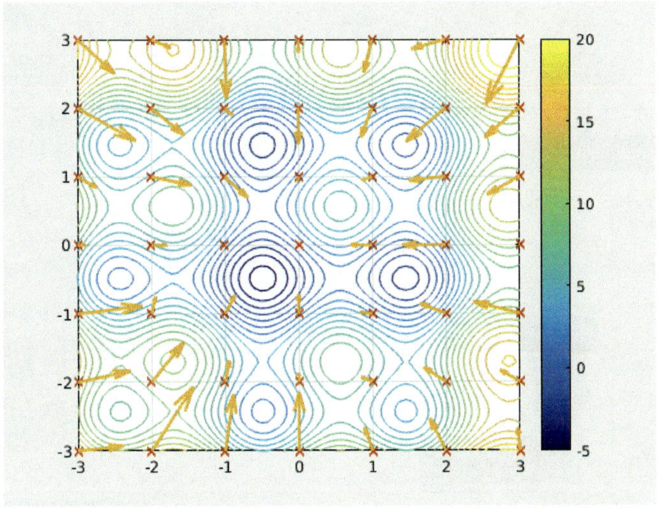

Ephramac - Own work
2D-Partikelschwarm sucht globales Minimum

이 장의 후반부에서 대표적인 떼 지능인 개미 집단 알고리즘에 대해 자세하게 살펴본다.

면역 컴퓨팅

항체가 특정 항원하고만 반응하는 항원항체 반응의 특이성을 이용한 계산 모델이다. 예를 들어 전자 제어장치에 이상이 발생(항원)하면 먼저 해결이 가능한 (항체가 있는) 문제인지 파악하여, 해결이 가능하면(항체가 있으면) 빠르게 처리하고 (항체가 없는) 새로운 유형의 문제면 다양한 방법을 적용(새로운 항체들을 생성)해서 해결한 후 최적의 해법(항체)을 시스템의 해결방법(항체) 리스트에 등록한다.

다음은 자연에서 아이디어를 가져온 컴퓨팅 모델 구조도를 나타낸다. 8시 방향을 시작으로 시계방향으로 진화 컴퓨팅, 뉴로 컴퓨팅, 면역 컴퓨팅, 물리 컴퓨팅, 화학 컴퓨팅, 소셜 컴퓨팅, 그리고 발달 및 문법 컴퓨팅으로 구분되며 각각의 영역에 앞에서 설명한 것을 포함하여 다양한 하위 알고리즘들이 존재한다.

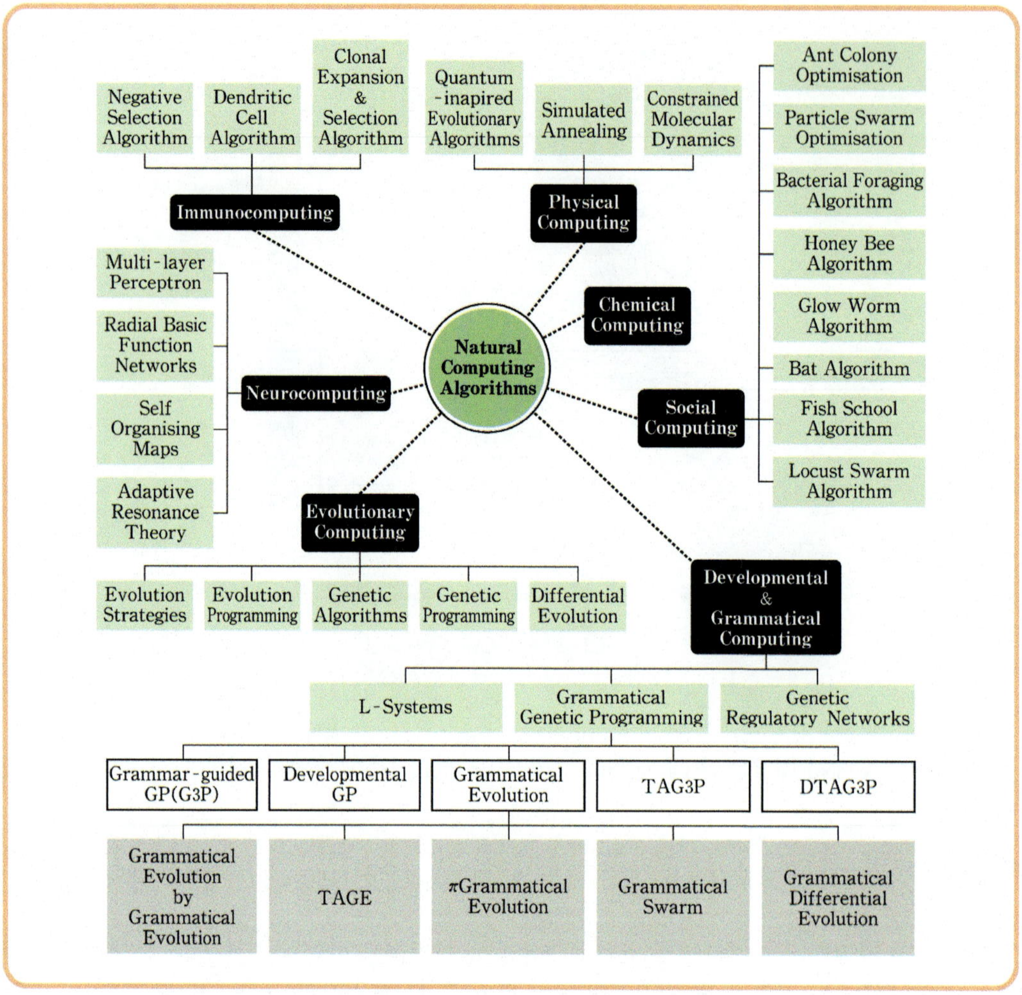

출처 Natural Computing Algorithms, Anthony Brabazon, Michael O'Neill, Seán McGarraghy, pp. 3, 2015, Springer-Verlag Berlin Heidelberg.

자연과 생명의 합성

컴퓨터 기술을 이용해서 생명 또는 자연 현상을 더 잘 이해하고 나아가 생명을 합성하는 연구 분야가 인공생명이다.

인공생명의 정의를 포함한 자세한 내용은 13장 단순한 복잡함, 14장 이제는 인공생명에서 다루기로 한다. 먼저 대표적인 2가지 사례를 살펴보자.

린든메이어 L-system

L-system은 식물의 성장 과정을 설명하기 위해 린든메이어가 개발한 일종의 프랙털 생성 시스템이다. L-system을 활용하면 자연에서 자라는 것 같이 식물과 그 성장을 표현할 수 있다. 실제로 많은 영화와 게임에서 보는 숲과 나무가 이 알고리즘을 사용해서 만들어졌다. 날마다 보는 것이 어떻게 만들어졌는지 모르고 살아가는 게 우리다. 물론 모두가 모든 걸 알 필요는 없다.

L-system은 다시쓰기라는 문법으로 구성된다. 다시쓰기는 인류역사상 가장 유명한 언어학자 촘스키가 자연어 구문의 특성을 연구하기 위해 형식적으로 정의했다. L-system이 문법 계산 알고리즘인 이유가 여기서 드러난다.

예를 들어 다음과 같은 규칙이 있다고 하자. 규칙에 나타난 기호의 의미는

$$F + F - F + f - F - FF$$

규칙에 나타난 기호의 의미는 다음과 같다.

F: 선을 그리면서 앞으로 이동
f: 선을 그리지 않고 앞으로 이동
$+$: 반시계 방향으로 α만큼 회전
$-$: 시계 방향으로 α만큼 회전

회전 각도를 90°로 가정하면 이 규칙은 다음과 같은 그림을 생성한다.

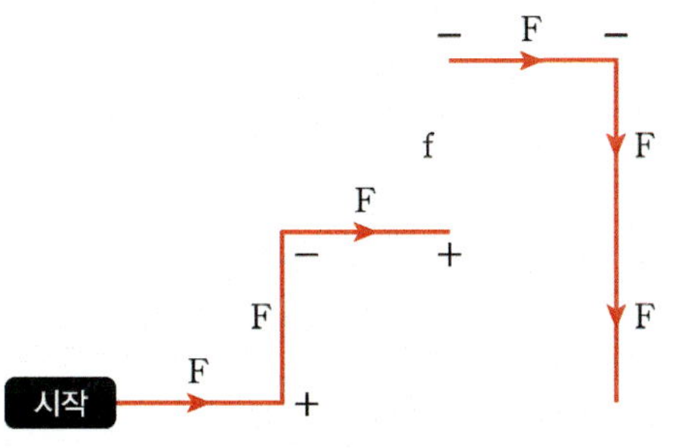

이 규칙을 반복해서 적용하면 놀라운 그림을 그릴 수 있다.

규칙을 반복해서 적용하려면 축소비율이란 걸 정의해야 한다. 예를 사용해서 알아보자. 규칙이 $F+F--F+F$이고, $\alpha=60°$, 축소비율 $k=3$으로 가정하자.

먼저 기준선을 그린다.

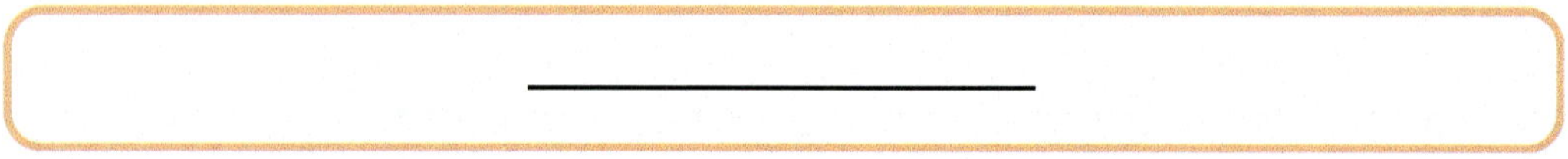

다시 시작 위치에서 이동길이를 축소비율로 하여 다시 그린다. 즉 먼저 1/3만큼 직진한 후 반시계방향으로 60°회전하고 다시 직진, 이어서 시계방향으로 $60° \times 2 = 120°$회전 후 직진, 이어서 반시계방향으로 60°회전하고 다시 직진하여 다음을 그린다.

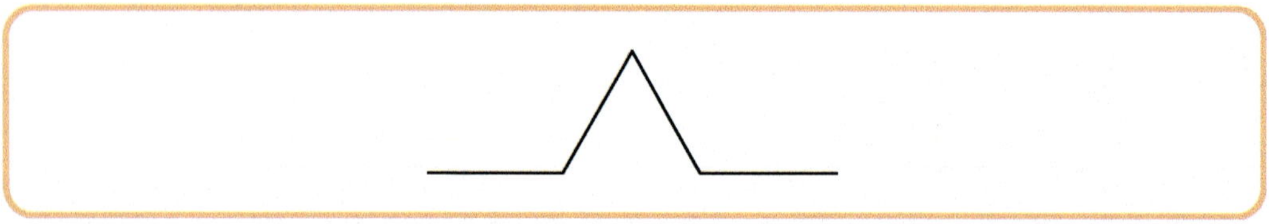

자세히 관찰해보면 전 단계 F에 $F+F--F+F$를 적용했다는 걸 알 수 있다. 따라서 마찬가지로 $F+F--F+F$의 F자리에 다시 $F+F--F+F$를 덮어쓰도록 그림을 그린다면 아래와 같이 $F+F--F+F+F+F--F+F--F+F--F+F+F+F--F+F$가 그려진다.

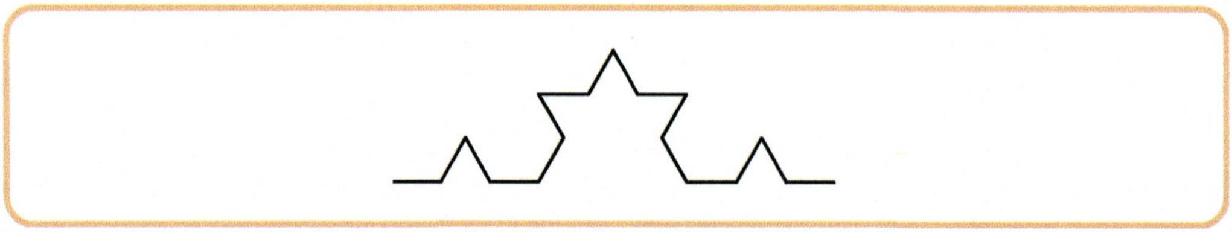

같은 과정을 더 반복하면 다음과 같은 코흐 곡선을 그릴 수 있다.

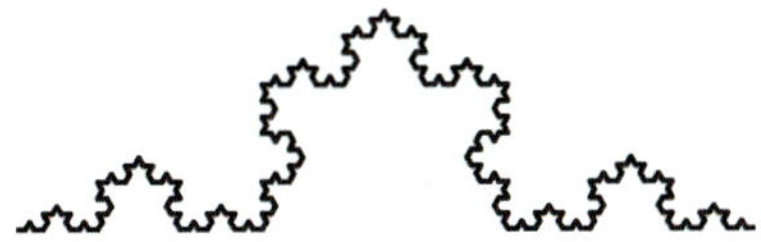

다음은 L-system 규칙과 대응하는 그림을 나타낸다. 우측 QR 코드를 통해 해당 이미지 사이트에 들어가면 더 많은 걸 알 수 있고, 이곳(http://algorithmicbotany.org/)에선 진짜 꽃과 나무를 볼 수 있고 무료로 소프트웨어를 내려받아 꽃과 나무를 기를 수 있다.

a

$n=5, \delta=25.7°$
F
F→F[+F]F[−F]F

b

$n=5, \delta=20°$
F
F→F[+F]F[−F][F]

c

$n=4, \delta=22.5°$
F
F→FF−[−F+F+F]+[+F−F−F]

d

$n=7, \delta=20°$
X
X→F[+X]F[−X]+X
F→FF

e

$n=7, \delta=25.7°$
X
X→F[+X][−X]+FX
F→FF

f

$n=5, \delta=22.5°$
X
X→F−[[X]+X]+F[+FX]−X
F→FF

출처 https://www.csh.rit.edu/~aidan/portfolio/3DLSystems.shtml

칼 심스 버추얼 크리처

어느날 (a)처럼 생긴 생명체가 우주를 가로질러 날아와 지구에 뚝 떨어졌다고 가정하자. 긴 여행에 축 늘어져 있던 이 녀석은 내가 다가가면 어떤 행동을 취할까? (b)처럼 벌떡 일어나서 달아날까?

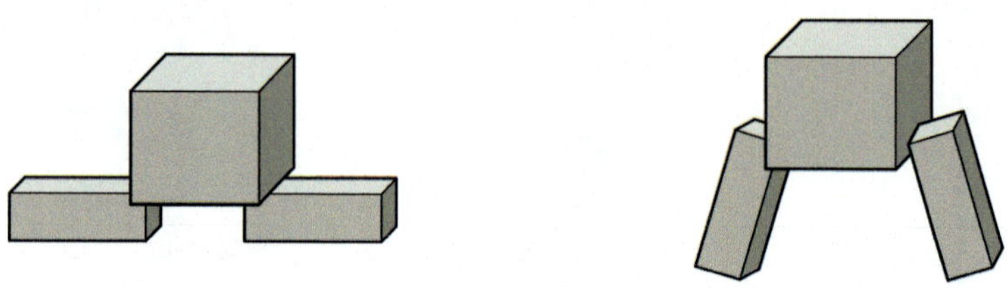

(a) (b)

버추얼 크리처

칼 심스는 블록 형태 생명체가 환경에 적응해서 스스로 동작을 터득하는 놀라운 실험 장치를 고안한다. 가상 크리처라는 이름의 컴퓨터 속 생명체는 내부에 신경망을 가지고 있고 이것이 관절을 통제한다. 일단 자신의 형태가 결정되면 가장 효율적인 동작을 생성하는 신경망을 진화 과정을 통해 스스로 구성한다. 쉽게 말해서 이렇게 생겨 먹었으면 어떻게 몸을 비틀어야 빠르게 이동할 수 있는지 스스로 터득한다는 뜻이다.

아래 그림 (a)와 같이 우리가 흔히 볼 수 있는 뱀 형태의 경우 실제 뱀처럼 움직이도록 진화한다. 자연에 (b)와 같은 형태의 생명체는 없다. 아마도 그들은 느린 움직임으로 멸종했을 수 있다. 그러나 심스가 창조한 이 녀석은 자신의 저주받은 형태를 받아들이고 묘하게 몸을 꿈틀거리며 이동한다. 그게 그에게는 최선이다.

이곳(https://www.youtube.com/watch?v=JBgG_VSP7f8&t=62s)과 이곳(https://www.youtube.com/watch?v=mA8z0GndiYI)에서 심스가 창조한 다양한 생명체의 놀라운 움직임을 확인해 볼 수 있다.

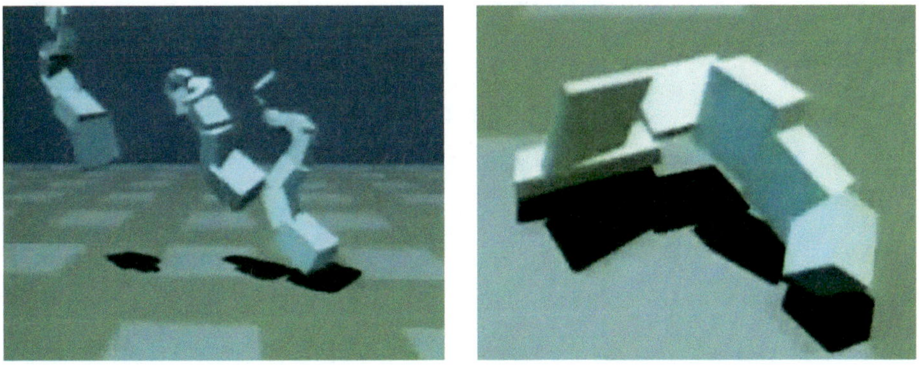

(a) (b)

출처 Karl Sims, Evolved Virtual Creatures, Evolution Simulation, 1994

자연 물질을 이용한 계산 장치

크기와 속도 면에서 무섭게 진화를 거듭해온 컴퓨팅 기술은 분자나 원자 단위에서 일어나는 현상을 이용하려는 수준에 도달했다. 각각을 대표하는 DNA 컴퓨팅과 양자컴퓨팅에 대해 간단하게 살펴보자.

DNA 컴퓨팅은 마이크로칩으로 만든 계산 장치를 DNA 분자 장치로 대체하자는 생각이다. DNA 가닥은 4가지 염기 A, G, C, T의 조합으로 구성된 스트링이다. 즉 컴퓨터가 정보를 인코딩하는데 이진 알파벳 $\{0,1\}$을 사용한다면, DNA 컴퓨터는 알파벳 $\{A,G,T,C\}$을 사용한다. 그리고 DNA 컴퓨터 프로그램은 정보를 내포한 DNA 가닥을 합성, 추출, 수정, 그리고 복제하는 일련의 생화학적 연산을 수행한다. 1994년 수학자이면서 컴퓨터과학자이고 분자생물학자인 애들먼이 경우의 수가 많은 해밀턴 경로 문제를 분자 수준에서 처리하는 방법을 제시하여 DNA 컴퓨팅의 가능성을 보여주었다.

이론적으로 DNA 컴퓨터는 초당 약 1.2×10^{10}개의 명령을 처리한다. 현재 가장 빠른 슈퍼컴퓨터보다 약 1,200배 빠르다. 예를 들어 100,000년 걸릴 계산을 한 달 내에 처리할 수 있다. DNA는 데이터 저장소로도 엄청난 잠재력을 지니고 있다. DNA 몇 그램에 엄청나게 많은 정보를 저장할 수 있다. 또한, 에너지 효율 면에서도 뛰어나다. DNA 컴퓨팅을 위해서는 핵산분자를 결합하는 효소 반응이 필요한데, 이론적으로 $1J$의($1kg$의 물체를 $1m$ 가속하는 힘으로 $1m$ 이동하는데 필요한) 에너지로 2×10^{19} 반응을 할 수 있는 것으로 알려졌다. 현대 슈퍼컴퓨터는 $1J$당 10^9 동작을 수행한다고 하니 DNA 컴퓨터가 에너지 효율 면에서 10^{10}배 더 뛰어나다.

디지털 컴퓨터의 정보 저장 및 처리 단위는 0과 1의 비트다. 양자컴퓨터는 비트가 아니라 큐비트(양자 비트)라는 단위로 정보를 저장하고 처리하는 새로운 형태의 계산 장치다. 큐비트는 중첩과 얽힘 같은 양자 역학의 성질을 기초로 한 복잡한 객체로, 큐비트는 0과 1 값을 동시에 가질 수 있어 현재 컴퓨터보다 강력한 계산 능력을 갖는다. 범용의 양자컴퓨터를 만들기 위해서 해결할 과제가 많기는 하지만 일단 만들어지면 현재 컴퓨터 기술로 풀 수 없는 문제를 포함해서 모든 계산 문제를 풀 수 있다.

최초의 양자 프로그래밍 언어는 약 20여 년 전 순수하게 이론적인 수준으로 고안되었으나, 현재는 원시적인 형태의 양자 컴퓨터가 실재하고, 누구나 인터넷에 접속해서 양자 프로그램을 작성하고 실행도 해볼 수 있다. 예를 들어, IBM은 양자 컴퓨터를 이용해서 구조가 복잡한 분자의 원자 결합을 완벽하게 시뮬레이션 했으며, 몇 가지 양자 머신러닝 알고리즘을 실행할 수 있었다. 최근에는 전통적인 프로그래밍 언어를 기초로 한 다양한 양자 프로그래밍 프로젝트가 진행되고 있다고, 양자 프로그래밍에 대한 공개 소프트웨어 프레임워크나, 양자 프로그램을 실행할 수 있는 다양한 시뮬레이터를 쉽게 찾을 수 있다. 예를 들어 IBM의 양자 컴퓨터를 위한 완전한 플랫폼인 양자 정보 과학 킷(Qiskit)이 대표적인 사례다.

개미의 길 찾기

보통 10km 이상 떨어진 물체도 인식할 수 있는 타조의 시력은 무려 25인 것으로 알려졌다. 타조는 무시무시한 시력으로 42.5m 떨어진 거리에서 개미가 기어 다니는 것을 볼 수 있다고 한다. 그렇다면 개미의 시력은 어느 정도일까? 앞을 볼 수 없다고 생각하는 게 좋다. 그렇다면 그런 개미들은 먹이 활동을 어떻게 할까?

S. Goss 등은 아르헨티나 개미들이 어떻게 효과적으로 먹이 활동을 하는지 알 수 있는 재미있는 실험을 수행한다. 실험 장치는 아래 그림 (a)처럼 길이가 다른 2 경로로 된 모듈을 이어붙인 것으로, 그들은 이 장치를 이용해서 개미 집단이 스스로 지름길을 조직하는 원리를 알아낸다(S. Goss, S. Aron, J. L. Deneubourg, and J. M. Pasteels, Self-organized Shortcuts in the Argentine Ant, Naturwissenschaften 76, 579- 581, Springer-Verlag 1989).

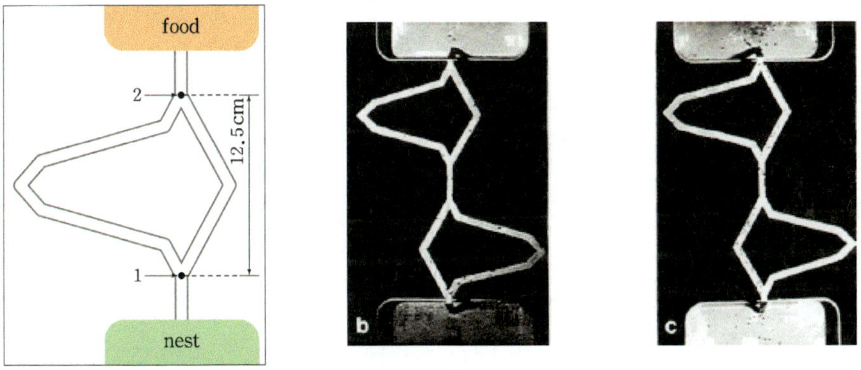

(a) 경로 (b) 4분 후 (c) 8분 후

짧은 경로 생성 실험

실험에 대해 알아보기 위해 장치를 아래와 같이 단순하게 재구성해 보자. 일단의 개미가 둥지를 출발한다(a). 앞을 볼 수 없는 개미는, 마음 가는 대로 각자의 길을 간다. 아무래도 긴 경로에 더 많은 개미가 있다고 봐야 한다(b). 잠시 후 개미는 누가 지시하기라도 한 듯이 일사불란하게 짧은 지름길로 먹이를 나르기 시작한다.

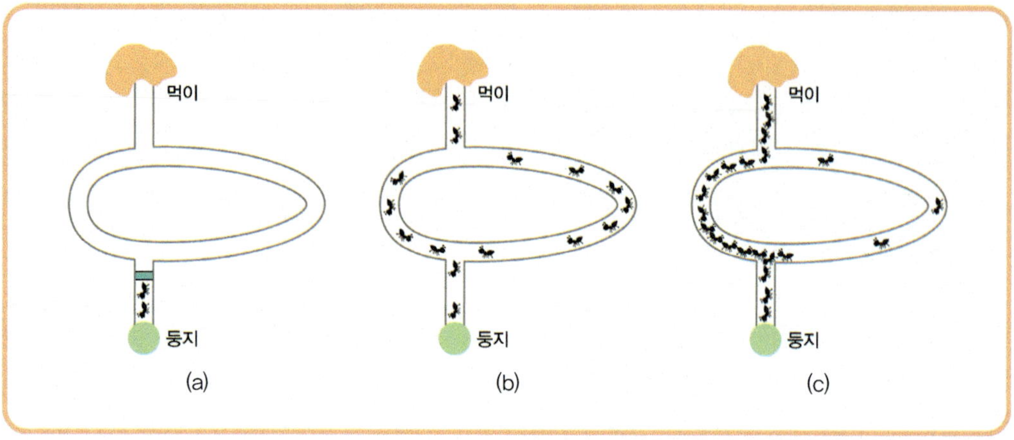

누가 지시하는가?

아무도 지시하지 않는다. 개미는 각자 정해진 규칙에 따라 이동할 뿐이다. 지름길은 스스로 생겨난다. 어떻게 그럴까?

개미는 페로몬을 통해서 소통한다. 페로몬은 다른 개미를 유인하는 물질이다. 무작위로 길을 따라 돌아다니던 개미가 먹이를 발견하면 페로몬이 (덜 증발해서) 더 많은 길을 따라 집으로 돌아온다. 집으로 돌아온 개미에 의해 그 길은 더 많은 페로몬이 뿌려진다. 더 강한 페로몬에 이끌려 근처를 어슬렁거리던 개미들이 그 길을 따라간다. 길이가 짧은 경로는 긴 경로에 비해 페로몬이 덜 증발한다. 짧은 경로는 더욱더 냄새가 강해져 더 많은 개미를 유인하고 긴 경로의 페로몬은 다 날아가 결국 없어진다. 마침내 모든 개미가 지름길을 따라 먹이를 나른다.

이곳(https://www.youtube.com/watch?v=oBhv4pKksgU, Swarmanoid robots find shortest path over double bridge)에서 동영상으로 확인할 수 있다.

개미의 길 찾기는 떼(혹은 집단) 지능의 특징을 잘 보여주는 사례다. 개체들은 조직을 통제하는 지도자의 지시를 받지 않는다. 개체 하나하나의 역량도 소박하다. 개체들은 자신의 환경 전체를 파악할 수 없으며 단지 자신의 주변에 대한 지역 정보에 의존한 간단한 규칙을 사용한다. 한 마리 개미는 "냄새가 강한 길을 따라간다!"라는 규칙만 사용한다. 냄새를 맡을 수 있는 범위도 매우 제한적이다. 그런데도 집단의 거동은 매우 복잡하다.

단순한 개체들로 구성된 떼는 그 사회를 구성하는 개체들의 상호작용으로 그 집단 및 환경에 관한 정보가 스스로 조직되고, 집단으로 전파된다. 동시에 그렇게 조직된 집단의 행위가 각 개체의 동작을 지배한다. 결국, 상호작용하는 네트워크에 의해 떼는 매우 탄력적이면서 동시에 강건한 시스템이 된다. 결국, 지역 정보에 기초한 간단한 규칙에 따라 상호작용하는 시스템도 충분히 복잡하다!

어떻게 복잡한지 잠시 살펴보자!

다음 그림 (a)처럼 둥지와 먹이 그리고 장애물이 있다고하자!

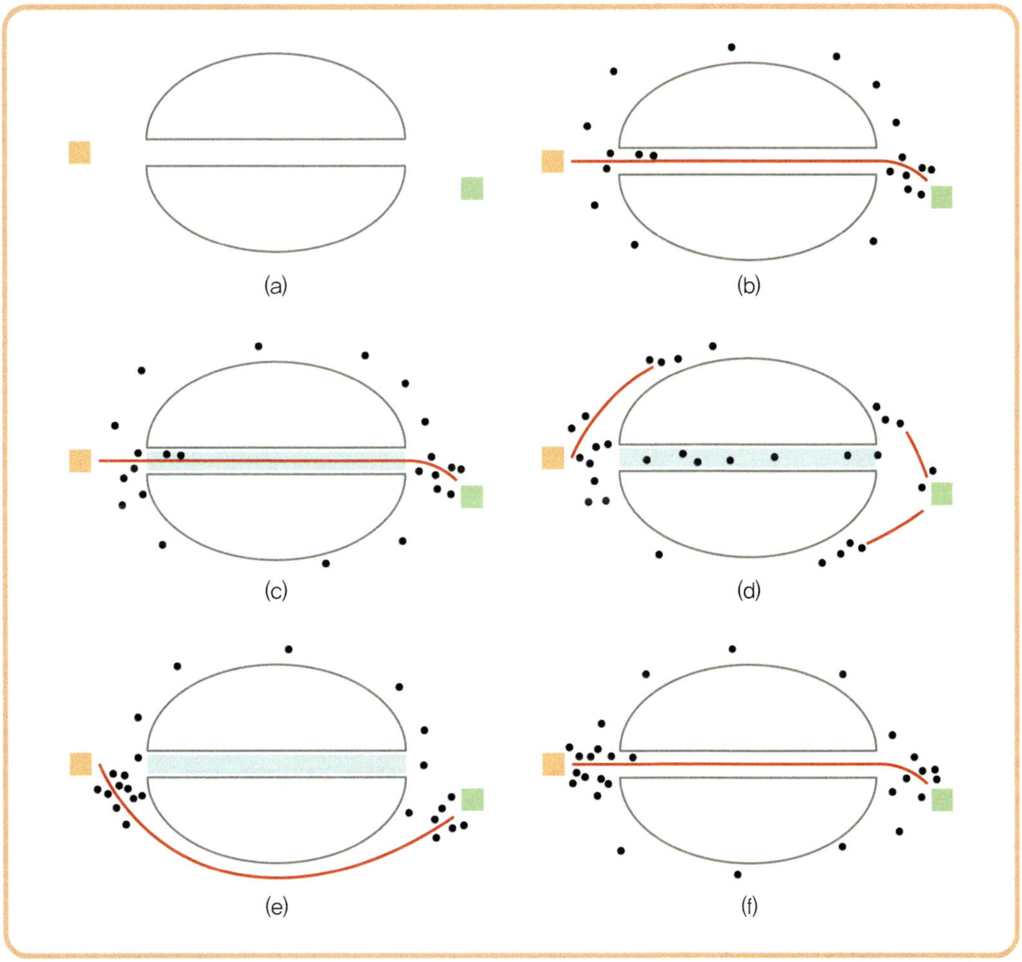

먹이 활동에 나선 개미들은 곧바로 (b)와 같은 경로를 생성한다. 물론 말 안 듣는 개미가 이곳 저곳에 있기는 하다.

그림 (c)처럼 중앙 통로에 화학물질을 뿌려 개미들이 페로몬 냄새를 맡을 수 없게 차단했다고 가정해보자. 어떤 일이 일어날까? 우왕좌왕하던 개미들은, 말 안듣던 개미들로부터 뜻밖의 도움을 받아, (d)처럼 곧 바로 새로운 경로를 생성하기 시작한다. 그리고 잠시 후 (e)와 같은 지름길을 생성할 것이다. 물론 (f)처럼 페로몬 방해 물질이 제거되면 개미들은 언제 그랬냐는 듯이 다시 더 짧은 지름길로 먹이를 나른다.

아무도 지시 하지 않는데, 그렇다.

이곳(https://www.youtube.com/watch?v=xRSSl1TdR_E, Shortest or Fastest path #LocasAnts remake Ants algorithm simulation)에서 앞의 상황에 대한 모의실험을 확인 할 수 있다.

개미 집단 알고리즘

가능한 경우의 수가 많은 상황에서 최선의 해결 방안을 찾는 걸 최적화라고 한다. 일상의 많은 문제가 최적화 대상이다. 바둑을 두는 것도 최선의 다음 수를 찾는 최적화다. 복잡한 도로망에서 목적지에 도달하는 최선의 경로를 찾는 것 역시 대표적인 최적화 대상이다.

길 찾기를 잘하는 개미의 힘을 빌어보자!

개미의 길 찾기를 응용한 최적화 알고리즘이 개미 집단 최적화 알고리즘이다. 간단하게 줄여서 개미 집단 알고리즘으로 부르자. 개미 집단 알고리즘은 가능한 경로를 따라 이동하는 다수의 개미로 구성된 간단한 알고리즘이다. 매 단계에 개미들은 일정한 규칙에 따라 현재의 위치에서 어디로 이동할지 결정한다. 선택의 규칙은 매우 간단하다. 개미 아닌가?

- 그곳이 멀수록 덜 선택한다.
- 페로몬 강도가 높은 쪽을 더 선택한다.
- 거리가 짧을수록 페로몬 축적량이 많다.
- 단계마다 페로몬이 증발한다.

이 규칙에 따라 현재 위치 r에서 다음 위치 u를 선택할 확률을 기호로 나타내면 다음과 같다. 수학이 아니라 기호다! 기호를 이렇게 배치해서 계산하면, "r에서 갈 수 있는 곳이 n인 경우 모든 P_{ru}를 더하면 1이다". 그래서 P_{ru}를 확률처럼 사용할 수 있다. ("”안의 문장을 기호로 나타내면 $\sum_{1 \leqq u \leqq n} P_{ru} = 1$이다.)

$$P_{ru} = \frac{\tau(r,u)^{\alpha} \times \eta(r,u)^{\beta}}{\sum_{1 \leqq u \leqq n} \tau(r,u)^{\alpha} \times \eta(r,u)^{\beta}}$$

간단하게 해석하자면 위치 r에서 갈 수 있는 곳이 n개인 경우, 모든 가능한 값을 더한 것과 바로 그중 한 길 u로 갈 때 값의 비율을 계산해서 값이 큰길을 선택한다는 뜻이다. 쉽다! 여기서 가능한 값이란 위 기호 중 $\tau(r,u)^{\alpha} \times \eta(r,u)^{\beta}$를 의미한다. 그렇다면 그 값은 무엇을 나타내는 기호인가?

$\tau(r,u)$는 r과 u사이의 페로몬 양을 나타내고, $\eta(r,u)$는 r과 u사이 거리의 역수다. 즉, τ는 페로몬의 세기를 나타내고, η는 거리가 짧을수록 좋다는 경험지식을 나타낸다. η는 실제 개미가 사용할 수 없는 정보다. 그러나 우리가 진짜 개미는 아니다. 많은 경우 경로의 길이를 알 수 있고 그 정보를 활용하도록 알고리즘을 만들었다는 뜻이다. 귀찮게 달라붙은 α, β는 그 값들을 조절하는 매개변수다. 매개변수 역할은 뒤에서 설명할 것이므로 지금 당장은 없는 셈 치는 게 좋겠다.

결국 r에서 갈 수 있는 모든 u 위에 뿌려진 페로몬을 더한 값 $\sum_{1 \leqq u \leqq n} \tau(r,u)^{\alpha} \times \eta(r,u)^{\beta}$이 분모이므로 분자 $\tau(r,u)^{\alpha} \times \eta(r,u)^{\beta}$가 가장 큰, 즉 가장 페로몬이 많고 길이가 짧은 위치로 이동할 확률 P_{ru}이 가장 크다. 더하는 걸 기호 $\sum$로 나타낸다는 것만 알면 어렵지 않게 받아들일 수 있다!

구체적 사례를 통해서 확률 P_{ru} 즉 일련의 기호를 어떻게 계산하는지 자세하게 알아보겠다. 다음과 같이 개미의 둥지와 먹이가 배치되었다고 하자.

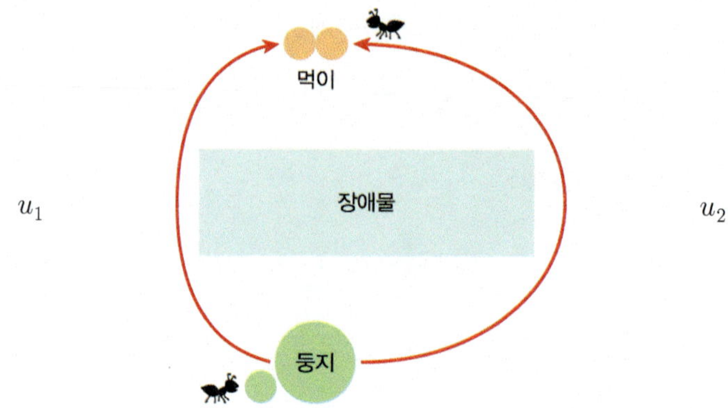

$Q = 10$, $|u_1| = 10$, $|u_2| = 20$, $\rho = 0.6$, $\alpha = 3.0$, $\beta = 1.0$

둥지에서 먹이에 도달하는 거리가 2배 차이가 있다고 가정하면 왼쪽 길로 이동한 개미가 먹이를 물고 집에 도착한 순간, 뒤늦게 막 도착한 개미가 먹이를 물고 있다. 이 개미는 다음 순간 자기가 온 길이 아니라 반대편 길로 집에 돌아온다. 왜? 거기서 더 진한 향수 냄새가 나기 때문이다.

그 냄새가 얼마나 진한지 계산을 해보자!

어느 날 아침 개미 1, 2가 둥지 r을 나와 먹이를 찾아 길을 떠난다. 먹이가 위치한 목적지를 u라하고, 경로를 구분하기 위해 왼쪽 길을 u_1, 오른쪽 길을 u_2로 나타내자. 새벽이라 그런지 아무 냄새도 맡을 수 없다. $\tau^0_{ru_1}$과 $\tau^0_{ru_2}$가 0이란 뜻이다. 따라서 $P^0_{ru_1}$, $P^0_{ru_2}$도 0이다. 최초의 순간 선택할 기준이 없으므로 그들은 헤어져 먹이를 찾기로 하고 개미 1은 왼쪽 u_1, 개미 2는 오른쪽 u_2 길로 떠난다. 여기서 위에 붙은 0은 최초의 탐험($t = 0$)이란 의미다.

앞에서 언급한 대로 실제 세계에서는 이동 거리가 다르므로 개미 1이 먹이에 도착했을 때 개미 2는 이미 둥지에 도달했겠지만, 개미 집단 알고리즘은 모든 개미가 목적지에 도달해야 한 단계가 완성된다. 수집한 먹이의 양을 계산하는 게 아니므로 이런 설정이 경로에 누적된 페로몬을 계산하는 데 문제가 되지 않는다. 더 먼 거리의 페로몬이 더 많이 증발하도록 계산하면 그만이다. 이제 개미 1, 2는 둥지로 돌아가는 길을 선택해야 한다. 즉 한바탕 개미의 이동이 끝나고 새로운 선택의 순간($t = 1$)이므로 $P^1_{ru_1}$, $P^1_{ru_2}$를 계산해서 확률이 높은 이동 경로를 선택한다.

$P^1_{ru_1}$, $P^1_{ru_2}$를 계산하려면 먼저 $\tau^1_{ru_1}$과 $\tau^1_{ru_2}$를 계산해야 한다. 시점 t의 r, u 사이의 페로몬 양은 다음과 같이 계산한다.

$$\tau^t_{ru} = \tau^{(t-1)}_{ru} \times (1-\rho) + \Delta\tau^t_{ru},\ \rho\text{: 페로몬 증발 계수},\ \Delta\tau^t_{ru}\text{: 뿌린 페로몬 양}$$

최초 탐험 $t=0$인 경우 이전에 뿌린 페로몬이 없으므로($\tau^0_{ru_1} = \tau^0_{ru_2} = 0$) 개미 1, 2가 경로 u_1, u_2에 뿌린 페로몬의 양 $\Delta\tau^1_{ru_1}$과 $\Delta\tau^1_{ru_2}$만 계산하면 된다. 특정 시점에 개미가 자신의 경로에 뿌리는 페로몬 양은 다음과 같이 계산한다.

$$\Delta\tau^t_{ru} = \frac{Q}{L},\ Q\text{: 임의의 상수},\ L\text{: 해당 경로의 길이}$$

따라서 $\tau^1_{ru_1}$과 $\tau^1_{ru_2}$은 다음과 같다. 여기서 ρ는 페로몬 증발 계수다. 즉, 한 단계 탐험이 끝나면 ρ만큼 증발하므로, 다음 단계에는 오면서 뿌린 페로몬 중 $(1-\rho)$ 만큼 남는다.

$$\tau^1_{ru_1} = \tau^0_{ru_1} \times (1-\rho) + \Delta\tau^1_{ru_1} = 0 \times (1-0.6) + \frac{10}{10} = 1.0$$

$$\tau^2_{ru_2} = \tau^0_{ru_2} \times (1-\rho) + \Delta\tau^1_{ru_2} = 0 \times (1-0.6) + \frac{10}{20} = 0.5$$

마지막으로 $\eta(r,u)$는 경로 r,u 거리의 역수이므로, $\eta(r,u_1)$, $\eta(r,u_2)$는 다음과 같다.

$$\eta(r,u_1) = \frac{1}{10} = 0.1$$

$$\eta(r,u_2) = \frac{1}{20} = 0.05$$

따라서 두 경로 ru_1, ru_2로 이동할 확률 P_{ru_1}, P_{ru_2}은 다음과 같다. 여기서 α, β는 각각 페로몬 양과 거리 정보를 반영하는 정도를 조절하는 매개변수다. 아래의 경우 $\alpha = 3.0$, $\beta = 1.0$이므로 확률을 계산하는데 페로몬 양을 더 중요하게 생각하겠다는 의미다.

$$P_{ru_1} = \frac{\tau(r,u_1)^\alpha \times \eta(r,u_1)^\beta}{\tau(r,u_1)^\alpha \times \eta(r,u_1)^\beta + \tau(r,u_2)^\alpha \times \eta(r,u_2)^\beta} = \frac{1.0^{3.0} \times 0.1^{1.0}}{1.0^{3.0} \times 0.1^{1.0} + 0.5^{3.0} \times 0.05^{1.0}}$$

$$= 0.9412$$

$$P_{ru_2} = \frac{\tau(r,u_2)^\alpha \times \eta(r,u_2)^\beta}{\tau(r,u_1)^\alpha \times \eta(r,u_1)^\beta + \tau(r,u_2)^\alpha \times \eta(r,u_2)^\beta} = \frac{0.5^{3.0} \times 0.05^{1.0}}{1.0^{3.0} \times 0.1^{1.0} + 0.5^{3.0} \times 0.05^{1.0}}$$

$$= 0.0588$$

결과를 분석해보자. 먹이에 도달한 개미 1, 2가 집으로 돌아가는 경로를 선택하는 시점 즉 $t = 1$에 경로 u_1을 선택할 확률은 94%, u_2를 선택할 확률은 6%로 계산되었다. 따라서 2마리 개미는, 올 때와 다르게, 휘파람을 불면서 먹이를 짊어지고 같은 길 u_1을 따라 집으로 돌아온다. 그들이 도착했을 때 막 둥지를 나온 개미 3도 같은 계산을 한 후 u_1을 따라 남은 먹이를 가지러 갈 것이다.

마지막으로, P_{ru}가 확률이라는 점을 상기하자. 확률이란 가능성이다. 따라서 반드시 그런 일이 일어나는 건 아니다. 앞의 예에서 경로 u_1을 선택할 확률이 94%라는 것은 개미 100마리 중 6마리는 u_2로 가는 일이 일어날 수 있다는 점이다. 말 안 듣는 무엇의 존재는 개미 세계도 예외는 아니다. 그러나 때론 그들이 엄청난 일을 이루기도 한다. 예를 들어, $t = 23$인 순간 지나가던 뽀삐가 u_2 어딘가에 사탕을 떨어뜨릴지도 모를 일이다. 자연 컴퓨팅 알고리즘들은 대부분 이런 예외를 허용한다. 다음에 다룰 유전 알고리즘에서 그런 특성을 자세하게 다루겠다.

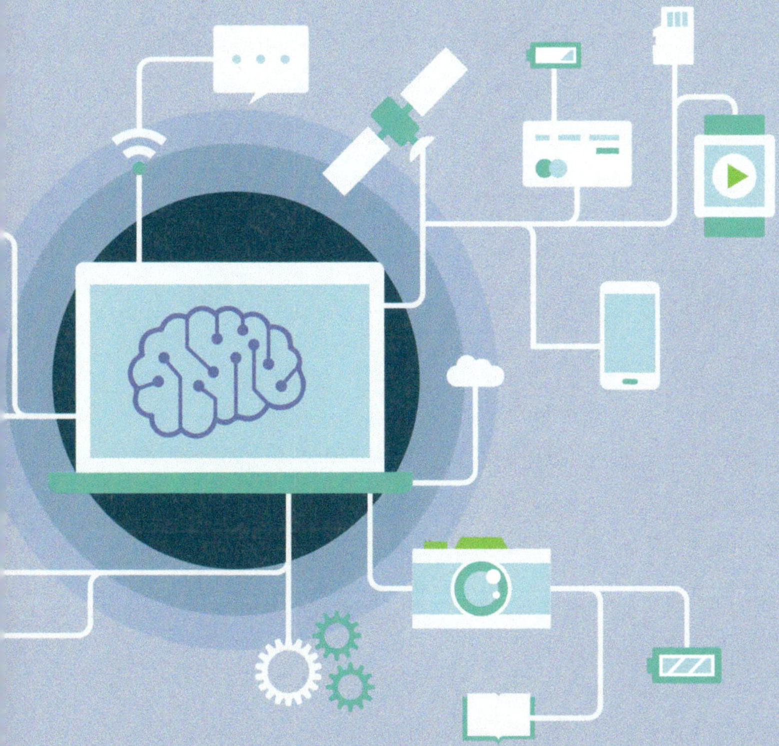

12 CHAPTER

발가락이 닮았네!

12

발가락이 닮았네!

최적화는 가능한 경우의 수가 많은 가운데 가장 적합한 무엇인가를 찾는 작업으로 그 활용 범위가 무궁하다. 최적화는 답을 찾기 위해 다양한 가능성을 모두 계산해야하는 까다로운 문제다. 그런데 그런 까다로운 일을 아주 잘하는 게 있다.

자연이다!

자연에 속한 다양한 종류의 개체들은 환경과 복잡하게 얽힌 가운데 살아남기 위해 정답을 찾는다. 정확하게는 살아 남은 게 정답이다. 이렇게 최적을 추구하는 자연의 원리를 이용한 문제 해결 모델이 진화 컴퓨팅이다.

진화

혁명revolution과 진화evolution의 같은 점은 변화고 다른 점은 속도다. 둘 다 달라지는 건데 하나는 아주 빠르고 급격하게 다른 하나는 느리고 완만하게 그렇다는 거다. 그렇다면 변화와 진화의 차이는 무엇일까?

선택과 유전 2가지가 작용하면서 달라지는데 게 진화다. 그냥 달라지는 게 아니라 달라질 걸 선택한다. 그렇다면 선택의 기준은 무엇일까? 좋은 게 아니라 적합한 거다. 일반적으로 적합한게 좋기는 하지만 꼭 그런 건 아니다. 예를 들어 지금 같은 세상에는 자기의 이익만 챙기는 게 적합(한 듯)하지만 그게 좋은 건 아닌 것 같다. 그럼 좋은 건 항상 적합한가? 그렇지도 않다. 남을 배려하는 게 (확실하게) 좋지만 적합한지 잘 모르겠다. 아무튼, 자연은 적합한 것을 선택한다.

이러한 자연의 선택을 자연선택이라고 부른다. 과거에는 적자생존이란 표현을 사용해왔었는데 지금은 사용하지 않는다. 영어로 survival of the fittest인데 가장 적합하다는 의미가 왜곡되기 때문이다. 가장 적합한 것이 가장 좋은 것은 아니다. 다음은 진화를 상징하는 데 종종 사용되는 그림이다.

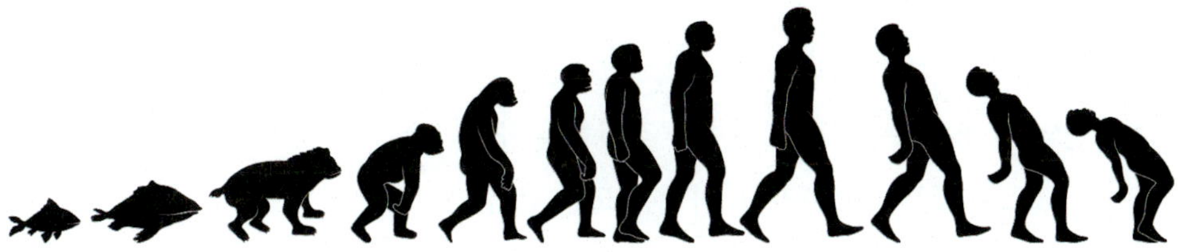

어느 날 하늘이 내려앉아 몸을 세우고 다닐 수 없게 되면 허리가 굽은 게 적합한 거다! 자연은 그것을 선택한다. 물론 그땐 그게 좋아 보일 수 있다. 이상적인 배우자의 기준이 허리가 휜 정도로 정해질 수 있다는 뜻이다. 그게 자연선택이다.

그렇다면 자연선택의 결과는 무엇일까? 생명의 연장? 아니다!

짝짓기 기회다!

적합하다는 이유로 선택된 것은 재생산의 기회 즉 새끼를 낳을 기회를 더 많이 얻는다. 그런데 이것만으로는 진화가 일어나지 않는다. 새끼를 낳았는데 나란 하나도 안 닮았다. 허리가 꼿꼿한 게 나왔다는 뜻이다. 이래서는 적합한 변화가 일어나지 않는다. 진화가 일어나려면 유전되어야 한다. 무슨 말이냐면 선택된 이유가 새끼에게 전달되어야 한다는 거다. 허리가 굽은 게 나와야 한다.

발가락이라도 닮아야 한다!

기술적으로 말하자면 생명은 자신이 적합한 이유를 DNA에 새겨놓았고, 이것이 자식에게 전달되면서 진화라는 게 가능해진다. 그런데, 진화를 완성하기 위해서 부수적으로 필요한 게 있다. 완전하게 똑같은 게 나와도 진화는 없다. 진화는 기본적으로 달라지는 거다. 따라서 같으면서 달라야 한다. 생명은 교차와 돌연변이 같은 기술로 이걸 실현한다. 교차는 엄마와 아빠를 반반씩 닮는 걸 말한다. 자식은 부모와 같으면서 다르다. 모양은 아빠지만 크기는 엄마를 닮아서 작고 이쁜 쌍꺼풀일 수 있고, 생긴 건 다르지만 아빠처럼 밥을 국에 말아 먹을 수 있다.

요약하면 진화의 원동력은 자연선택과 유전이다. 둘 중 하나라도 없으면 진화는 일어나지 않는다. 유전은 되지만 선택이 빠지면 세상은 그저 혼란스러울 뿐일 것이다. 반대로 선택되지만 같은 게 나오지 않고 무작위적인 게 나오면 역시 진화는 불가능하다.

세상은 자연의 진화를 수단으로 다양함과 적합함을 유지한다. 세상의 온갖 동식물이 제각각의 모양과 방식으로 적합하게 살아간다. 자연은 모든 답을 가지고 있다.

神 라면, 신 藥

자연의 원리에 따라 새로운 라면을 개발해 보자!

먼저 한 맛 한다는 라면 몇 개를 모은다. 이런 걸 모집단이라 부른다.

1 2 3 5

모두 시식 해보고 점수를 메긴다.

1(7) 2(10) 3(9) 5(5)

점수가 높은(내 입맛에 적합한) 2개를 고른 후 짝짓기를 해서 새끼라면 2그릇을 새로 만든다(한 쌍의 부부가 자식 2명을 갖는 게 순리). 이때 교차와 돌연변이를 적용한다. 교차를 위해 선택을 할 때 무조건 점수가 높은 것을 뽑을 수도 있지만, 보통은 점수를 확률로 변환해서 무작위로 뽑는다. 사실 자연도 그렇다 더 적합하다고 무조건 새끼를 낳는 것도 아니고 덜 적합하다고 새끼를 못 낳는 것도 아니다. 앞장에서 설명한 말 말 안 듣는 개미처럼 지금은 틀렸지만, 미래에는 옳을 수 있다. 점수를 확률로 변환하는 한 가지 방법은 모든 점수를 더한 것(7+10+9+5=31)으로 각각의 점수를 나누는 방법이 있다. 이렇게 점수를 확률로 변환하면 다음과 같다.

7/31=0.23

10/31=0.32

9/31=0.29

5/31=0.16

확률에 기초해서 무작위로 2개를 뽑았더니 역시 맛이 좋은 2, 3이 선택되었다고 하고 다시 한번 더 뽑으면 2, 4가 뽑혔다고 하자. 사랑이란 그런 거다.

교차는 다음과 같이 적당하게 섞는 거다.

1′ 2′ 3′ 4′

그리고, 아주 드물게, 돌연변이를 적용한다. 돌연변이는 순전히 무작위로 라면을 고른 후 순전히 무작위로 재료를 추가한다. 예를 들어, 완전하게 무작위로 2′가 선택되고, 역시 완전하게 무작위로 전복이 추가된다고 가정하자. 이제 시작과 마찬가지로 4개의 새끼 라면이 만들어 졌다.

1′

2″

3′

4′

한 세대가 가고 새 세대가 열렸다. 전문 용어로 일련의 진화 과정을 거쳐 모집단이 재구성되었다고 표현한다. 그리고 우리는 이렇게 만든 라면 중에 전에 없던 맛이 있는 라면을 기대한다.

이제 시식을 한 후 다시 점수를 매긴다. 그리고 다시 시작한다. 세상은 그렇게 돌아가는 거다. 사실 날마다 등장하는 라면은 이렇게 만들어진다고 확신한다.

범인은 누구?

이제 더 기술적인 사례를 검토해보자.

분명히 그놈을 보긴 했는데, 얼굴이 떠오르긴 하는데, 그려낼 수가 없다. 이래서는 범인을 잡을 수 없다.

자연의 원리를 이용해서 얼굴을 그리는 컴퓨터 시스템이 "그놈은"이 있다고 하자! 앞에 앉으니 얼굴이 몇 개 나온다. 마찬가지로 모집단이다. 그림 오른쪽은 머릿속에 떠오르는 그놈이다.

초기 모집단과 적합도 기준

딱 꼬집어 말할 수는 없지만 떠오르는 기억에 의지해서 점수를 매긴다. 이 점수를 적합도라고 부르자. 적합도가 주어지자 "그놈은"은 적합도에 따라 神 라면 만들 때처럼 선택 확률을 계산한 후, 3차례 무작위적 선택으로 다음과 같이 짝을 정해준다. 그림에서 알 수 있듯이 포용하는 자연에서 누구나 기회가 있다.

선택 연산 결과

무자비한 무작위적 교차와 돌연변이를 적용한 후 다음 세대 그놈들이 다음과 같이 생성된다. 얼굴을 잘라 교차를 수행했고, 돌연변이는 모집단에 없는 코 모양을 붙였다. 부모에게 없는 특징을 추가하는 게 돌연변이고 진화에서 아주 중요한 역할을 한다. 대체로 돌연변이는 역진화 경향 때문에 드물게 일어나지만, 꼭 필요한 수단이다.

교차 및 돌연변이 결과

새롭게 구성된 모집단에 다시 점수를 매기면 “그놈은”은 같은 과정을 반복해서 다음과 같은 결과를 출력한다.

몇 세대 반복 후

화면에 그놈이 가득하다.

두 사례는 이어서 다룰 유전 알고리즘의 전형적인 처리 과정을 잘 보여준다. 특히 두 번째 경우는 실제 시스템으로 개발된 사례가 있다. 해당 연구(FacePrints, Maze Solver and Genetic algorithms by Jacob Blumberg)에 따르면 연구진 소속 대학 기숙사에서 모의 범죄를 일으킨 후 연구와 무관한 목격자가 그 시스템을 이용해서 다음과 같은 그림을 그려낸 것으로 알려졌다. 아래 사진에서 왼쪽이 모의 범인, 오른쪽이 시스템을 사용해서 그려낸 범인의 모습이다.

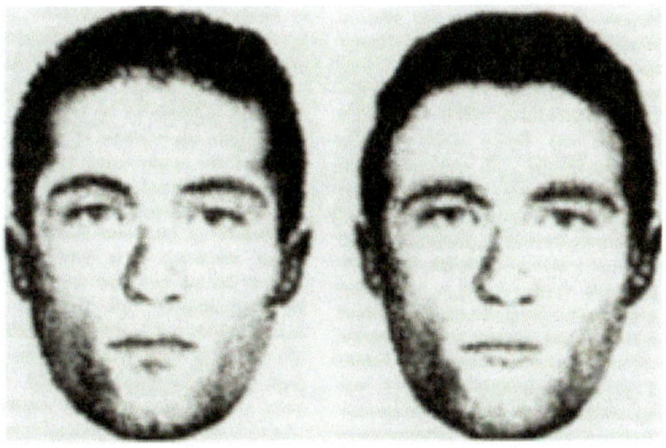

FacePrints, Maze Solver and Genetic algorithms by Jacob Blumberg

진화 컴퓨팅의 종류

자연 진화에 기초한 계산 모델은 크게 4가지가 있다. 원리는 모두 같지만 나름의 목적을 지니고 독자적으로 연구된 것들이다. 진화 전략은 실변수 함수 최적화를 위해 개발된 것으로 돌연변이 연산을 주로 사용하는 모델이다. 진화 프로그래밍은 지능형 유한상태기계 같은 에이전트의 최적화를 위한 모델이다. 환경에 대해 가장 적합한 동작을 취하는 오토마타를 자연 진화를 응용해서 자동으로 찾는다. 자연의 진화를 가장 충실하게 모방한 모델이 유전 알고리즘이다. 유전 알고리즘은 이어서 상세하게 살펴본다. 마지막으로 유전 알고리즘을 이용해서 최적의 프로그램을 생성하는 모델이 유전 프로그래밍이다. 프로그램을 만드는 프로그램이란 아이디어로 상당한 잠재력이 있는 모델이다. 4가지 모델의 세부적인 내용은 이 책의 범위가 아니므로 다루지 않는다.

유전 알고리즘

존 홀랜드가 이론을 완성하고 데이빗 골드버그가 널리 활용한 유전 알고리즘은 가장 대표적인 진화 컴퓨팅 모델이다. 사실 유전 알고리즘의 수행 과정은 "神 라면"과 "그놈은" 예제를 통해서 이미 완전하게 설명하였다. 여기서는 더 형식적으로 그 절차를 세밀하게 살펴본다.

유전 알고리즘의 수행 절차는 다음과 같다.

a. 문제 정의 및 인코딩
b. 모집단 구성
c. 적합도 계산
d. 선택 연산
e. 유전 연산
종료 또는 b로 이동

이 중에서 사람이 관여하는 단계는 a이고 나머지는 컴퓨터가 한다.

문제 정의 및 인코딩

유전 알고리즘을 적용할 수 있는 형태로 문제를 재구성하는 단계다. 최적화는 문제의 답을 찾는 일이고, 유전 알고리즘은 잠재적 후보 해를 생성한 후, 진화를 통해 최적의 해결책을 생성한다. 진화는 선택과 유전으로 작동한다. 생명은 DNA로 자신을 표현하고 자연은 그 DNA로 만들어진 생명의 적합도를 평가한다. 그렇다면 잠재적인 문제의 답 즉 후보 해를 DNA 형태로 표현하는(인코딩) 방법과 그 후보자의 적합도를 측정할 수 있는 수단(적합도 함수)을 설계해야 한다.

문제 정의: 神 라면 개발

자 다시 "神 라면"이다. 앞에서는 원리를 설명하기 위해 그림을 사용했지만, 컴퓨터를 이용해서 유전 알고리즘을 적용하려면 컴퓨터가 다룰 수 있게 표현해야 한다. 설명의 편의를 위해 라면에 첨가할 수 있는 재료의 종류를 MSG, 계란, 파, 김 4가지로 제한하자. 그렇다면 라면이라는 종을 DNA로 나타내면 다음과 같이 나타낼 수 있다. 예를 들어, 라면 5는 달걀과 김이 들어간 라면이라는 걸 이제 컴퓨터도 알 수 있다.

	MSG	계란	파	김		MSG	계란	파	김		MSG	계란	파	김
1	0	0	0	1	6	0	1	1	0	11	1	0	1	1
2	0	0	1	0	7	0	1	1	1	12	1	1	0	0
3	0	0	1	1	8	1	0	0	0	13	1	1	0	1
4	0	1	0	0	9	1	0	0	1	14	1	1	1	0
5	0	1	0	1	10	1	0	1	0	15	1	1	1	1

이처럼 문제를 컴퓨터가 처리할 수 있는 형태로 변환하는 걸 **인코딩**이라고 한다. 자연은 생명을 이렇게 인코딩한다.

이제 라면의 맛을 평가할 차례다. 사실 맛이라는 건 매우 주관적이라 맛을 계산하는 수식을 만든다는 건 생각하기 어려운 일이다. 그러나 유전 알고리즘을 적용해서 문제를 해결하려면 어떻게든 컴퓨터가 계산할 수 있는 식을 만들어야 한다.

세상의 라면 전문가들이 모여 오랜 논의 끝에 다음과 같은 라면 맛 평가용 함수를 만들었다고 가정하자. 가정이니 어떻게 이런 걸 만들 수 있는지 더 이상 따질 필요는 없다.

$$f(x) = 15x - x^2$$

예를 들어 $x = 1$이면 $f(1) = 14$ 즉 맛이 14라는 뜻이다. 그런데 $x = 1$은 무엇인가? 1번 라면일까? 그렇다 김 하나만 넣은 1번 라면이다. 그러나 우연히 그렇게 되었을 뿐이다.

우리가 길을 걸어갈 때 몸에서 DNA가 뚝뚝 떨어지는 건 아니다. 우리는 DNA라는 설계도에 따라 만들어진 몸뚱이를 가지고 있다. 정신이 몸에서 나왔다는 둥 아니라는 둥 그런 논의는 하지 말자. 마찬가지로 라면 DNA가 라면 자체는 아니다. 라면 맛 평가용 함수에 넣어 맛을 계산하려면 라면을 하나의 숫자(몸뚱이)로 나타낼 수 있어야 한다. 라면 DNA는 0 또는 1로 된 4자리 숫자 열이다. 그렇다면 그것을 하나의 4비트 2진수로 해석할 수 있다. 그렇다면 2진수로 인코딩된 라면 DNA를 디코딩해서 다음과 같이 10진수 숫자로 나타낼 수 있다(좌측 ID와 10진수 숫자는 우연히 일치했을 뿐이다). 이 표를 **라면 DNA 표**로 부르기로 하자.

ID	DNA	10진수 숫자(몸뚱아리)	라면 재료	맛
1	0001	0×8 + 0×4 + 0×2 + 1×1 = 1	김	14
2	0010	0×8 + 0×4 + 1×2 + 0×1 = 2	파	26
3	0011	0×8 + 0×4 + 1×2 + 1×1 = 3	파 김	36
4	0100	0×8 + 1×4 + 0×2 + 0×1 = 4	계란	44
5	0101	0×8 + 1×4 + 0×2 + 1×1 = 5	계란 김	50
6	0110	0×8 + 1×4 + 1×2 + 0×1= 6	계란 파	54
7	0111	0×8 +1×4 + 1×2 + 1×1 = 7	계란 파 김	56
8	1000	1×8 + 0×4 + 0×2 + 0×1 = 8	MSG	56
9	1001	1×8 + 0×4 + 0×2 + 1×1 = 9	MSG 김	54
10	1010	1×8 + 0×4 + 1×2 + 0×1 = 10	MSG 파	50
11	1011	1×8 + 0×4 + 1×2 + 1×1 = 11	MSG 계란 김	44
12	1100	1×8 + 1×4 + 0×2 + 0×1 = 12	MSG 계란	36
13	1101	1×8 + 1×4 + 0×2 + 1×1 = 13	MSG 계란 파	26
14	1110	1×8 + 1×4 + 1×2 + 0×1 = 14	MSG 계란 파	14
15	1111	1×8 + 1×4 + 1×2 + 1×1 = 15	MSG 계란 파 김	0

이제 맛 함수 $f(x) = 15x - x^2$의 실체를 확인해 볼 차례다. 맛 함수를 그림으로 나타내면 다음과 같다. 이 맛 함수가 4비트 이진수로 인코딩된 라면의 적합 정도를 계산하는 **적합도 함수**다. 예를 들어 DNA가 1010인 라면의 몸뚱아리는 12이고 이 라면의 맛은 $15 \times 12 - 12^2 = 36$이다. 이런 식으로 라면의 DNA를 알면 그 라면의 맛을 알 수 있다. 앞의 표에서 오른쪽 끝 맛이 이렇게 정한 값이다.

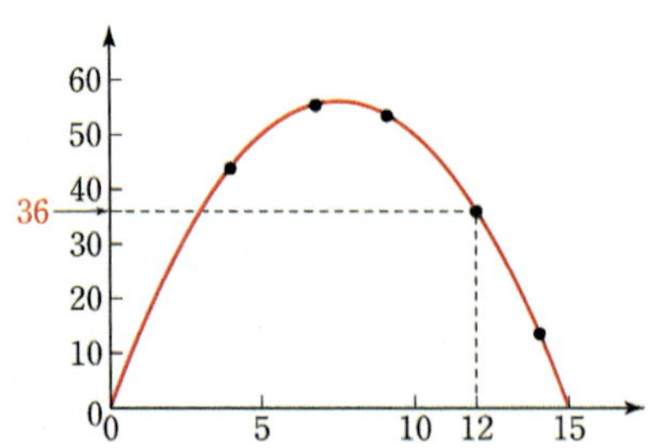

오해의 여지를 없애기 위해 더 나가기 전에 한 가지를 짚고 가자! 앞의 표에서 알 수 있듯이 우린 이미 정답을 알게 되었다. 가장 맛있는 라면은 DNA가 0111인 계란, 파, 김과 1000인 MSG 라면이다. 그렇다면 다 끝났는데 무엇을 더 한다는 말일까?

이해가 쉽게 문제를 축소해서 그렇다. 라면의 맛을 내는 데 첨가할 재료가 어찌 4가지뿐이겠는가? 10가지? 아니 30가지면 충분할까? 30가지라고 해보자! 그런 라면의 DNA는 30비트 2진수다. 그렇다면 가능한 가짓수는 $2^{30} = 1,073,741,824$ 개다. 후보가 15가지가 아니라 10억 개가 넘는다. 앞의 표를 만들 수 없다는 뜻이다. 아니 만들 수 있다. 현대 컴퓨터는 강력해서 가능한 경우가 10억 개라면 어떻게든 해결할 수 있다. 그러나 300가지라면 어떨까? 실제 세계에는 가능한 모든 후보가 몇 개인지 알 수 없는 문제들이 많다. 즉, 모든 경우를 미리 계산할 수 없다는 뜻이다.

그래서 후보를 쬐끔 만들어 놓고 진화라는 도구를 이용해서 최적인 것을 그야말로 생성해보자는 게 유전 알고리즘이다.

모집단 구성

모든 준비가 끝났다. 이제 진화 차례다. 진화의 첫 단계는 후보들을 모아 집단을 구성하는 일이다. 우선 아무렇게나 만들어서 모아놓고 그 집단이 스스로 최적인 것을 생성하도록 진화시키자. 후보를 생성할 수단 즉, 인코딩 방법이 정해졌으니 모집단을 구성하는 건 어려운 일이 아니다.

주사위를 던져서 되는대로 모집단을 구성한다. 모집단에 속하는 후보들의 개수를 모집단의 크기라 부른다. 모집단의 크기를 정하는 규칙은 없다. 그냥 대충 정한다.

神 라면으로 돌아와서 모집단의 크기를 6으로 정한 후, 앞의 표에서 임의로 4비트 DNA 6개를 뽑아냈더니 다음과 같다고 하자.

| 1 | 1 | 0 | 0 |, | 0 | 1 | 0 | 0 |, | 0 | 0 | 0 | 1 |, | 1 | 1 | 1 | 0 |, | 0 | 1 | 1 | 1 |, | 1 | 0 | 0 | 1 |

싱겁게 가장 맛있는 라면이 모집단에 포함되었다. 일단 못 본체하자. 우연히 그렇게 되었을 뿐이고, 실제로 모집단에 있는 게 정답 혹은 정답 중 하나라는 건 모르는 게 맞다. 모집단에 속한

라면을 분석하면 다음과 같다.

ID	DNA	10진수 숫자(몸뚱아리)	라면 재료
12	1100	1 × 8 + 1 × 4 + 0 × 2 + 0 × 1 = 12	MSG 계란
4	0100	0 × 8 + 1 × 4 + 0 × 2 + 0 × 1 = 4	계란
1	0001	0 × 8 + 0 × 4 + 0 × 2 + 1 × 1 = 1	김
14	1110	1 × 8 + 1 × 4 + 1 × 2 + 0 × 1 = 14	MSG 계란 파
7	0111	0 × 8 + 1 × 4 + 1 × 2 + 1 × 1 = 7	계란 파 김
9	1001	1 × 8 + 0 × 4 + 0 × 2 + 1 × 1 = 9	MSG 김

적합도 계산

적합도 함수 즉 전문가들의 라면 맛 평가 공식에 따라 모집단 내 후보 라면들의 적합도 즉 맛 값을 계산해서 다음과 같이 표를 확장하자. 여기서 맛 비율은 6종 라면 맛의 총합에서 특정 라면의 맛이 차지하는 비율이다. 비유적으로, 라면 나라에 라면 6개가 살고 있는데 그 라면들의 맛을 모두 더했더니 $36 + 44 + 14 + 14 + 56 + 54 = 218$이더라. 이때 주방의 신이 나타나서 1번 라면에게 "넌 네 나라 맛을 위해 얼마나 기여 했냐"고 묻자 1번 라면이 "전체 218중에 내 맛이 36이니 $\frac{36}{218} = 0.165$만큼 기여했다"라고 대답한다는 뜻이다. 따라서 맛 비율이 높을수록 더 쎈 라면이라는 뜻이다. 더 쎈 놈이 짝짓기를 더 많이 하는 게 동물의 세계다.

ID	DNA	10진수 숫자(몸뚱아리)	라면 재료	맛	맛 비율
12	1100	1 × 8 + 1 × 4 + 0 × 2 + 0 × 1 = 12	MSG 계란	36	0.165
4	0100	0 × 8 + 1 × 4 + 0 × 2 + 0 × 1 = 4	계란	44	0.202
1	0001	0 × 8 + 0 × 4 + 0 × 2 + 1 × 1 = 1	김	14	0.064
14	1110	1 × 8 + 1 × 4 + 1 × 2 + 0 × 1 = 14	MSG 계란 파	14	0.064
7	0111	0 × 8 + 1 × 4 + 1 × 2 + 1 × 1 = 7	계란 파 김	56	0.257
9	1001	1 × 8 + 0 × 4 + 0 × 2 + 1 × 1 = 9	MSG 김	54	0.248

선택 연산

이제 진화를 위한 자연의 선택이 작용할 순간이다. 자연은 더 적합한 것을 선호한다. 선호한다는 건 짝짓기 기회를 더 얻는다는 뜻이고 결과로 자신과 비슷한 걸 더 많이 세상에 남길 수 있다.

짝짓기를 통해서 자신의 DNA 즉 맛을 다음 세대에 유전할 후보는 맛 비율을 이용해서 선택한다. 원리는 간단하다. 더 맛있는 걸 더 자주 선택하면 그만이다. 그러니까 앞의 모집단이라면 ID 7, 9번 라면은 더 자주, ID 1, 14번 라면은 덜 선택하면 된다.

컴퓨터가 정확하게 그 일을 하도록 어떻게 할 수 있을까?

유전 알고리즘에서는 보통 적합도 비례 선택 혹은 룰렛 휠 선택이란 걸 사용한다. 방법은 생각보다 간단하다. 먼저 맛 비율에 따라 다음과 같은 누적 막대를 만든다. 그림에서도 알 수 있듯이 모집단 내 모든 라면의 맛 비율을 더한 값은 1이다.

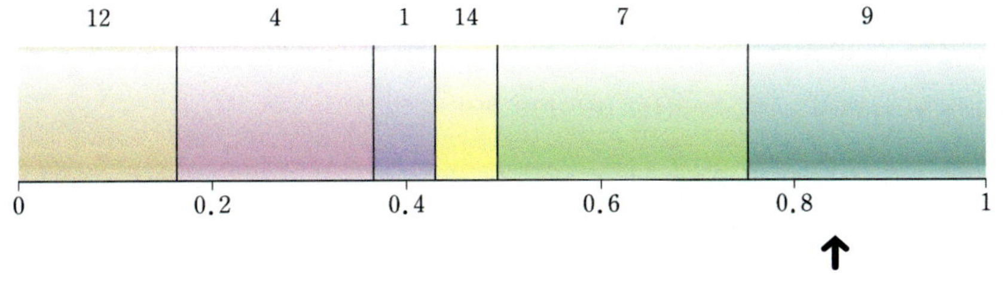

이제 진짜로 짝을 지을 라면 6개를 골라보자. 먼저 0 ~ 1 사이의 난수를 하나 생성한다. 0.81이 나왔다고 가정하자. 그럼 첫 번째 영광?의 수상자는 ID 9번 라면이다. 왜? 0.81은 위 그림에서 가장 오른쪽 즉 6번 영역에 해당하기 때문이다. 그림의 화살표를 참조하면 이해가 쉽다. 만일 0.2가 나온다면? 그렇다! ID 4번 라면이 당첨자다.

위 막대 그래프를 보면 맛 비율이 높은 라면들이 정확하게 그 비율 만큼 더 자주 뽑힐 수 있다는 걸 알 수 있다. 이런 뽑기를 6회 반복해서 맛으로 살아남은 라면들 즉 짝짓기해서 새로운, 그리고 더 맛있기를 바라는, 라면을 생산할 후보를 선택한다.

6회 뽑기의 결과가 다음과 같다고 가정하자.

1 0 0 1, 0 1 0 0, 1 1 1 0, 0 1 1 1, 0 1 0 0, 0 1 1 1

분석을 위해 표를 다시 작성해 보자.

ID	DNA	10진수 숫자(몸뚱아리)	라면 재료	맛	맛 비율
9	1001	$1 \times 8 + 0 \times 4 + 0 \times 2 + 1 \times 1 = 9$	MSG 김	54	
4	0100	$0 \times 8 + 1 \times 4 + 0 \times 2 + 0 \times 1 = 4$	계란	44	
14	1110	$1 \times 8 + 1 \times 4 + 1 \times 2 + 0 \times 1 = 14$	MSG 계란 파	14	
7	0111	$0 \times 8 + 1 \times 4 + 1 \times 2 + 1 \times 1 = 7$	계란 파 김	56	
4	0100	$0 \times 8 + 1 \times 4 + 0 \times 2 + 0 \times 1 = 4$	계란	44	
7	0111	$0 \times 8 + 1 \times 4 + 1 \times 2 + 1 \times 1 = 7$	계란 파 김	56	

일종의 주사위를 던져서 선택한 결과 즉 "우연"이 선택한 결과를 살펴보면 다음을 알 수 있다.

① 맛 비율이 더 높은 라면이 더 자주 선택되었다.
② 맛이 아주 나쁘지 않은 라면(ID 12)이 선택되지 않았다.
③ 반면에 맛이 최악인 라면(ID 14)도 선택되었다.
④ 맛 평균 값이 커졌다.

진화의 원동력 중 하나인 자연선택은 이렇게 작용한다. 자연은 적합한 것을 무조건 선택하지 않고 적합하지 않은 것을 무조건 버리지도 않는다. 기회에 차이가 있을 뿐이다. 사실 14번 라면은 MSG가 들어있어서 미래 언젠가 멋진 맛을 발휘할 수도 있다. 자연은 그 사실을 알고 있다.

유전 연산

살아남은 라면을 대상으로 짝을 짓는 방법은 여러가지가 있을 수 있는데, 목적은 시작할 때 모집단 크기와 같은 6개의 후손을 만드는 것이다. 여기서는 간단하게 선택된 순서대로 짝을 짓기로 한다. 즉, 9-4, 14-7, 4-7이 짝이다.

유전 연산은 보통 교차와 돌연변이를 사용한다. 교차는 부모 유전자의 일부를 섞는 연산이고 돌연변이는 임의로 특정 유전자를 바꿔치기 한다. 먼저 교차부터 수행해보자.

1 교차

보통 교차를 무조건 수행하지는 않는다. 교차율이라는 매개변수 값을 지정한 후 그 비율 만큼만 교차를 수행한다. 다만 어떤 쌍은 교차를 수행하고 어떤 쌍은 하지 않느냐는 순전히 임의로 정한다. 예를 들어 교차율이 0.7이면 약 70% 쌍만 교차를 수행하고 나머지는 그대로 다음 세대로 넘어간다. 사실 자연도 그렇다. 일정한 간격으로 세대가 싹쓸이로 교체되는 게 아니다. 새 세대와 구세대가 같이 사는 게 세상이다.

일단 교차의 대상이 되면 교차 연산을 적용해서 새 새끼를 생성해야 한다. 유전 알고리즘에서 사용하는 교차 연산의 종류는 매우 다양한데, 여기서는 1점 교차라는 간단한 방법을 사용하기로 한다. 1점 교차 연산은 임의로 교차점을 1개 정한 후, 해당 교차점을 기준으로 DNA를 교환하는 연산이다.

앞의 선택된 3쌍에 대해 (순수하게 우연히) 앞선 2쌍만 교차하기로 정해지고, 역시 임의로 정한 교차점이 각각 2, 1이라고 할 때 교차는 다음과 같이 수행된다.

교차, 교차율 0.7		
9–4쌍	9: 1 0 0 1 4: 0 1 0 0 부모 한 쌍 8: 1 0 0 0 5: 0 1 0 1 자식 한 쌍	우연히 교차점 2 8, 5 생성
14–7쌍	14: 1 1 1 0 7: 0 1 1 1 부모 한 쌍 15: 1 1 1 1 6: 0 1 1 0 자식 한 쌍	우연히 교차점 1 15, 6 생성
4–7쌍	4: 0 1 0 0 7: 0 1 1 1 부모 = 자식 한 쌍	우연히 교차하지 않음 4, 7 생존

새로 생성 또는 살아남은 중간 단계 모집단은 다음과 같다.

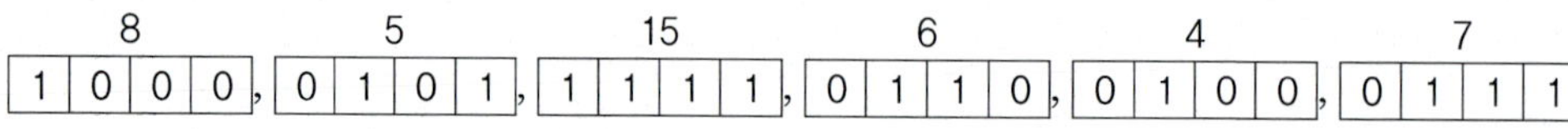

2 돌연변이

돌연변이는 보통 DNA 단위로 수행한다. 즉 모집단 모든 개체, 모든 DNA가 돌연변이 대상이다. 보통 돌연변이 비율을 정 한 후 DNA 단위로 돌연변이를 할지 안 할지 순수하게 우연히 결정한다. 예를 들어 돌연변이 비율이 0.1이라면 현재 모집단은 DNA 4개짜리가 6개이므로 $24 \times 0.1 = 2.4$ 즉 약 2개 정도에 돌연변이를 일으킨다.

순수하게 우연히 3, 5번째 자식 즉 ID 15와 ID 4의 2번째, 3번째 유전자가 돌연변이를 일으킨 결과는 다음과 같다.

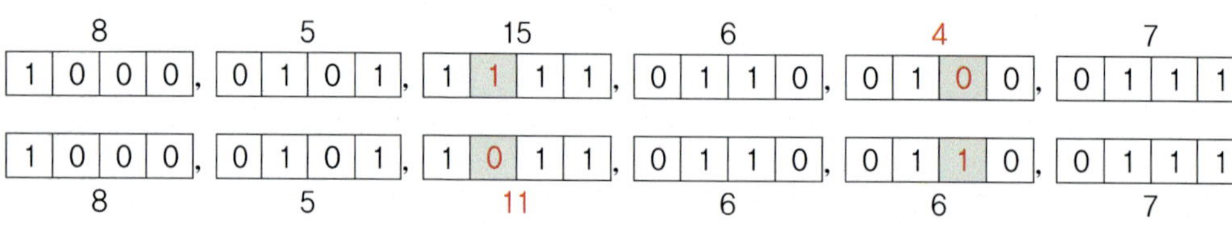

종료 또는 b로 이동

한 세대가 지나고 새 세대가 탄생했다. 이제 평가의 시간이다. 자연은 이렇게 냉정한가? 새로 생성한 6개의 후보로 구성된 새 모집단을 평가하면 다음과 같다.

ID	DNA	10진수 숫자(몸뚱아리)	라면 재료	맛	맛 비율
8	1000	$1 \times 8 + 0 \times 4 + 0 \times 2 + 0 \times 1 = 8$	MSG	56	0.18
5	0101	$0 \times 8 + 1 \times 4 + 0 \times 2 + 1 \times 1 = 5$	계란 김	50	0.16
11	1011	$1 \times 8 + 0 \times 4 + 1 \times 2 + 1 \times 1 = 11$	MSG 계란 김	44	0.14
6	0110	$0 \times 8 + 1 \times 4 + 1 \times 2 + 0 \times 1 = 6$	계란 파	54	0.17
6	0110	$0 \times 8 + 1 \times 4 + 1 \times 2 + 0 \times 1 = 6$	계란 파	54	0.17
7	0111	$0 \times 8 + 1 \times 4 + 1 \times 2 + 1 \times 1 = 7$	계란 파 김	56	0.18

맛에 비례한 우연한 선택과 순수하게 우연한 교차와 돌연변이를 수행해서 생성한 神 라면 모집단을 살펴보면 다음을 알 수 있다.

① 맛 평균값이 커졌다.
② 맛이 최악인 라면(ID 14)도 akt 좋은 ID 6번 라면 탄생에 기여했다.
③ 맛 비율이 비슷해졌다.

이렇게 한 세대에 대한 평가가 끝나면 자연과 다르게 유전 알고리즘은 같은 과정을 반복할지 판단한다. 최적의 라면을 찾으면 끝인데, 사실 대부분의 최적화 문제는 정답을 모른다. 맛이라는 것도 그렇다. 어디 끝이 있겠는가. 그래서 보통은 정해진 종료조건, 예를 들어 반복 횟수를 100으로 제한한다든지, 적합도가 일정한 기준에 도달한다든지, 또는 적합도 변화량이 0.0001처럼 정해진 조건에 도달하면 진화를 멈춘다. 세상이 끝난 거다!

실제로 이 예에선 교차와 돌연변이를 비교적 심하게 일으켜서 모집단이 급격하게 진화했다. 이건걸 공학적으로 조기 수렴이라고 부른다. 사실 자연은 이렇게 과격하지 않다. 신중한 선택과 인내가 더 나은 세상을 만드는 것과 같다. 유전 알고리즘을 공학적으로 응용할 때는 조기 수렴에 빠지지 않도록 여러 가지 매개변수를 신중하게 조절한다.

도둑도 힘들어!

유전 알고리즘 수행 과정에 대한 상세한 설명을 끝났으니 다른 최적화 문제에 어떻게 응용할 수 있는지 살펴보자. 다음은 아주 유명한 최적화 문제다.

문제

담을 수 있는 부피가 각각 16, 8, 4인 자루 α, β, γ를 들고 빈집에 들어갔다. 집안에 훔쳐올 물건이 7개가 있는데 각각의 부피는 1, 2, 3, 4, 5, 6, 7이다. 남김없이 털어오려면 어떻게 담아야 할까?

a 문제 정의 및 인코딩

- 인코딩: 물건 7개가 어떤 자루에 담겼는지를 표현해야 하므로 다음과 같이 7개의 유전자를 갖는 DNA로 나타내기로 하자. 즉, 각 물건이 α, β, γ중 어떤 자루에 있는지를 나타내도록 한다.

후보 인코딩	1	2	3	4	5	6	7
	α	β	γ	α	β	γ	α

- 적합도: 각 자루의 부피 합이 16, 8, 4에 가까운 정도로 판정한다. 여기서는 각 자루 부피와 실제로 담긴 부피 차이의 절대값의 역수를 사용하기로 한다.

b 모집단 구성

순수하게 임의로 크기 4인 모집단을 만든다.

$\alpha\ \beta\ \gamma\ \alpha\ \beta\ \gamma\ \alpha$, $\alpha\ \beta\ \alpha\ \beta\ \gamma\ \gamma\ \alpha$, $\beta\ \gamma\ \alpha\ \beta\ \gamma\ \alpha\ \beta$, $\gamma\ \beta\ \alpha\ \gamma\ \beta\ \alpha\ \alpha$

c 적합도 계산

적합도를 계산한다.

	α, β, γ	부피 차이의 합	적합도
1. $\alpha\ \beta\ \gamma\ \alpha\ \beta\ \gamma\ \alpha$	12, 7, 9	4+1+5=11	$\frac{1}{11}=0.09$
2. $\alpha\ \beta\ \alpha\ \beta\ \gamma\ \gamma\ \alpha$	11, 6, 11	5+2+7=14	$\frac{1}{14}=0.07$
3. $\beta\ \gamma\ \alpha\ \beta\ \gamma\ \alpha\ \beta$	9, 12, 7	7+4+3=14	$\frac{1}{14}=0.07$
4. $\gamma\ \beta\ \alpha\ \gamma\ \beta\ \alpha\ \alpha$	16, 7, 5	0+1+1=2	$\frac{1}{2}=0.5$

d 선택 연산

여기서는 선택 시 우월주의를 적용하기로 한다. 우월주의는 가장 적합 후보를 무조건 선택하는 전략이다. 모집단의 크기를 유지하기 위해 대신 가장 적합하지 않은 후보를 희생한다. 여기서는 3번을 가장 우월한 4번으로 대체한다. 즉 3번은 도태되고 4번은 더 많은 선택 기회를 얻게 된다. 그런 후 순수하게 임의로 1–4, 2–3이 쌍으로 정해졌다고 하자(3이 4로 교체되었음에 주의).

$\alpha\ \beta\ \gamma\ \alpha\ \beta\ \gamma\ \alpha$ – $\gamma\ \beta\ \alpha\ \gamma\ \beta\ \alpha\ \alpha$

$\alpha\ \beta\ \gamma\ \alpha\ \beta\ \gamma\ \alpha$ – $\gamma\ \beta\ \alpha\ \gamma\ \beta\ \alpha\ \alpha$

e 유전 연산

순수하게 임의로 교차점이 각각 3, 5라고 하자. 마찬가지로 순수하게 우연히 돌연변이는 일어나지 않은 것으로 가정한다.

	교차	새 모집단
1–4쌍	$\alpha\ \beta\ \gamma\ \alpha\ \beta\ \gamma\ \alpha$ – $\gamma\ \beta\ \alpha\ \gamma\ \beta\ \alpha\ \alpha$	$\alpha\ \beta\ \gamma\ \gamma\ \beta\ \alpha\ \alpha$
	$\alpha\ \beta\ \gamma\ \gamma\ \beta\ \alpha\ \alpha$ – $\gamma\ \beta\ \alpha\ \alpha\ \beta\ \gamma\ \alpha$	$\gamma\ \beta\ \alpha\ \alpha\ \beta\ \gamma\ \alpha$
2–3쌍	$\alpha\ \beta\ \alpha\ \beta\ \gamma\ \gamma\ \alpha$ – $\gamma\ \beta\ \alpha\ \gamma\ \beta\ \alpha\ \alpha$	$\alpha\ \beta\ \alpha\ \beta\ \gamma\ \alpha\ \alpha$
	$\alpha\ \beta\ \alpha\ \beta\ \gamma\ \alpha\ \alpha$ – $\gamma\ \beta\ \alpha\ \gamma\ \beta\ \gamma\ \alpha$	$\gamma\ \beta\ \alpha\ \gamma\ \beta\ \gamma\ \alpha$

f 종료 또는 d로 이동

적합도를 계산한 후 종료 여부를 판단한다.

	α, β, γ	부피 차이의 합	적합도
1. $\alpha\ \beta\ \gamma\ \gamma\ \beta\ \alpha\ \alpha$	14, 7, 7	2 + 1 + 1 = 4	$\frac{1}{4}$ = 0.25
2. $\gamma\ \beta\ \alpha\ \alpha\ \beta\ \gamma\ \alpha$	14, 7, 7	2 + 1 + 1 = 4	$\frac{1}{4}$ = 0.25
3. $\alpha\ \beta\ \alpha\ \beta\ \gamma\ \alpha\ \alpha$	17, 6, 5	1 + 2 + 1 = 4	$\frac{1}{4}$ = 0.25
4. $\gamma\ \beta\ \alpha\ \gamma\ \beta\ \gamma\ \alpha$	10, 7, 11	6 + 1 + 7 = 14	$\frac{1}{14}$ = 0.07

각 자루의 한계 부피와 실제로 담긴 부피 차이의 합이 0(이론적으로 적합도는 무한이다)인 게 없으므로 d로 이동해서 같은 과정을 반복한다. 물론 일정한 횟수가 지나면 종료하거나, 적합도가 충분히 커지면 (이 경우 부피가 정수이므로 1에 가까우면) 종료한다.

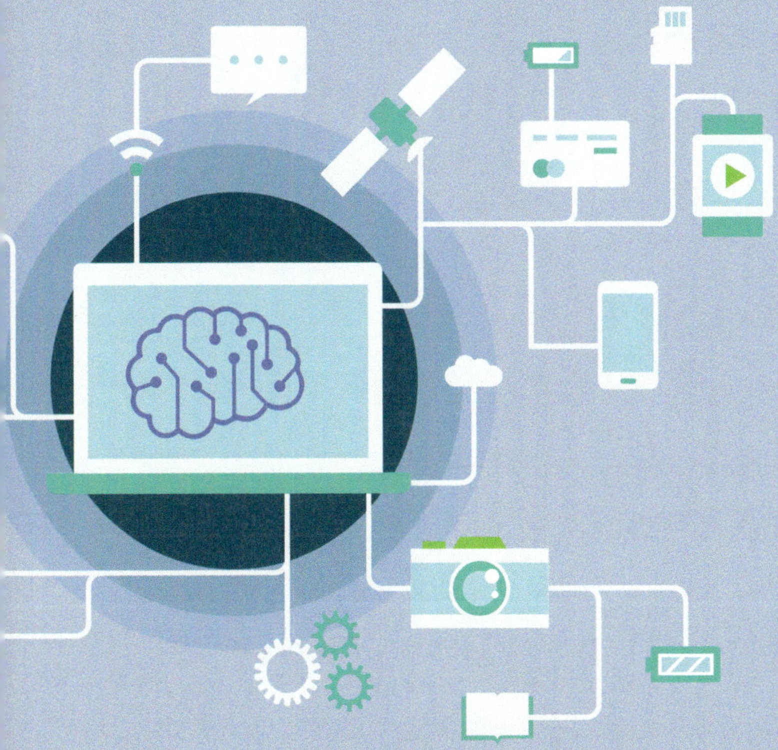

13
CHAPTER

단순한 복잡함!

13

단순한 복잡함!

복잡해 보이는 것은 정말 복잡할까? 다른 말로 질문해보자. 복잡해 보이는 것은 그 내부가 복잡해서 복잡해 보이는 걸까? 우리는 복잡한 것을 보면 그 내부나 그 작용이 복잡할 것으로 생각하고 복잡하게 무언가를 만들려고 시도한다. 그러다 너무 복잡해서 너무 쉽게 포기한다.

복잡해 보이는 게 복잡하지 않은 건 아닐까? 복잡한 걸 쉽게 만들어 낼 수 없을까? 만들 수 있다! 많은 복잡한 것이 사실은 아주 단순한 규칙이나 구조에서 비롯된다.

나비효과

나비효과는 북경에서 나비 한 마리가 날갯짓을 어떻게 하느냐에 따라 뉴욕에 태풍이 발생할 수도 있다는 식의 다소 부정적 비유로 종종 소개된다. 영화나 드라마에서는 한 개인의 사소한 선택이 그 사람의 인생을 어떻게 바꾸는지 보여주며 삶 속의 나비효과를 사람들에 전해준다.

우연은 자주 세상의 비밀을 푸는 열쇠를 던진다. 수학자이자 기상학자인 E. N. 로렌츠는 날씨를 예측하는 비선형 방정식을 만들고 컴퓨터 실험으로 정확도를 검증하고 있었다. 같은 데이터를 가지고 실험을 반복하던 그는 데이터의 소수점 아래 자리를 잘라내고 실험을 한다. 그까짓 몇 자리 내다 버려도 결과에 크게 영향을 주지 않으리라고 생각했으나, 입력의 미세한 차이가 결과에 엄청난 차이를 준다는 것을 곧 알게 된다. 그리고 그 발견은 나비효과라는 이름으로 세상에 알려진다.

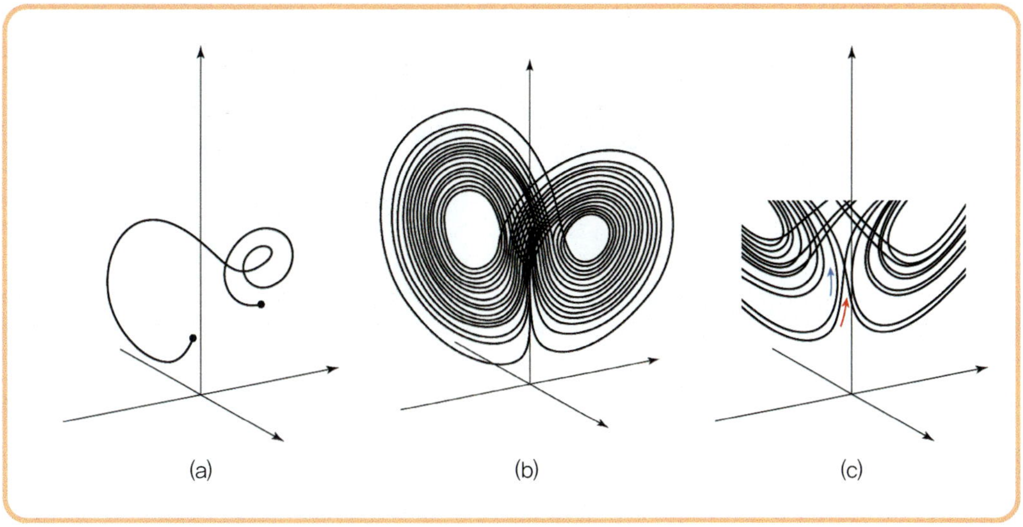

로렌츠 이상한 끌개

그림 (a)는 로렌츠 방정식을 적용했을 때 현재 날씨가 어떻게 변하는지 나타내는 그림이다. 여기서 시작점이 온도와 같은 현재 날씨 데이터를 나타내는 값이다. (b)는 (a)에서 출발해서 긴 시간이 지나는 동안 날씨의 변화를 그린 그림이다. 로렌츠 끌개라고 부르는 혼돈의 프랙털이다. 마치 나비 모양으로 생기기도 했다. 괜히 나비효과는 아니다.

그러나 중요한 점은 나비 모양이 아니다. (c)는 (b)의 일부를 확대한 그림이다. 그림의 두 화살표를 잘 살펴보자. 어떤 생각이 드는가?

두 선이 인접한 곳에서 날씨는 비슷하다. 가까울수록 더 비슷하다. 그런데 그림 (c)처럼, 어떤 이유인지는 알 수 없으나, 날씨의 변화가 다른 길을 가기 시작한다. 그리고 대부분의 동안 세로축의 반대쪽에 머문다. 즉 비슷한 날씨라도 장기적으로 크게 달라질 수 있다는 뜻이다. 이해하기 쉽게 세로축을 기준으로 왼쪽이 좋은 날씨 오른쪽이 나쁜 날씨라고 가정하면, 지금 날씨가 좋지만 계속 좋을지 아닐지가 아주 작은 차이에 기인한다는 의미다. 그러니 로또에 당첨되었다고 마냥 좋아할 일도 아니고 지금 어렵더라도 가만히 앉아 있을 필요가 없다.

참! 비빔밥이 잘 섞이는 이유를 설명할 수 있는가? 한곳에 모여 있던 당근이 각자 제 갈 길을 갔기 때문이다. 혼돈을 알면 비빔밥을 더 잘 섞을 수 있다. 그래서 알아야 한다!

날씨와 비빔밥

혼돈

시간에 따라 상태가 변하는 시스템을 동역학 시스템이라고 한다. 날씨, 주식, 부동산 그리고 인생 자체가 동역학 시스템이다.

이런 시스템이 복잡한 행태를 보이는 이유는 구성요소와 변화 요인이 많고 상호작용 규칙 역시 복잡하기 때문이고 그래서 변화를 예측하기 어렵다고 생각해왔다. 그러나 변화 요인과 상호작용 규칙이 단순한 경우라도 예측 불가능성을 내재하고 있음이 확인되었다. 이처럼 간단한 시스템이 보이는 예측 불가능한 변화를 혼돈이라 부른다. 앞이 보이지 않을 때 우리는 혼돈을 경험한다.

예측 불가능한 변화 즉 혼돈을 내포한 시스템을 혼돈 시스템이라고 부른다. 나비효과에서 알 수 있듯이 기상 같은 혼돈 시스템은 초깃값에 민감하다. 즉 값이 조금 달라지면 장기적으로 변화의 결과가 크게 다를 수 있다. 실제로 많은 동역학 시스템들이 초기값에 민감하며, 이렇게 초깃값에 민감한 시스템의 행태를 연구하는 분야가 혼돈 이론이다.

간단한 시스템이 보이는 혼돈을 경험해 보겠다. 다음과 같은 식이 있다고 하자.

이 식을 보통 로지스틱 방정식이라고 한다.

$$x_{n+1} = ax_n(1 - x_n),\ x_0 \in [0,1]$$

사실 이 식은 2차 함수 $y = ax(1-x)$를 사용해서 만든 방정식이다. 이 함수에 대해 상수 a와 x가 주어지면 y는 어렵지 않게 구할 수 있다. 이때 이 y가 다시 방정식의 x값으로 주어지면 다시 y를 구할 수 있다. 이때 처음 x와 다음 단계 x를 구분하기 위해 아래 첨자를 사용해서 나타낸 것이다. 이런 방정식을 계차 방정식이라고 부른다. 그렇지만 무엇이라고 부르냐는 중요하지 않다. 어떻게 계산하는지 알면 그만이다.

다음은 계차 방정식 $x_{n+1} = ax_n(1-x_n)$에 대해 $a = 1.45,\ 2.75,\ 3.2,\ 4.0$인 경우 값이 어떻게 변하는지를 나타낸 표다. x_0는 최초의 x값을 나타낸다.

	$a=1.45,\ x_0=0.1$	$a=2.75,\ x_0=0.1$	$a=3.2,\ x_0=0.6$	$a=3.8,\ x_0=0.2$
x_1	0.1305	0.2475	0.7680	0.6080
x_2	0.1645	0.5122	0.5702	0.9057
x_3	0.1993	0.6871	0.7842	0.3246
x_4	0.2314	0.5912	0.5415	0.8331
x_5	0.2579	0.6646	0.7945	0.5283
x_6	0.2775	0.6130	0.5225	0.9470
x_7	0.2907	0.6524	0.7984	0.1909
x_8	0.2990	0.6236	0.5151	0.5869
x_9	0.3039	0.6455	0.7993	0.9213
x_{10}	0.3067	0.6293	0.5134	0.2755
x_{11}	0.3083	0.6415	0.7994	0.7585
x_{12}	0.3092	0.6324	0.5131	0.6960
x_{13}	0.3097	0.6393	0.7995	0.8040
x_{14}	0.3100	0.6342	0.5131	0.5988
x_{15}	0.3102	0.6380	0.7995	0.9129
x_{16}	0.3102	0.6351	0.5130	0.3022
x_{17}	0.3103	0.6373	0.7995	0.8013
x_{18}	0.3103	0.6357	0.5130	0.6050
x_{19}	0.3103	0.6369	0.7995	0.9081
x_{20}	0.3103	0.6360	0.5130	0.3172

척 보고 알 수 있는 건 아니지만,

자세히 들여다보면, $a=1.45$, 2.75인 경우 단계가 거듭되면서 곧 특정 한 값, 0.3103과 0.636으로 수렴하고, $a=3.2$인 경우 두 값 0.5130과 0.7995이 교대로 나오고, 마지막으로 $a=3.8$인 경우는 특별한 규칙이 없다는 것을 알 수 있다. 사실 적용 단계를 아무리 늘려도 이 특징이 유지된다.

척 보고 알 수 있게 그림으로 나타내 보자!

다음은 $a=3.2$, $x_0=0.6$에 대하여 x_1, x_2가 어떻게 정해지는지 나타내는 그림이다. x_0에 대한 함수값 x_1이 직선 $y=x$와 만나는 점 x_1'을 구한 후, 그 점에서 함수 y로 선을 내려그으면 x_2를 구할 수 있다. 같은 방법으로 주어진 계수 a와 시작값 x_0에 대한 계차 방정식의 궤적 x_0, x_1, x_2, …을 그림으로 나타낼 수 있다.

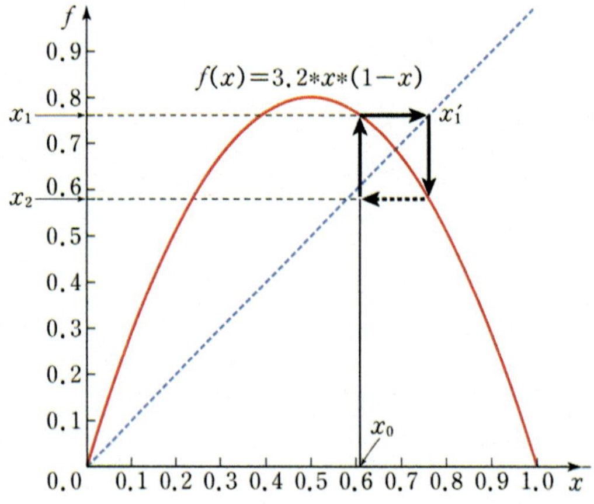

다음은 앞에서 설명한 방법으로 각 방정식의 x_i 값이 어떻게 변하는지 시각적으로 나타낸 것이다.

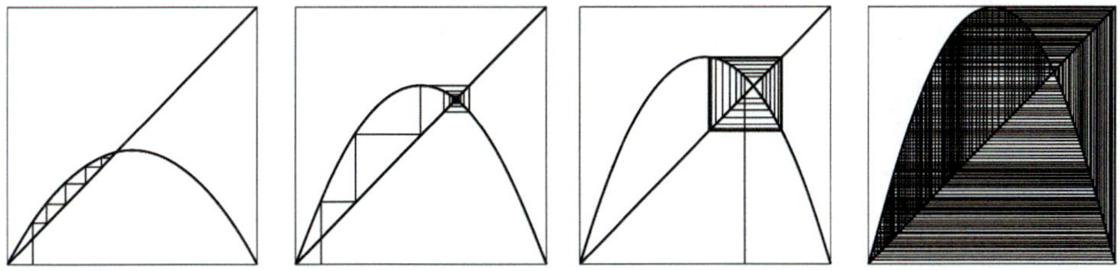

(a) $a = 1.45,\ x_0 = 0.1$　(b) $a = 2.75,\ x_0 = 0.1$　(c) $a = 3.2,\ x_0 = 0.6$　(d) $a = 3.8,\ x_0 = 0.2$

표를 들여다보고 알아낸 사실과 같이, 한 점으로 수렴하는 경우(a, b), 교대로 왔다 갔다 하는 경우(c), 끝없이 헤매 돌아다니는 경우(d)를 시각적으로 확인할 수 있다.

자기 유사성

초깃값에 민감한 시스템이 혼돈의 양상을 보인다고 설명했었다. 이제 그게 무슨 의미인지 알아보고, 혼돈의 또 다른 특징인 자기 유사성에 대해 알아보자.

다음은 계차 방정식의 a값을 달리했을 때 궤적의 종착점을 나타낸 그림이다. 궤적이 아니라 궤적의 종착점이라는 점을 주의하자. 예를 들어 $a = 1.45,\ 2.75$인 경우는 각각 0.3103, 0.6360 즉, 한 점으로 수렴하고, $a = 3.2$인 경우는 두 점(0.5130과 0.7995), $a = 3.8$인 경우 0~1 사이의 다양한 값이 나타난다.

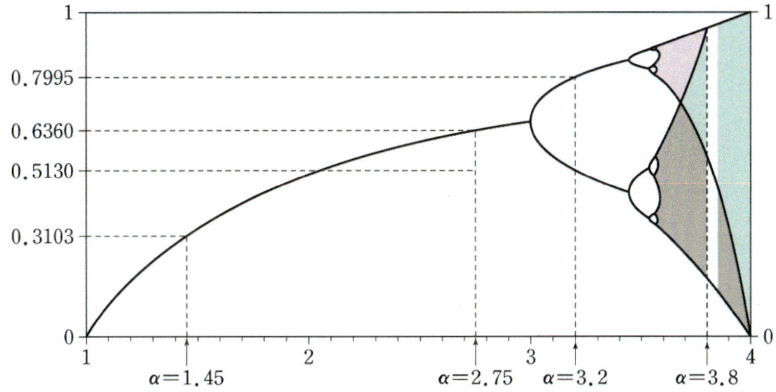

자기 유사성이 보이는가? 그렇다. 대략 $a = 3.0$이 넘는 영역에 전체를 닮은 가지가 뻗어 나오는 것을 볼 수 있다. 자세히 보면 $a = 3.5$ 근처에 각각 2개씩이 또 뻗어 나온다. 이 그림을 확대하면 끝없이 같은 모양을 발견할 수 있다. 모든 혼돈에는 이러한 자기 유사성이 내포되어 있다.

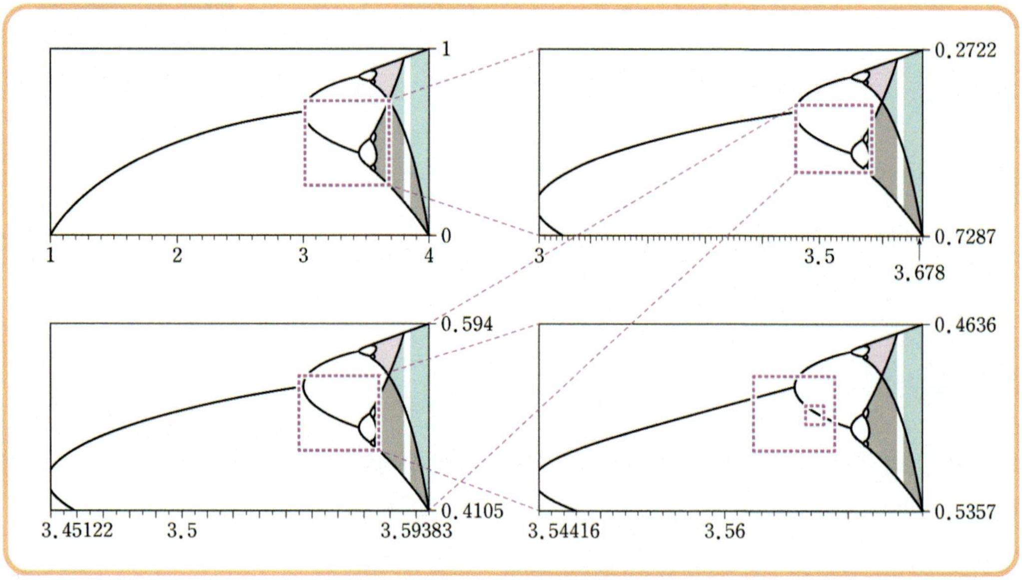

혼돈의 자기 유사성

마지막으로 이 방정식 시스템이 초깃값에 민감한지 살펴보자. 그림을 자세히 관찰하면 대략 $a \leqq 3.0$인 a에 대해서, 초깃값 x_0에 관계없이, 계차 방정식 궤적이 하나의 값으로 수렴하고 $3.0 \leqq a \leqq 3.5$인 a에 대해서는 두 값 사이를 진동한다는 것을 알 수 있다. 그러나 $a > 3.5$인 a에 대해서는 그 궤적을 예측할 수 없다는 것을 알 수 있다. 즉, 계차 방정식의 계수 a가 조금만 달라져도 궤적이 크게 달라질 수 있다는 뜻이다. 따라서 계차 방정식은 혼돈 시스템이다.

사실 이 방정식은 생물의 개체 수를 연구하기 위해 만든 아주 간단한 방정식이다. 여기서 x_0는 생물의 초기 개체 수고 a는 생존을 결정하는 환경 변수다. 그렇다면 이 방정식의 궤적이 예측 불가라는 것은, 생존에 영향을 주는 변수가 1개인 경우라도 생물의 개체 수 변화에 대한 장기적인 예측이 불가능하다는 것을 암시한다.

얼마나 많은 변수가 우리 삶을 결정하는가? 왜 삶이 고단한지 이제 짐작할 수 있겠다. 우울할 필요는 없다. 그렇다는 걸 아는 생명체가 우리 외에 또 있겠는가? 무엇이 가능하고 무엇이 불가능한지를 아는 것이 중요하다. 복잡한 현상이 단순한 시스템에서 나올 수 있다는 사실로부터, 우리는 자연을 더 잘 이해할 수 있고, 세상에서 일어나는 많은 행태를 설명할 수 있으며, 복잡한 시스템을 수월하게 만들 수도 있겠다.

프랙털

우리나라 해안선의 길이는 얼마일까?

어떤 자로 재느냐에 따라 달라질 수 있다. 예를 들어 1m 단위의 자로 재었을 때와 1cm 단위의 자로 재었을 때 둘레의 길이는 엄청난 차이가 있겠다. 간단하게 이 사실을 실험해 볼 수 있다. 다음 그림과 같이 지도를 펼쳐놓고 컴퍼스로 둘레를 따라 일정한 간격으로 점을 찍자. 이 간격을 지도의 축척으로 환산하면 대략적인 해안선의 길이를 산정할 수 있는데, 이 간격 즉 자가 달라지면 상당한 차이가 있다는 걸 쉽게 알 수 있다.

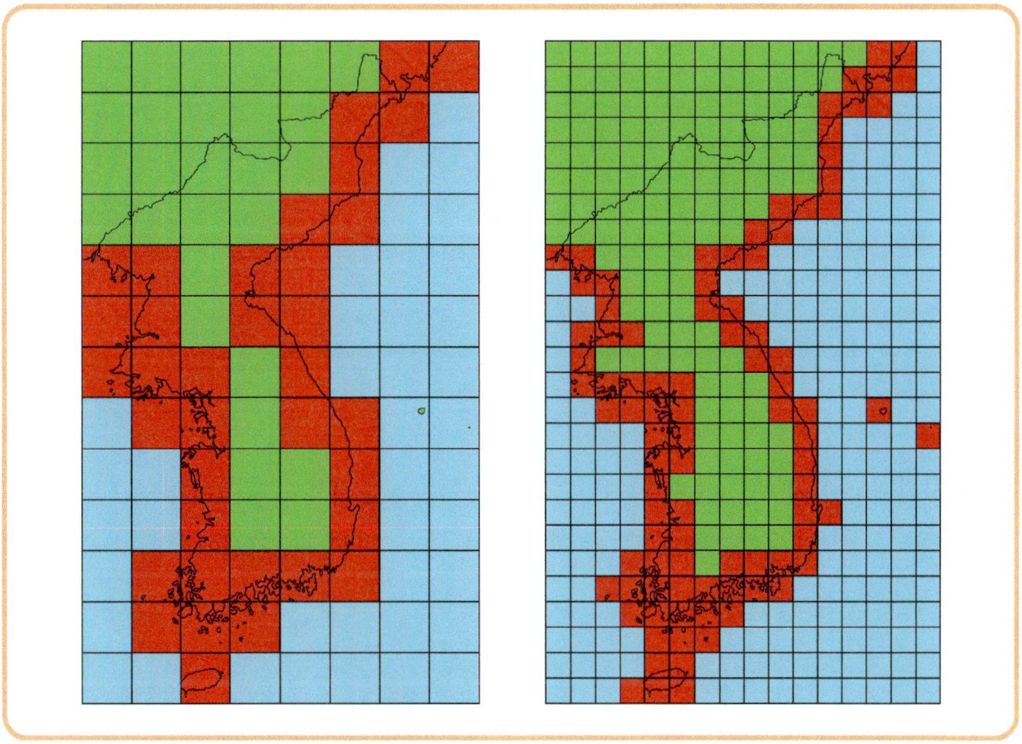

왜 그럴까? 프랑스 수학자 망델브로는 해안선과 같은 복잡한 구조의 자기 유사성에 주목한다. 그리고 그는 자연에는 자기 유사한 구조가 아주 많다는 것을 알아채고 그러한 대상을 다룰 수 있는 프랙털 기하학을 본격적으로 연구한다.

우리가 사용하는 기하학은 보통 직선, 동그라미, 세모, 네모와 같은 도형을 대상으로 한다. 이런 기하학을 유클리드 기하학이라고 하는데, 이 기하학으로 건물은 사각형, 동전은 원처럼 주위의 많은 사물을 묘사하고 설명할 수 있다.

하지만 그러한 인공물이 아닌 자연의 형상은 유클리드 도형으로 묘사하기 어렵다. 산은 삼각형으로 강은 적당하게 구불구불한 곡선으로 묘사할 수 있다고 치더라도 나무, 숲, 파도, 구름은 쉽지 않다.

다음 그림을 살펴보자!

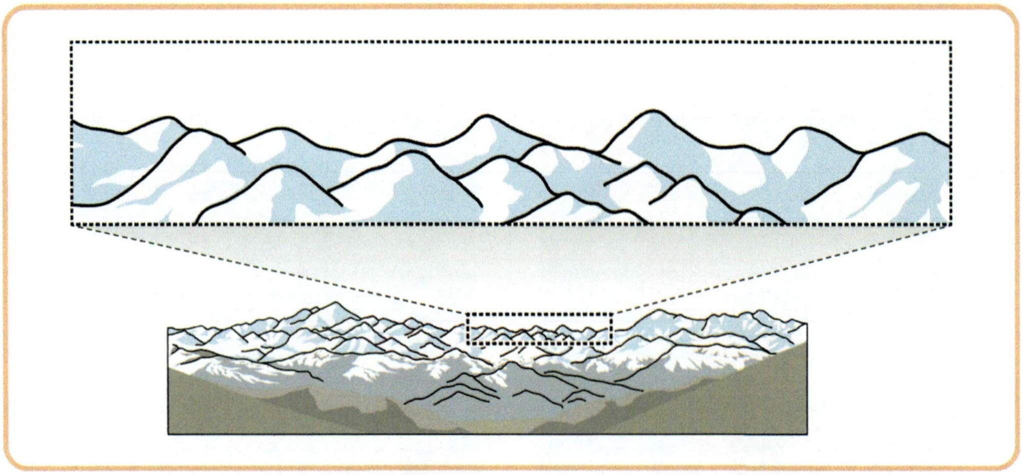

히말라야산맥인데, 삼각형으로 나타내기에는 훨씬 복잡하고 아름답다. 그리고 부분이 전체와 매우 닮았다. 일부분을 확대해보면 전체와 유사한 모습이 나온다. 자연에는 자기 유사성이 있다. 그렇다면 단순한 규칙으로 그릴 수 있지 않을까?

이번에는 강이다. 자기 유사성을 찾아보자!

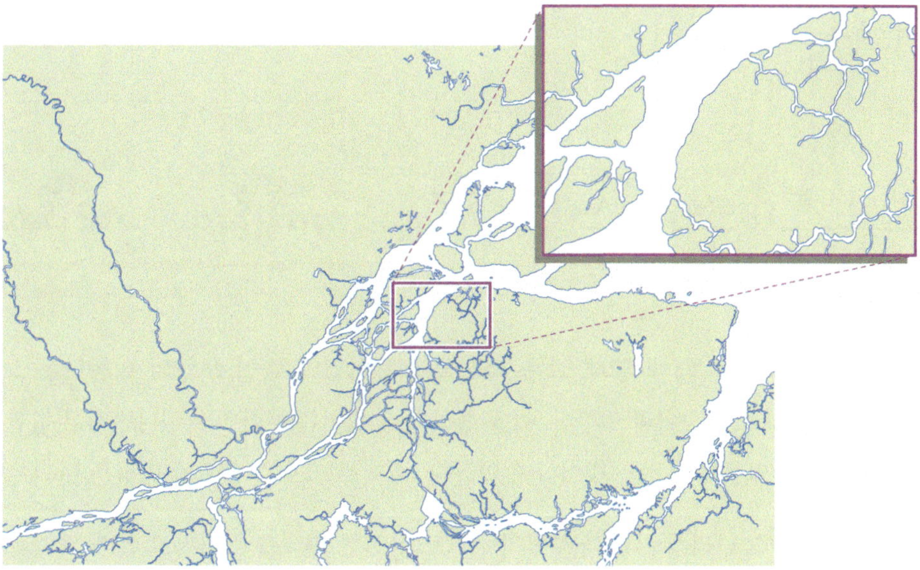

이곳(https://www.youtube.com/watch?v=rGwwydEWLiI)에서 자연의 프랙털을 감상할 수 있다.

프랙털 도형

프랙털 기하학은 자연의 구조적 불규칙성, 복잡성, 자기 유사성 등을 세밀하게 묘사하고 정량적으로 기술할 수 있는 새로운 수학적 언어다. 자기 유사성을 갖는 대표적인 프랙털 도형을 몇 가지 알아보도록 하자. 이 도형들의 생성 원리는 프랙털 기하학을 이해하는 데 중요한 역할을 한다.

코흐 곡선과 눈송이

길이가 1인 선분을 3등분 하여 가운데 부분을 제거하고 길이가 $\frac{1}{3}$인 두 변을 정삼각형 형태로 추가하는 과정을 되풀이하면 코흐 곡선을 얻을 수 있습니다. 스웨덴 수학자 코흐가 1904년에 만든 것으로 최초의 프랙털 중 하나로 인정된다. 이 곡선은 연속이지만 모든 점에서 미분

불가능하다는 특징을 가지고 있어 수학적으로 매우 흥미로운 도형이다. 이 논의는 우리의 주제가 아니므로 더 언급하지 않는다.

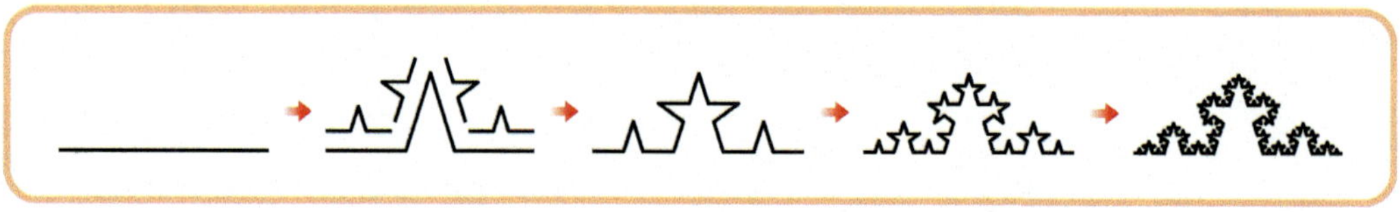

변의 길이가 1인 정삼각형에 대해 같은 과정을 적용하면 눈송이 모양의 아름다운 모양이 나타나는데 이를 코흐 눈송이라고 한다. 이 도형의 둘레 길이는 무한히 늘어나면서 일정한 공간 즉 처음 삼각형에 외접하는 원을 벗어나지 않는다. 실제로 코흐 눈송이의 면적은 변의 길이가 l일 때 $\frac{2\sqrt{3}}{5}l^2$이다. 따라서 무한한 길이의 선으로 유한한 면적을 둘러싸고 있다.

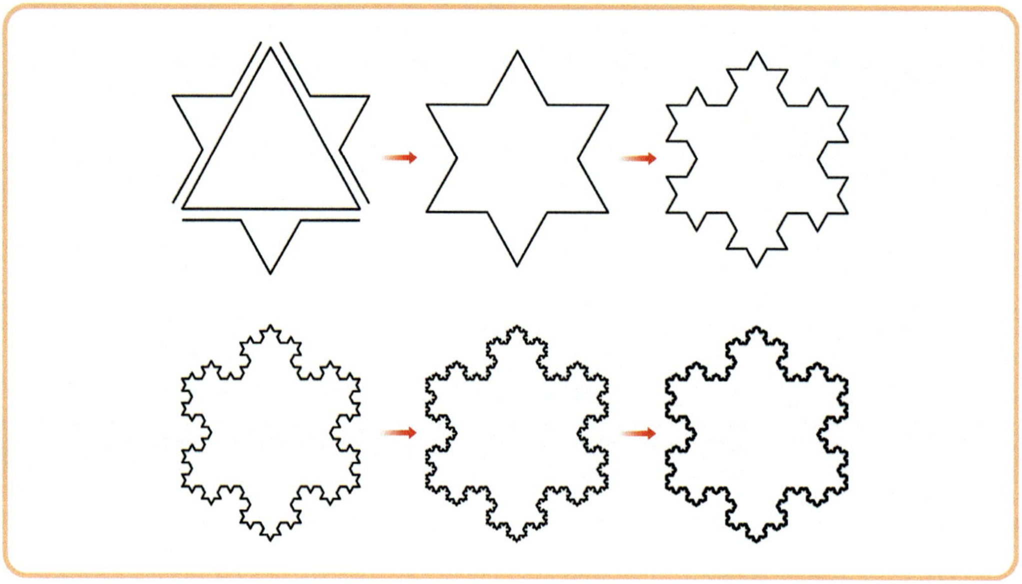

칸토어 집합

길이가 1인 폐구간을 3등분 하여 가운데 개구간 $\left(\frac{1}{3}, \frac{2}{3}\right)$을 제거하고 남은 부분(폐구간)에 대해 같은 과정을 되풀이하였을 때 남은 수들의 집합을 칸토어 집합 또는 칸토어 먼지라고 한다. 칸토어는 독일의 수학자로 무한의 개념과 집합론을 재정립한 위대한 수학자다. 이 집합이 아래 그림과 같이 전형적인 자기 유사성을 갖는 프랙털 구조라는 것을 알 수 있다.

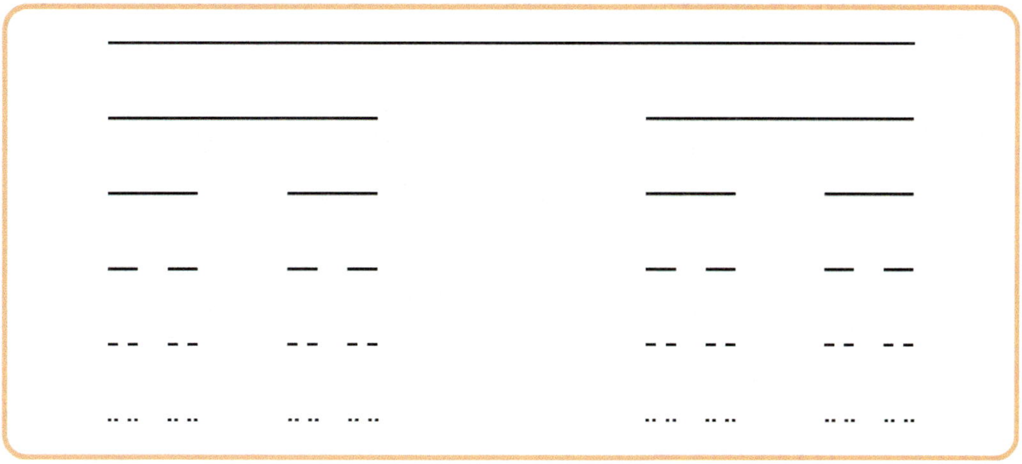

이 집합이 얼마나 신기한지 알아보자. 칸토어 집합을 만드는 과정에 제거한 구간의 길이를 구해보면 다음과 같이 1이라는 것을 알 수 있다.

$$1\left(\frac{1}{3}\right)^1+2\left(\frac{1}{3}\right)^2+4\left(\frac{1}{3}\right)^3+\ \cdots=\sum_{n=0}^{\infty}\frac{2^n}{3^{n+1}}=\frac{1}{3}\sum_{n=0}^{\infty}\left(\frac{2}{3}\right)^n=\frac{1}{3}\frac{1}{1-\frac{2}{3}}=1$$

길이가 1인 선분에서 잘라낸 부분의 합이 1이라는 뜻이다. 그렇다면 칸토어 집합은 공집합이라는 뜻일까? 아니다. 그림을 보면 0, 1, $\frac{1}{3}$, $\frac{2}{3}$, $\frac{1}{9}$, $\frac{2}{9}$, $\frac{7}{9}$, …과 같이 무수히 많은 점을 포함한다는 것을 알 수 있다. 즉, 무수히 많은 점을 포함하지만 길이는 0인 도형이 칸토어 집합이다. 수학의 세계는 이렇게 신비하다.

시어핀스키 삼각형

변의 길이가 1인 정삼각형에 대해 각 변의 중점을 이어 가운데 삼각형을 제거하는 과정을 반복하면 시어핀스키 삼각형을 얻을 수 있다. 시어핀스키는 폴란드 수학자다.

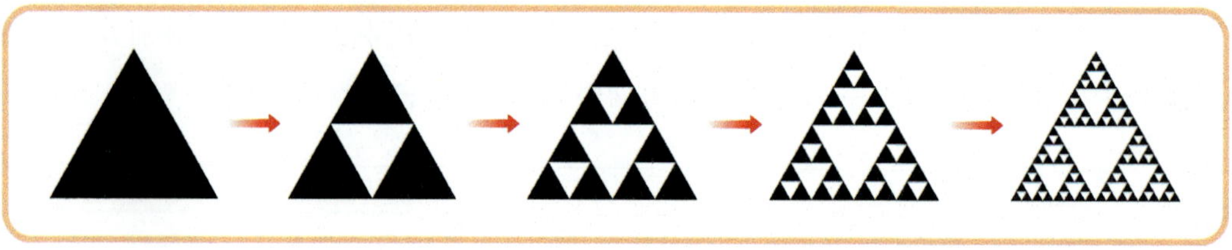

시어핀스키 삼각형 역시 변의 길이의 합은 무한이지만 면적은 0인 신기한 도형이다. 변의 길이는 반복할 때마다 1.5배 늘어난다. 그러니 그 합은 무한인데, 면적은 0.75배 줄어듭니다. 따라서 무한히 반복하면 면적은 0으로 수렴한다.

시어핀스키 카펫

변의 길이가 1인 정사각형에 대해 각 변을 3등분 하면 9개의 정사각형이 만들어진다. 그중에서 가운데 것을 제거하는 과정을 반복할 때 만들어진 도형이 시어핀스키 카펫이다. 이 프랙털 역시 매 단계마다 변의 길이는 늘어나기 때문에 무한대가 되지만 면적은 0인 도형입니다.

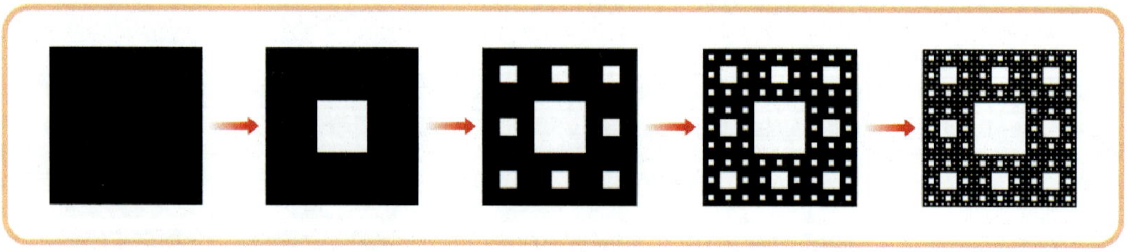

시어핀스키 카펫

프랙털 차원

프랙털 도형은 모두 단순한 규칙을 적용해서 만들어진 것인데 형태가 아름다울 뿐 아니라 성질도 매우 이상하다. 칸토어 집합은 원소의 개수가 무한개인데 길이가 없고, 코흐 곡선은 무한한 길이의 선으로 유한한 면적을 둘러싸고 있다. 시어핀스키 삼각형과 카펫은 둘레가 무한대인데 면적이 없다.

우리가 아는 도형은 차원을 가지고 있다. 예를 들어 삼각형은 2차원 도형이고 사면체는 3차원 도형이다. 그렇다면 프랙털 도형들의 차원은 어떻게 될까? 예를 들어 칸토어 집합은 무한개의 점으로 된 선이다. 그렇다면 차원은 1일까? 시어핀스키 프랙털은 무한개의 점들이 평면을 채우고는 있으나 면적은 0이다. 2차원이라고 하기 찝찝하다. 이제 기존의 차원 개념을 유지면서 이러한 프랙털 도형을 잘 묘사하는 새로운 개념의 차원이 필요하게 되었다.

유클리드 기하에서 도형은 정수 차원을 갖는다. 점은 0차원, 선은 1차원, 평면은 2차원, 입체 도형은 3차원이다. 프랙털 기하학은 유클리드 기하학과는 다르게 도형이 실수 차원을 가질 수 있다. 그래서 프랙털이다.

어떤 도형을 $\frac{1}{x}$로 축소해서 같은 모양 y개를 만들 수 있을 때, 도형의 프랙털 차원 α는 다음과 같다. 따라서 x, y를 알면 차원을 구할 수 있다.

$$\alpha = \log_x y$$

먼저 우리가 알고 있는 유클리드 기하학의 도형에 대해 이 정의가 우리가 알고 있는 차원을 유지하는지 살펴보자. 선을 2등분 하면 같은 모양 2개, 3등분 하면 같은 모양 3개, 일반적으로 k등분하면 같은 모양 k개를 만들 수 있다. 즉, 크기를 $\frac{1}{k}$로 축소하면 같은 모양을 k개 만들 수 있다. 따라서 선의 프랙털 차원은 $\log_k k = 1$이다.

$$\frac{1}{2} \rightarrow 2 = 2^1 \text{조각}, \frac{1}{3} \rightarrow 3 = 3^1 \text{조각} \cdots$$

같은 방법으로 정사각형은 $\log_k k^2 = 2$차원,

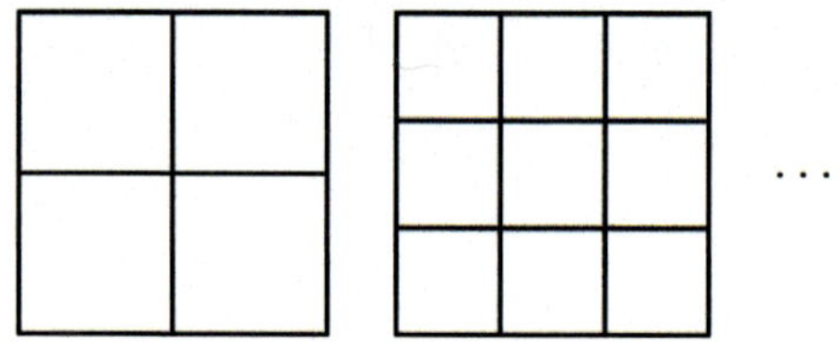

$$\frac{1}{2} \rightarrow 4 = 2^2\text{조각},\ \frac{1}{3} \rightarrow 9 = 3^2\text{조각} \cdots$$

정육면체는 $\log_k k^3 = 3$차원으로 기존의 차원 개념이 유지된다는 걸 알 수 있다.

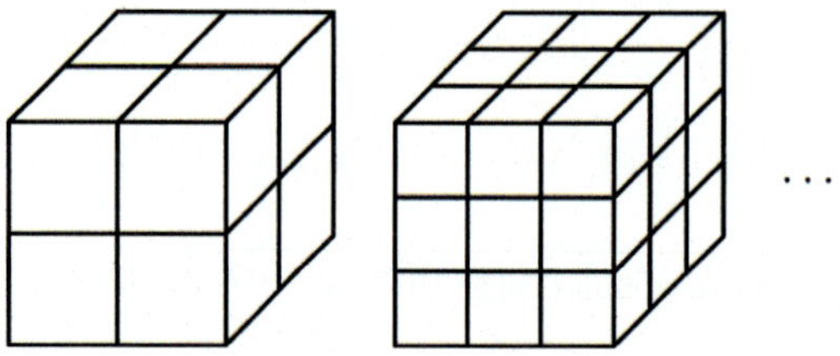

$$\frac{1}{2} \rightarrow 8 = 2^3\text{조각},\ \frac{1}{3} \rightarrow 27 = 3^3\text{조각} \cdots$$

이제 프랙털 도형의 차원을 계산해 보자 코흐 곡선은 다음 그림과 같이 주어진 전체를 $\frac{1}{3}$로 줄여서 같은 모양 4개를 얻는 과정을 반복합니다.

$$\frac{1}{3} \rightarrow 4 = 2^2\text{조각}$$

따라서 코흐 곡선의 프랙털 차원은 $\log_3 4 = 1.2617\cdots$ 이다.

앞에서 살펴본 프랙털 도형의 차원은 다음과 같다

프랙털	축소비율	조각 개수	프랙털 차원
코흐 곡선/눈송이	$\frac{1}{3}$	4	$\log_3 4 = 1.2617\cdots$
칸토어 집합	$\frac{1}{3}$	2	$\log_3 2 = 0.6309\cdots$
시어핀스키 삼각형	$\frac{1}{2}$	3	$\log_2 3 = 1.5850\cdots$
시어핀스키 카펫	$\frac{1}{3}$	8	$\log_3 8 = 1.8928\cdots$

선 같지 않은 선 칸토어 집합은 1보다 작은 차원, 길이가 무한인 코흐 곡선은 1보다 조금 큰 차원, 구멍이 숭숭 뚫린 사각형 형태의 시어핀스키 도형은 2에 가까운 차원을 갖는다는 걸 알 수 있다.

분수를 fraction 혹은 fractional number라고 한다. 왜 fractal인지 이제 이해가 된다! 프랙털은 분수 차원을 갖는 도형이다. 도형의 차원을 분수로 확대함으로써 우리는 유클리드 기하를 넘어 자연을 좀 더 잘 다룰 수 있는 기하학을 갖게 되었다.

이곳(https://www.youtube.com/watch?v=VxYcWn6AQsg&t=1s)에서 영상을 감상하면서 프랙털 차원에 대해 더 배울 수 있다.

자연의 생성

프랙털은 앞에서처럼 보았듯 괴상하고 비현실적이기만 한 도형일까? 그랬다면 수학자들, 그들만의 리그에서 논쟁의 대상으로 다뤄지고 말았을 수 있다. 유클리드 기하학이 사람이 만든 인공물을 위한 기하학이라면 프랙털은 자연을 만드는 자연의 기하학이다.

다음은 우리가 프랙털 기하학으로 만들 수 있는 새로운 도형 즉, 자연의 모습이다. 이곳()에서 아래 프랙털의 자기 유사성을 감상할 수 있다.

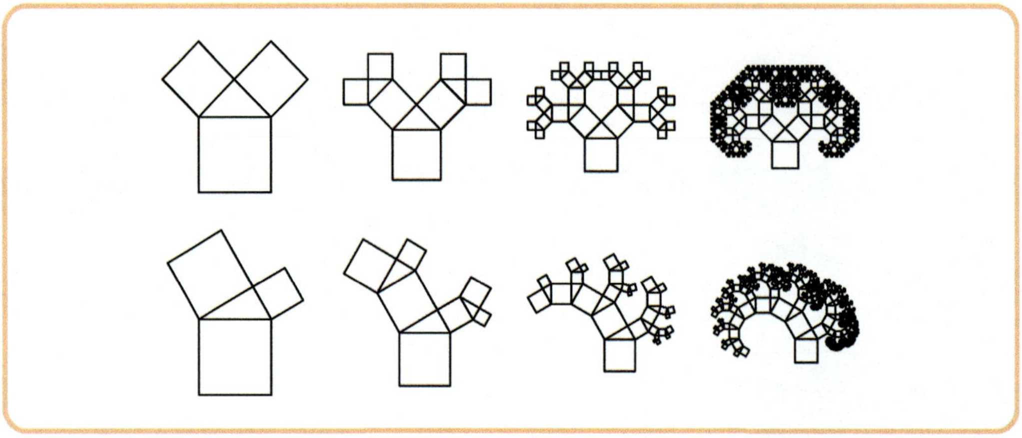

자기 유사성

위 그림은 프랙털을 생성하는 반복함수시스템의 원리를 나타낸다. 좌측이 원형이고, 원형을 각 부분 영역에 반복 적용하면 자연의 모양을 만들 수 있다.

다음 그림은 같은 원리로 고사리 잎을 그려내는 과정을 나타낸다.

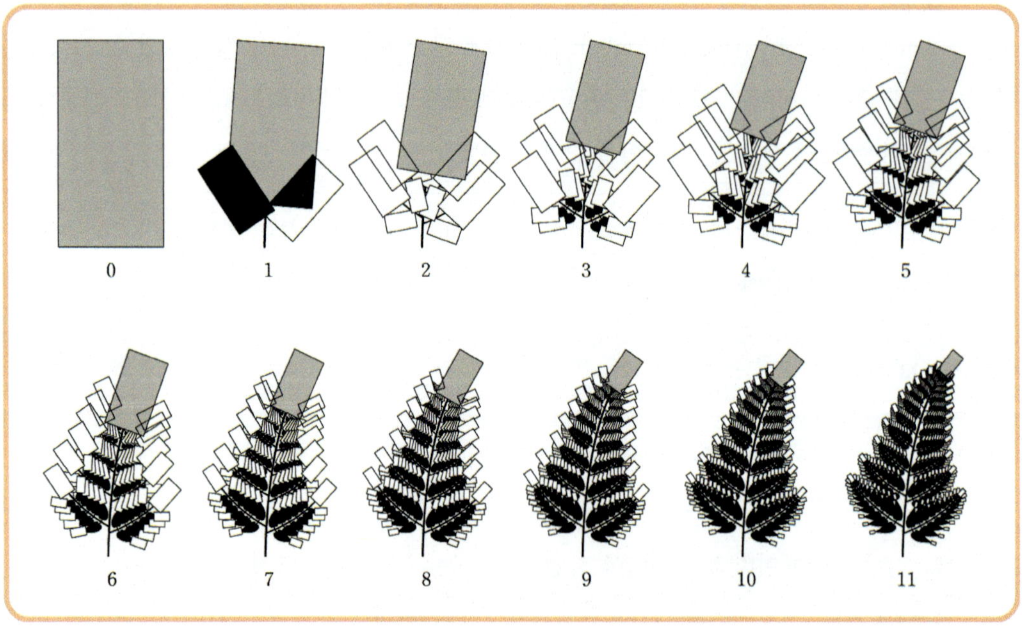

다음은 반복함수시스템에 임의성을 추가하여 좀 더 그럴싸한 나무를 만든 것이다.

반복함수시스템으로 그린 나무

자연의 자기 유사성을 직접 사용한다는 걸 알 수 있다. 실제로 이를 구현하려면 아핀변환이라는 수학 즉, 선형사상을 사용한다.

여기까지만 설명하겠다. 대신 이곳(https://cs.lmu.edu/~ray/notes/ifs/)에 들어가서 반복함수시스템의 원리는 물론이고 직접 자연을 만들 수 있다.

반복함수시스템으로 그린 고사리 잎

우리를 날마다 흥분시키는 게임과 영화에서 흔히 보는 나무와 숲, 강과 산이 프랙털로 만들어 낸 이미지다. 우리가 프랙털이 무엇인지 알기도 전에 프랙털은 우리를 알고 있었다.

이곳(https://www.youtube.com/watch?v=fFyC68CIEio)에 들어가서 반드시, 꼭, 제발 프랙털 세계의 놀라운 풍경을 감상해보자! 이런 걸 공짜로 감상할 수 있다는 건 정말 큰 행운이다.

A Trip to Infinity – Mandelbrot Fractal Zoom (Depth 1.2e1077)

나비와 꽃

꽃이 있는 곳엔 나비가 있다. 우리는 나비를 통해서 혼돈을 배웠고, 나무와 꽃과 함께 프랙털을 소개했다. 나비와 꽃, 그렇다. 혼돈과 프랙털은 쌍이다. 혼돈이 있는 곳에 프랙털이 있고 프랙털에서는 혼돈을 발견할 수 있다. 둘은 초기값 민감성, 자기 유사성의 쇠사슬로 얽힌 짝이다. 로렌츠 끌개를 확대하면 같은 패턴이 끝없이 반복된다.

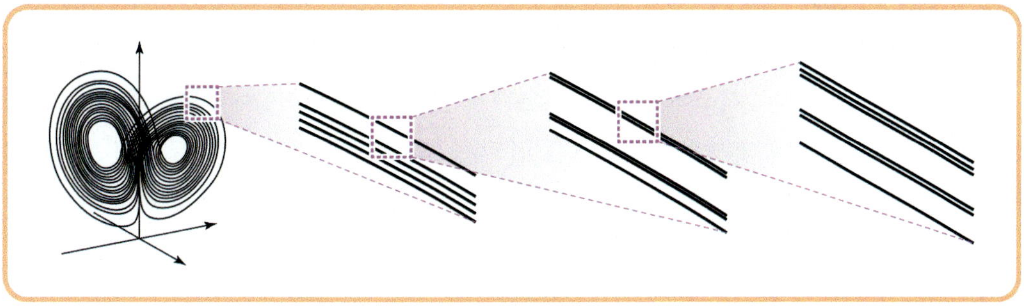

혼돈과 프랙털은 짝

다음은 지난 25년(1993~2017) 동안 코스피 지수의 변동 그래프다. 부분이 전체와 너무 닮았다. 게다가 주식 시장은 아주 작은 변화에 매우 매우 매우 민감하다. 내가 오늘 큰 이익을 얻은 건 어제 미국에 사는 찰리가 게임을 1분 더했기 때문일 수 있다.

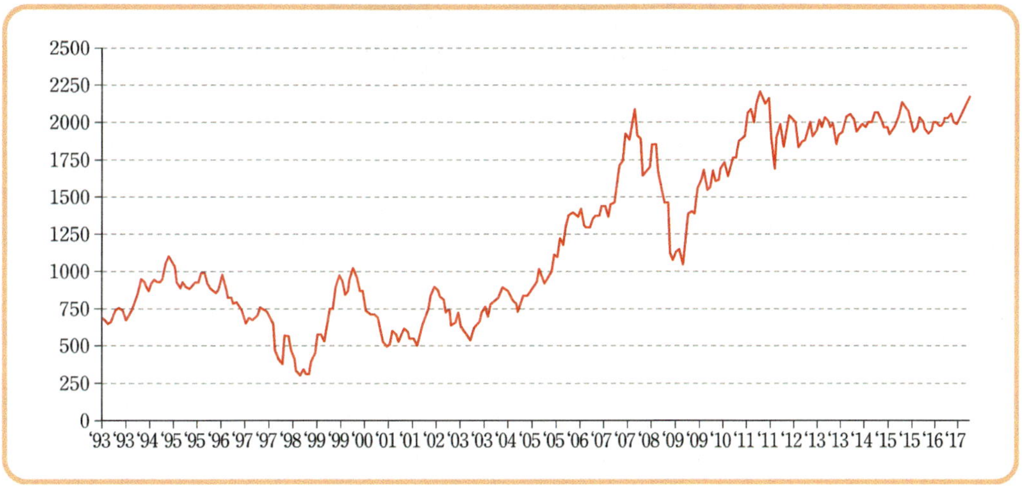

주가 변동의 혼돈과 프랙털

주가의 변동에서 꽃과 나비를 볼 수 있다면, 그 사람은 프랙털과 혼돈을 이해한 거다.

망델브로 프랙털

프랙털은 망델브로에서 시작에서 망델브로로 끝난다. 그의 프랙털에 대해 살펴보자. 이 프랙털은 어마어마하게 풍부한 구조를 내포한 가장 유명한 프랙털 중 하나다. 이 프랙털의 기원은 20세기 초반 프랑스 수학자 가스통 줄리아와 그의 라이벌 피에르 파투의 연구까지 거슬러 올라간다. 그들은 복소평면에서 계차 방정식 $z_{n+1} = z_n^2 + c$가 생성하는 수열을 연구하면서 다음과 같은 줄리아 프랙털을 만들어 낸다.

줄리아 프랙털

거의 잊힌 두 수학자의 연구 결과를 세상에 알린 건 망델브로다. 그가 당시 자신이 일하던 IBM 왓슨 연구센터의 강력한 컴퓨터를 이용해서 줄리아 프랙털을 그려내면서 알려지게 된다.

망델브로는 줄리아와 파투와 다르게 $z_0 = 0$을 시작점으로 분석했다. 앞의 계차 방정식을 시작점부터 반복해서 적용하면 발산하거나 수렴한다. 망델브로 프랙털은 반복 결과가 특정 값으로 수렴하는 복소수 c의 집합이다. 반대로 줄리아 프랙털은 특정 복소수 c에 대해 수렴하는 시작점들의 집합이다. 이곳(https://namu.wiki/w/프랙탈20%이론)과 이곳(https://ko.wikipedia.org/wiki/망델브로_집합)에서 동영상을 감상하고 다른 많은 정보를 얻을 수 있다.

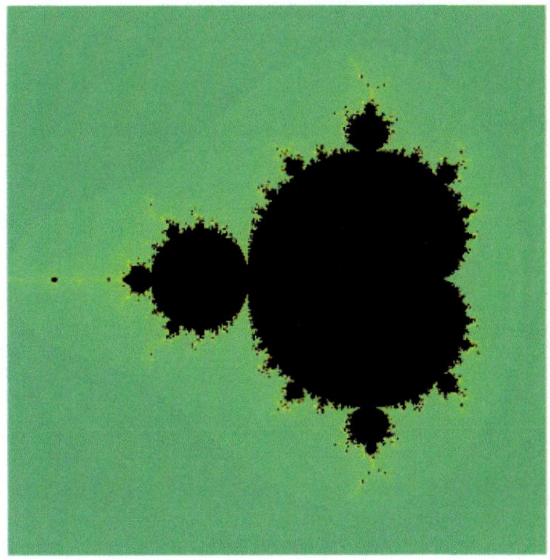

망델브로 프랙털

세포 자동자

자동차가 아니라 자동자다. 전기 자동차는 있어도 세포 자동차는 아직 없다. 타고 다니기엔 너무 작다. 자동차가 car라면 자동자는 automata(automaton의 복수형)다.

세포 자동자는, 오늘날 우리 모두가 사용하는 프로그램 내장 방식의 컴퓨터를 개발했으며, DNA의 이중나선구조가 밝혀지기 전에 복제를 위해서는 그런 구조이어야 한다고 예견하기도 한, 사람의 외모를 가졌으나 실제로 외계인일 것이라고 했다는 천재 수학자 J. V. 노이만이, 생명과 사회 현상을 연구하기 위해 고안한 계산모델이다. 컴퓨터 메모리에 프로그램을 저장한 후 명령어를 하나씩 CPU로 읽어와 처리하는 방식이 프로그램 내장 방식인데, 명령어를 하나씩 처리하기 때문에 순차 처리 방식이라고도 하며 우리가 사용하는 컴퓨터 대부분이 순차 처리 컴퓨터다. 코어 개수가 조금 늘어나도 병렬 컴퓨터는 아니다. 하지만 노이만은 자연의 병렬성을 알아차렸으며 곧바로 병렬 계산 장치에 관해 연구했다. 세포 자동자는, 신경망과 마찬가지로, 근본적으로 병렬 계산이 가능한 모델이다.

세포 자동자는 바둑판 모양의 격자 속에 사는 세포라는 수학적 객체가 일정한 규칙에 따라 상태를 바꾸는 모델이다. 즉 격자 한 칸이 세포의 거주 공간이고 정해진 규칙에 따라 세포가 살거나 죽는다. 세포의 생사를 결정하는 규칙은 매우 간단해서 오직 세포 자신의 상태와 가까운 이웃의 상태에 따라 상태 즉 자신의 생사가 결정된다.

세포 자동자는 혼돈과 프랙털을 모두 보여준다. 즉 꽃과 나비가 사는 세상이다.

1차원 세포 자동자

1차원 세포 자동자는 다음과 같은 격자 공간이다. 각 방에는 하나의 세포가 거주할 수 있는데, 세포는 특정 시점에 죽거나(0) 살아있다(1).

뻥! 세상이 열렸다. 아직 살아있는 세포가 없다. 참 쉽다. 세상이 너무 작다고? 아니다. 그리다 말아서 그렇다. 왼쪽과 오른쪽 끝이 무한히 뻗었다고 생각해도 좋고, 한참을 뻗어 나가다 두 끝이 붙었다고 생각해도 된다.

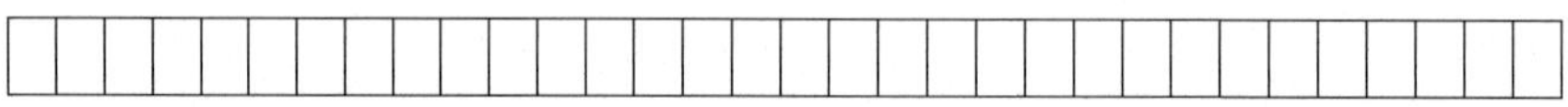

태초에 한 생명이 어딘가에서 숨을 쉰다. 왜 거기냐? 이유는 따지지 말자. 편의상 그곳을 검은색(■)으로 나타내기로 하자. 빈방에는 생명이 없다.

이 세계는 시간의 흐름이 디지털이다. 1 단위의 시간이 지나면 한 세대가 지나고 새로이 생사를 결정할 시간이다. 혼자라서 외로운지 짝이 숨을 쉰다.

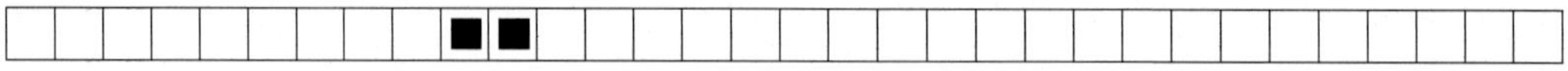

이래서는 과거를 알 수가 없으니 지난 세월을 같이 이어 붙이도록 하자. 다음과 같이 시간과 공간의 역사를 기록할 수 있다.

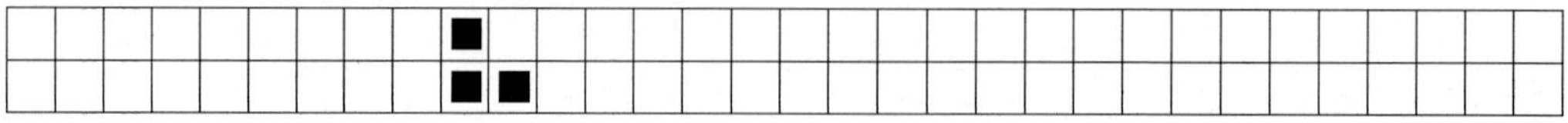

이제 이들의 생사를 결정하는 규칙을 정해 보자. 생사 규칙은 철저하게 왼쪽과 오른쪽 두 이웃의 상태로 정하기로 한다. 물론 더 먼 이웃까지 생각하는 다른 방법도 가능하다. 그러나 이렇게 해도 세상은 충분히 복잡해진다.

예를 들어 생사 규칙을 다음과 같이 정해 보자. 낯선 그림에 당황하지 말자. 그림은 이해를 쉽게 해준다.

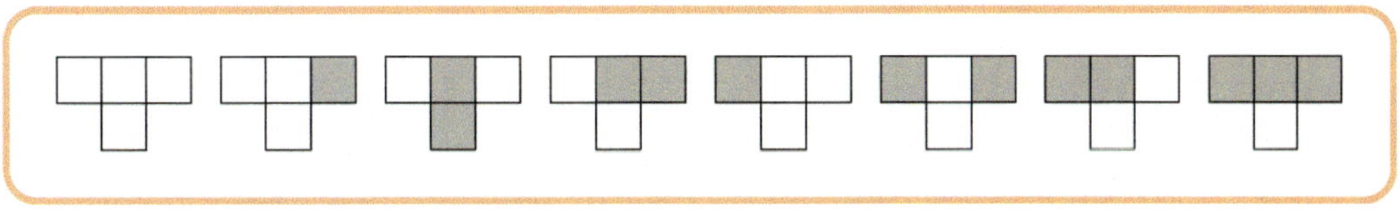

이 규칙은 이렇게 해석하면 된다.

- 000 → 0 빈방의 좌・우도 빈방이면 다음 세대에도 빈방이다.
- 001 → 0 빈방의 우측만 빈방이 아니면 다음 세대에도 빈방이다.
- 010 → 1 빈방이 아니고 좌・우가 빈방이면 (쓸쓸하지만) 살아남는다. 즉, 방을 빼지 않아도 된다.
- 011 → 0 빈방이 아니고 우측도 빈방이 아니면 다음 세대에 죽는다. 즉 방을 뺀다.
- 100 → 0 빈방의 우측만 빈방이 아니면 다음 세대에도 빈방이다.
- 101 → 0 빈방의 좌・우가 빈방이 아니면 다음 세대에도 빈방이다.
- 110 → 0 빈방이 아니고 좌측도 빈방이 아니면 다음 세대에 죽는다. 즉 방을 뺀다.
- 111 → 0 빈방이 아니고 좌・우도 빈방이 아니면 (숨이 막혀) 죽는다. 즉, 방을 뺀다.

규칙은 8가지 상태의 차례를 유지하면 생사(00100000)만으로 간단하게 나타낼 수 있고, 이를 2진수($(00100000)_2$)로 보고 10진수로 바꾸면 하나의 숫자로 나타낼 수 있다. 따라서 다음과 같이 위 규칙은 숫자 32로 변환할 수 있다. 따라서 이 규칙을 앞으로 32 규칙으로 부른다.

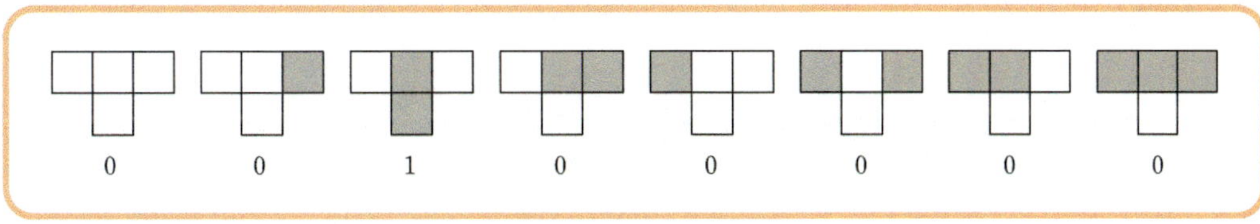

$(00100000)_2 = 32$ 규칙

32 규칙의 역사

32 규칙의 역사를 기록해 보자. 첫 세대 즉 태초에 생명을 얻은 세포의 개수와 위치는 임의로 정한다. 이 규칙에 따르면 그 세포는 영원히 살아남는다. 혼자 사는 세상이 재미는 없을 것 같은데, 그저 그렇게 살아남는다. 삶은 소중한가 보다!

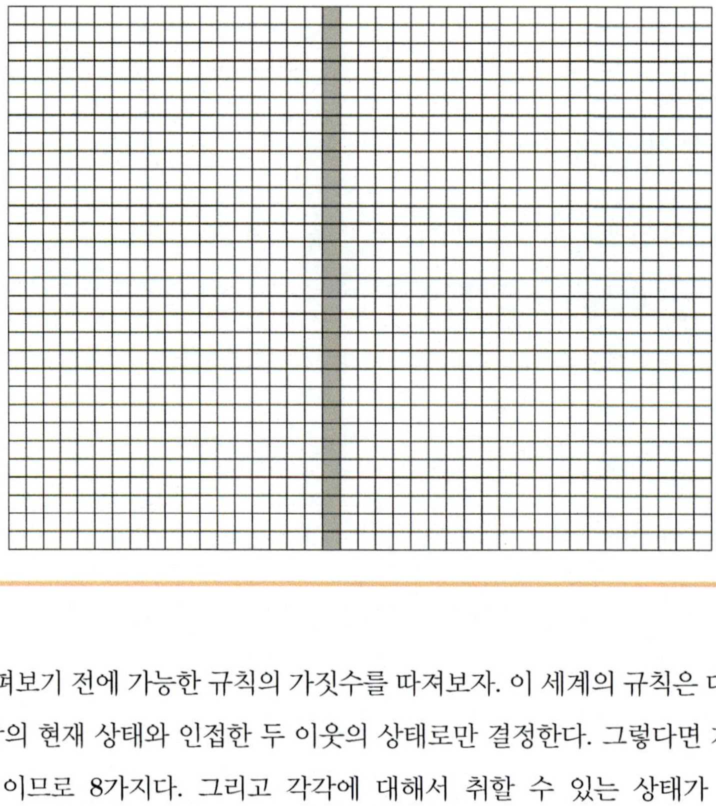

다른 예를 살펴보기 전에 가능한 규칙의 가짓수를 따져보자. 이 세계의 규칙은 대상이 되는 그 세포 즉 그 방의 현재 상태와 인접한 두 이웃의 상태로만 결정한다. 그렇다면 가능한 경우는 $2 \times 2 \times 2 = 8$이므로 8가지다. 그리고 각각에 대해서 취할 수 있는 상태가 2가지(살거나 죽거나)이므로 가능한 규칙은 $2^8 = 256$가지다.

그렇다면 이번에는 72번 규칙을 적용해보자! 먼저 72를 2진수로 바꾸면 01001000이다. $64 + 8 = 72$이기 때문에 그렇다. 여기까지만 하겠다. 그렇다면 72번 규칙은 다음과 같다.

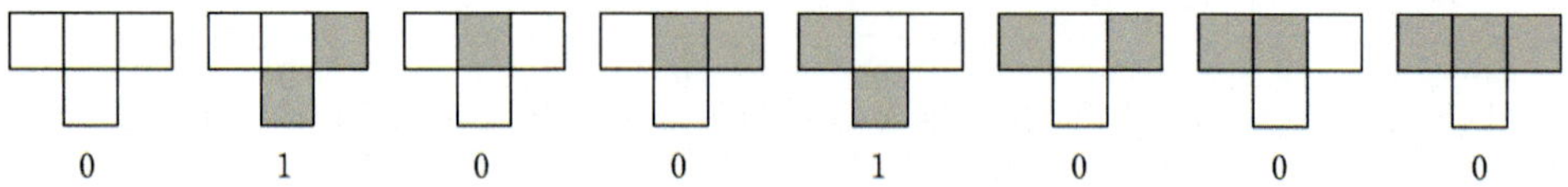

이번에도 초기에 아무 위치에나 하나의 세포를 살려놓고 72번 이 규칙을 적용한 역사를 펼쳐보자. 놀랍게도 시어핀스키 프랙털이 등장한다. 매우 간단한 규칙에서 아름다운 패턴을 다시 만나게 되었다.

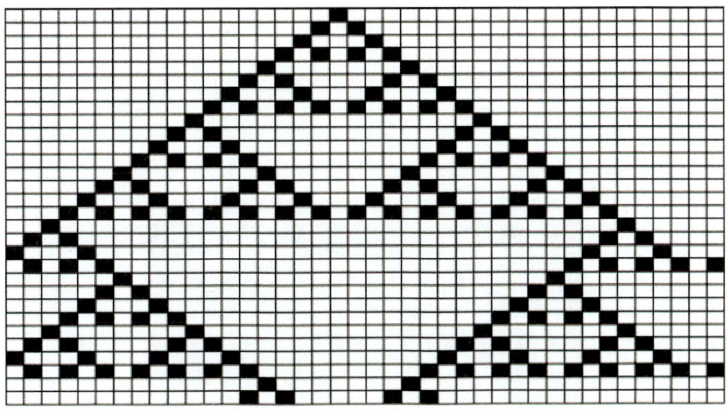

다음은 규칙과 초기 상태를 달리했을 때 나타나는 여러 가지 역사의 일부를 나타낸다. 규칙은 256개지만 초기 상태의 가짓수는 이론적으로 무한이므로 무한의 역사를 펼칠 수 있다.

출처 from http://psoup.math.wisc.edu/mcell/ca_gallery.html

세포 자동자는 꽃과 나비다. 초기값 민감성과 자기 유사성을 모두 확인할 수 있다. 자기 유사성은 이미 보았고, 초기값 민감성은 같은 규칙에 대해 시작상태를 다르게 하면 확인할 수 있다. 세포 자동자는 혼돈 시스템이고 그 역사는 프랙털 도형을 만들어 낸다.

다음 그림은 우리가 흔히 먹는 바지락이다. 무엇이 보이는가? 그들의 역사 속에 세포 자동자의 역사가 기록되어있다. 바지락은 세포 자동자 기계다. 자연은 이렇게 복잡한 모양을 간단한 절차로 생성한다.

조개에 새겨진 프랙털

1차원 세포 자동자 실험:

이 페이지를 복사하거나 모눈종이를 꺼내 최상단 한 칸을 까맣게 칠한 후, 다음과 같은 규칙에 따라 역사를 기록해 보자. 예상하지 못한 패턴을 볼 수 있다.

규칙1: 00000001, 규칙22: 00001110, 규칙45: 00101101, 규칙90: 01011010

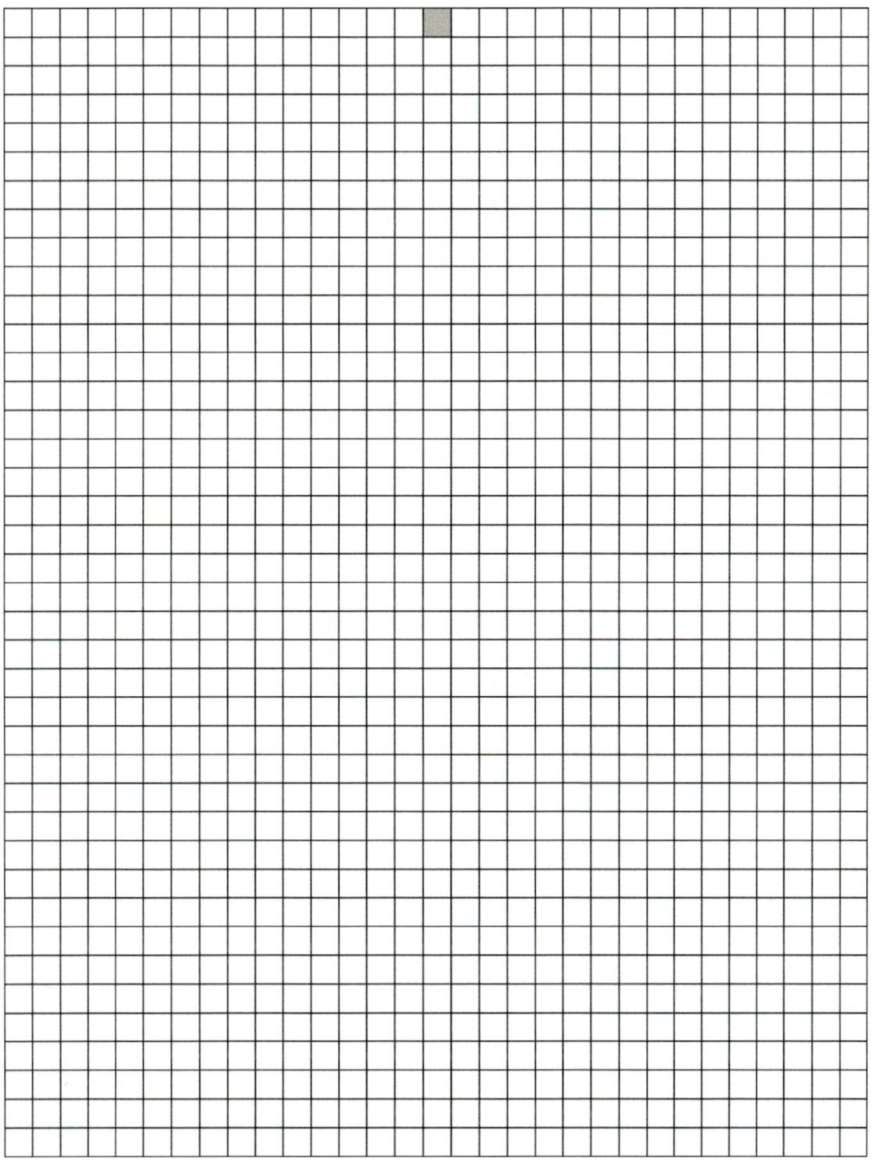

생명 게임

장기나 바둑을 두는 규칙은 아주 단순하다. 그러나 경기 양상은 매우 복잡하다. 그렇게 복잡한 이유가 무엇일까? 경기자의 선택권이 많기 때문일까? 그렇다면 선택권이 없게 규칙을 만들면 어떨까? 세포 자동자가 그렇다. 방주인은 선택권이 없다.

생명 게임은 영국의 수학자 콘웨이가 고안한 2차원 세포 자동자다. 생명 게임은 단 두 가지 규칙을 가지고 있습니다. 생사를 결정할 대상 세포를 중심으로 이웃한 8개 세포의 상태에 따라 세포의 생사를 결정한다.

규칙1(살아있는 세포의 생사 규칙)

(빈방이 아닌) 살아있는 세포 주변에 2개 미만 혹은 3개 초과의 세포가 살아있으면 이 세포는 다음 세대에 죽는다. 아니면 계속 산다

규칙2(죽은 세포의 생사 규칙)

(빈방인) 죽은 세포 주변에 정확히 세포 3개가 살아있으면 이 세포는 다음 세대에 산다. 아니면 계속 죽은 상태가 유지된다.

규칙1		
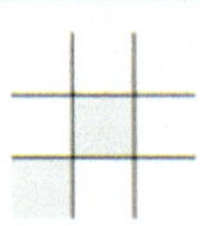	중앙 세포 주위에 살아있는 세포가 1개이므로 다음 세대에 (고독을 이기지 못해) 죽는다.	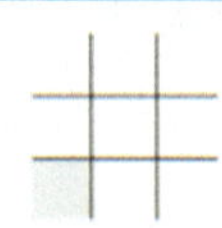
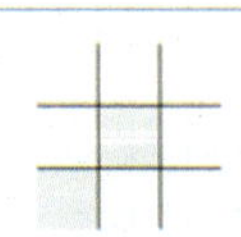	중앙 세포 주위에 살아있는 세포가 2개이므로 다음 세대에 (고독하지 않아) 계속 산다.	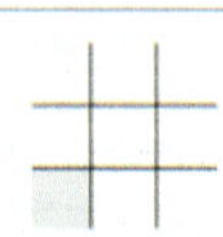
규칙2		
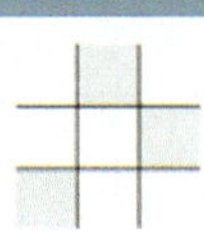	중앙 세포 주위에 살아있는 세포가 3개이므로 다음 세대에 (평화롭게) 산다.	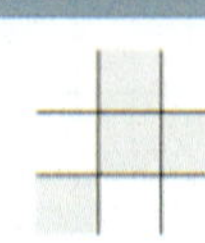
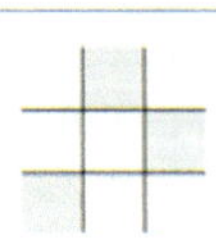	중앙 세포 주위에 살아있는 세포가 3개인 경우가 아니므로 다음 세대에 (황량하게) 계속 죽어 지낸다.	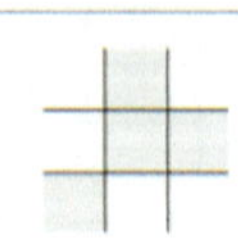

콘웨이가 창조한 세계에 세포들을 위치시키고 두 가지 규칙을 적용하면 어떤 일이 일어날까? 70년대, 먼저 태어났다는 이유만으로 컴퓨터라는 문명을 누리지 못한 아무런 죄가 없는, 생명 게임 마니아들은 모눈종이 위에 밤낮으로 자신의 세상을 창조했다.

선배들을 생각해 가면서 우리도 그렇게 해 보자. 모눈종이를 먼저 준비하자! 그리고 아래처럼 그린다. 숫자는 쓰지 않아도 좋다.

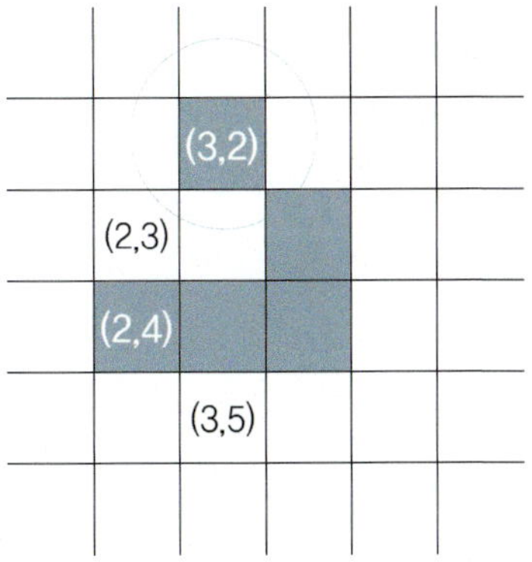

세포의 위치를 (x,y)라 할 때 세포 $(3,2)$는 인접한 8 이웃 중 1개가 살아있기 때문에 규칙1 따라서 역사에서 사라진다. 마찬가지로 세포 $(2,4)$도 다음 세대에 죽는다. 모눈종이 생명이니 그냥 과격한 표현을 계속 쓰겠다.

반면에 죽은 상태인 세포 $(2,3)$은 주위에 3개의 세포가 살아있기 때문에 다음 세대에 생명을 얻는다. 세포 $(3,5)$도 마찬가지로 새 생명을 얻는다. 그리고 나머지 세포들은 변화가 없다. 결과적으로 세상은 아래와 같이 변한다.

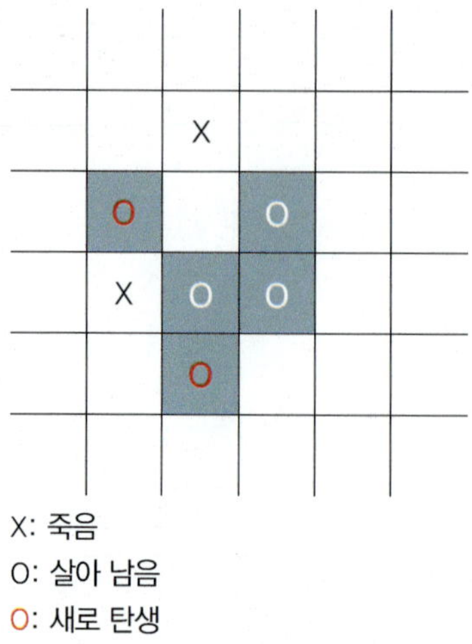

주의 사항 두 가지!

첫째, 1차원 세포 자동자처럼 지난 역사가 기록되지 않는다. 과거는 사라진다.

두 번째, 각 세포의 생사를 정할 때 현재 상태를 기준으로 한다. 세포 (2,4)가 다음 세대에 죽지만, 다음 세대에 죽으니까, 세포 (3,5)의 생사를 정하는 시점에는 살아있는 세포다.

계속 가보자! 두 세대를 더 거치면, 위치는 옮겨졌지만, 원래의 모양으로 되돌아온다. 따라서 세대가 거듭되면 마치 사람이 걸어가듯 한 방향으로 미끄러져 움직인다. 컴퓨터 모니터가 아니라 모눈종이에 그린 그림에서 이런 움직임을 발견한 생명 게임 마니아들은 이 재미있는 패턴에 글라이더라는 이름을 붙인다.

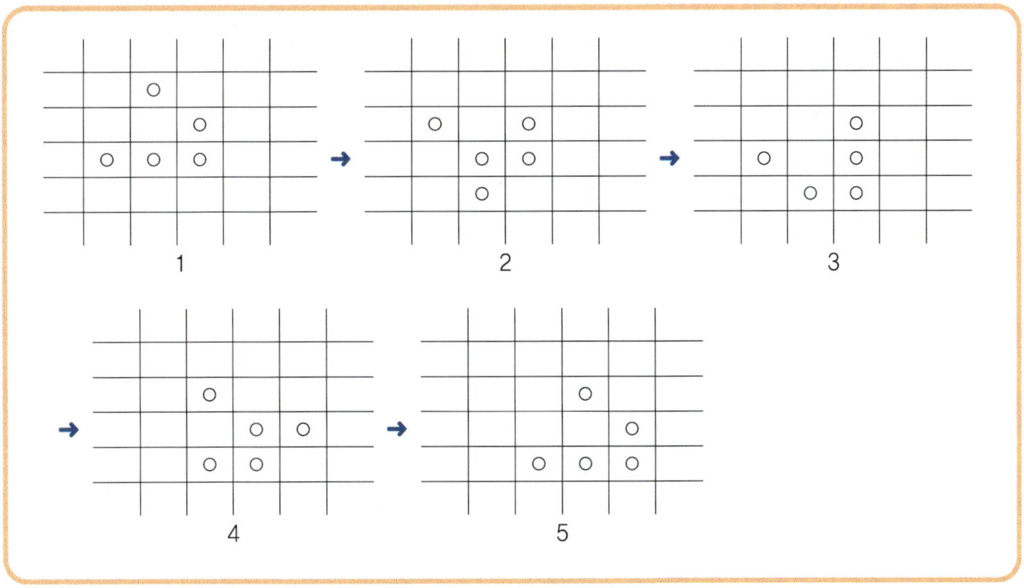

다음 (a)는 12장에서 살짝 언급한 글라이더 건 혹은 팩터리라는 구조다. (a) 상태에서 생명을 작동시키면 (b)처럼 글라이더를 쏘아댄다.

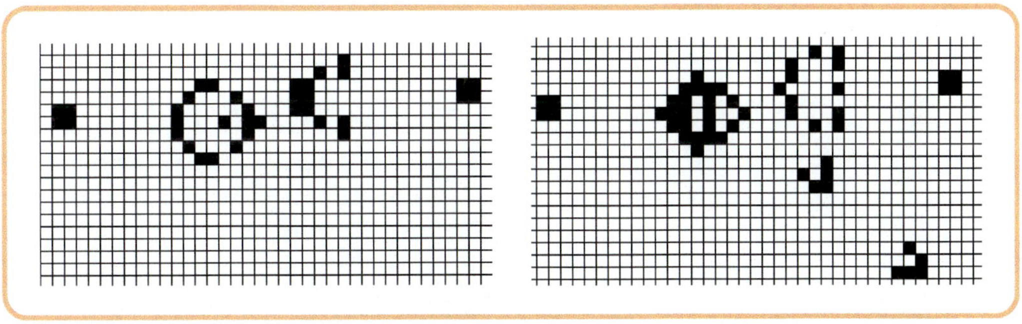

글라이더 건

세포 자동자가 일정한 주기로 신호를 생성한다는 건 매우 중요하다.

이곳(https://www.youtube.com/watch?app=desktop&v=vGWGeund3eA&t=11s)에서 컴퓨터를 포함해서 우리가 사용하는 모든 전자 제품을 세포 자동자로 만들 수 있다는 걸 알 수 있다. 단, 기능적으로 그렇다는 뜻이니 오해는 하지 말자. 모눈종이에서 노트북이나 냉장고가 튀어나올 일은 없어 보인다.

튜링머신은 컴퓨터와 같은 계산능력을 지닌 기계에 대한 수학적 모델이다. 사실 컴퓨터는 튜링머신의 실사판이다. 다음은 생명 게임으로 만든 튜링머신(a)과 내부를 확대한 모습(b)이다. 이곳(https://www.youtube.com/watch?v=My8AsV7bA94)에서 이 튜링머신이 돌아가는 모습을 감상할 수 있다. 여기저기 팩터리가 있고, 글라이드가 이곳저곳을 돌아다닌다는 걸 알 수 있다.

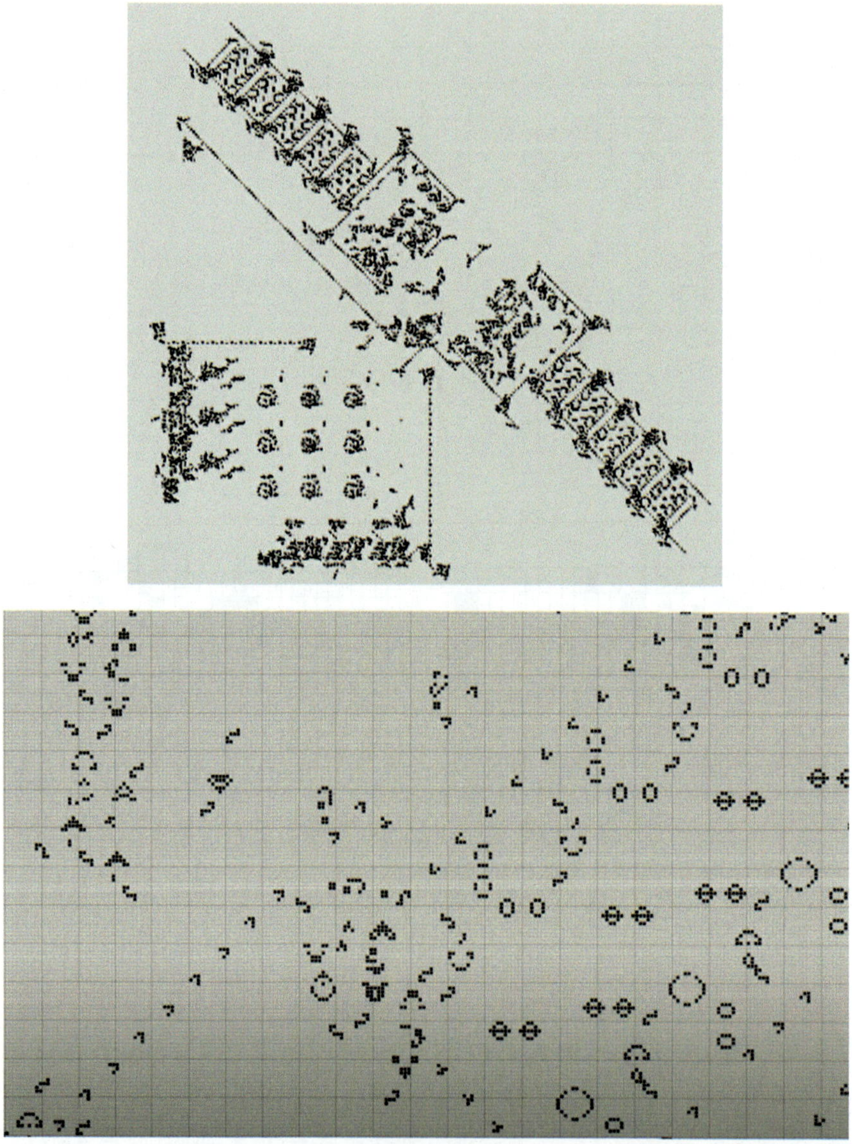

Game of Life – Universal Turing Machine

우리는 선택의 여지가 없는 간단한 규칙이 생성하는 놀라운 세계를 다루었다. 우선 이곳(https://www.youtube.com/watch?v=C2vgICfQawE&t=227s)에서 생명 게임이 창조하는 놀라운 세계를 감상해보라. 이곳에서 우주의 질서를 볼 수 있다.

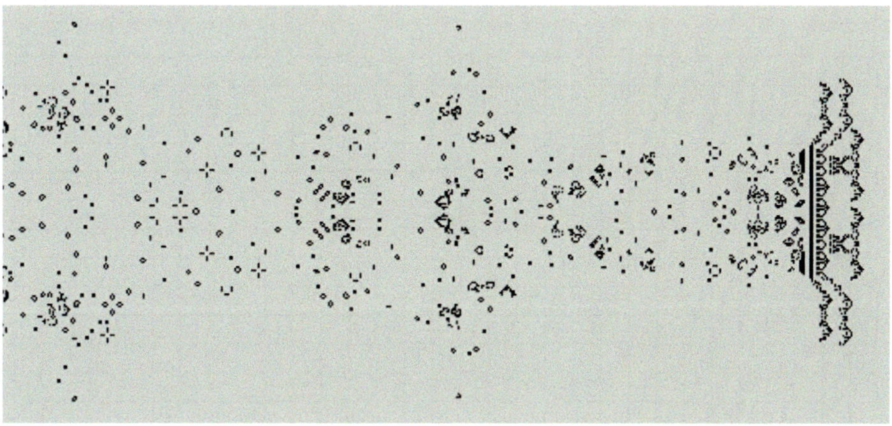

epic conway's game of life

이제 구경하는 건 그만두고 이 간단한 규칙으로 자신의 생명을 직접 만들어보자. 이곳(http://www.bitstorm.org/gameoflife/)에 들어가서 게임을 즐길 수 있다. 엄청나게 많은 생명의 구조를 LEXICON에서 즐길 수 있다. 완전 무료다.

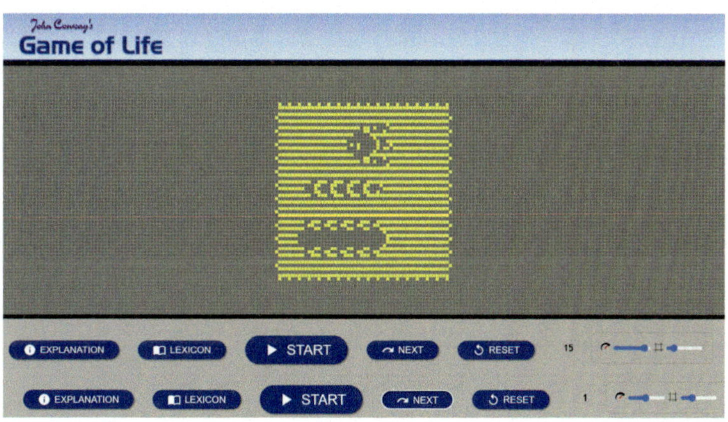

생명 게임 시뮬레이터

생명 게임 실험

이 페이지를 복사하거나 모눈종이를 꺼내 마음 내키는대로 여기저기 까맣게 칠한 후, 시간의 역사를 기록해 보자. 자신의 인내력을 확인할 수 있겠다.

학교, 떼, 무리

백문이 불여일견! 이곳(Lens of Time Secrets of Schooling, https://www.youtube.com/watch?v=Y-5ff15_7AI)에 들어가 영상을 감상해보자. 8분이면 여기서 하려는 이야기를 저절로 알게 된다. 이 영상에는 다음과 같은 게 나온다. 예상할 수 있듯이 물고기 떼다.

학교

이것도 나온다. 이번엔 하늘이다.

떼

이번엔 여기(JTBC 뭉쳐야 뜬다, https://www.youtube.com/watch?v=P149-2jsAeE)다. 움직일 수 있는 건 모두 빠르게 움직인다. 아무도 멈추지 않지만 부딪치지도 않는다. 물 흐르듯 모두 바삐 자기의 길을 간다.

무리

다시 물어보겠다. 누가 지시하는가?

아무도 지시하지 않는다!

그렇다면 어떻게 이런 일이 가능한가?

부분의 판단이 전체를 지배한다!

그렇다면 이런 움직임을 흉내 내거나 재현하는 건 어려울까? 어린 시절 간직한 궁금함을 시원하게 해결한 사람이 있다.

보이드

성과를 제대로 인정받지 못한 사람들이 많다. 크레이그 레이놀즈가 그렇다. 그는 1986년 학교에 가는 새떼나 물고기 무리의 움직임을 재현하는 컴퓨터 모델을 개발한다.

그는 단 3개의 규칙으로 자연의 움직임을 완벽하게 설명하는 데 성공한다. 규칙은 다음과 같다. 분리! 정렬! 응집! 이 세 가지면 충분하다.

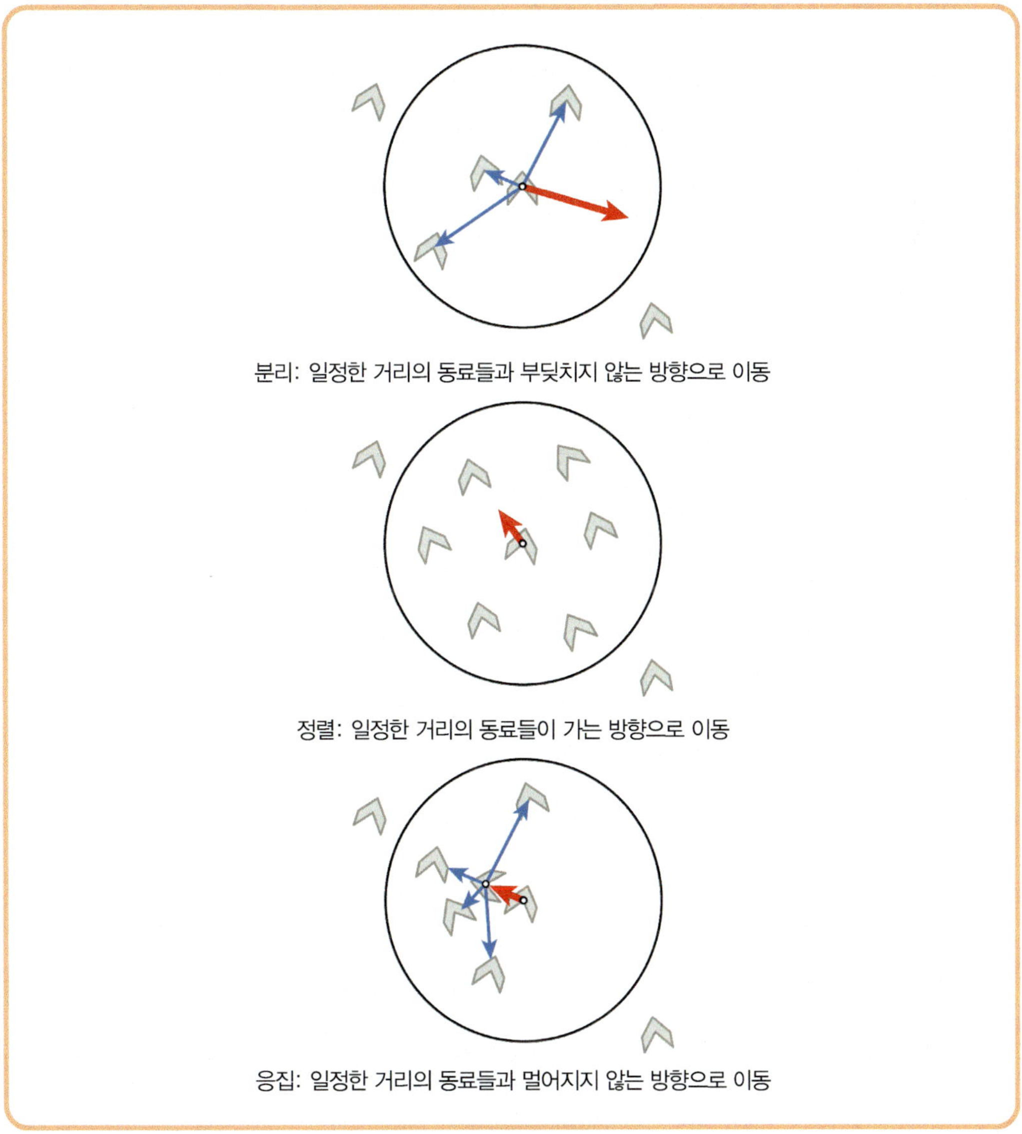

보이드 알고리즘

동물은 천적으로부터 자신을 보호하기 위해서 무리를 짓는다. 따라서 무리에서 이탈해서는 안 되므로 부딪히지 않게(분리), 같은 방향을 따라(정렬), 무리의 중심으로(응집) 이동해야 한다.

문제는 전체의 중심이나 이동 방향 따위를 알 수 있다는 점이다. 누가 지시할 수도 없다. 앞 그림들을 다시 보자. 그러기에는 개체 수가 많다. 많아도 너무 많다. 사실 숫자가 결정적인 문제인 것도 아니다. 애당초 전체 사이의 소통이 불가능하다. 따라서 이런 무리는 오직 자신의 주위에 있는 동료만 본다. 아니 볼 수 있다. 그런데도 매우 훌륭하게 장애물을 피해 가면서 학교에 갈 수 있다.

다음은 레이놀즈가 보이드 알고리즘을 발표하면서 제시한 실험 결과를 나타낸다. 한 무리 새떼가 기둥 사이를 이동하는데, 기둥을 만나면 홍해가 갈라지듯 두 무리로 나뉘어 이동한다. 나뉘는 것도 신기하지만 자연스럽게 다시 하나가 된다. 분명한 건 아무도 지시하지 않는데도 그렇다. 이곳(https://www.youtube.com/watch?v=rw7072URg1A)에서 동영상으로 확인할 수 있다.

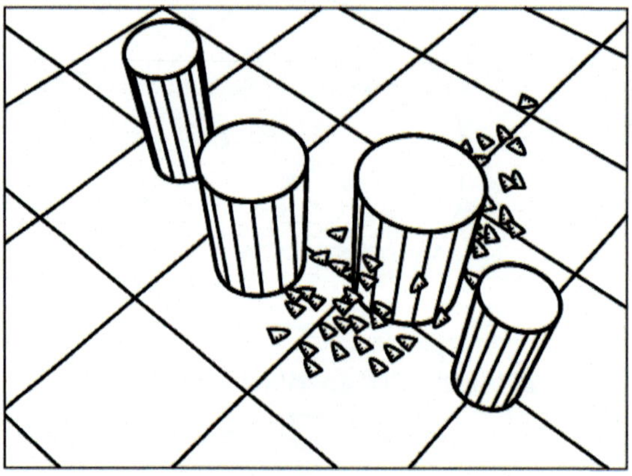

simulated boid flock avoiding cylindrical obstacles, 1986, Craig Reynolds

보이드는 어디에나 있다. 우리 대부분이 보이드나 레이놀즈를 모를 수 있다. 그러나 영화 등에서 한 무리의 새가 떼 지어 나는 모습이나 한 무리의 공룡이 사람들 사이를 아슬아슬하게 비껴가는 모습을 본 적이 있다면 이미 보이드를 경험했다. 모두 보이드 알고리즘으로 연출한 장면들이다.

영화나 게임에만 응용할 수 있는 것도 아니다. 다음은 흔히 볼 수 있는 횡단보도 중 하나다. 어떤 생각이 드는가? 보이드와 어떤 연결고리가 있을까?

빠른 이동을 위해 설치한 기둥

많은 사람이 정해진 폭의 횡단보도를 빠르게 지나갈 수 있도록 일정한 간격으로 기둥을 세워놓은 것이다. 어떻게 그걸 알아냈을까? 무리 지은 사람들의 이동에 대한 방정식을 만들어서 풀어낸 게 아니다. 그런 방정식을 만들 수 있을지 불투명하다.

보이드 규칙으로 실험해보면 그림처럼 기둥을 세웠을 때 사람들이 빠르게 이동한다. 결과를 두고 생각해보면 왜 그런지 이해가 된다. 그러나 그걸 그냥 알아내기는 쉽지 않다. 설령 생각해냈더라도 확인하려면 보이드가 필요하다.

자연은 답을 알고 있고 많은 응용을 기다리고 있다.

단순한 복잡함

다소 어색한 표현이긴 하다. 상반되는 의미의 두 단어가 하나로 묶여서 그렇다. 흔히 프랙털을 다룰 때 혼돈으로부터의 질서라는 표현을 쓰는 것과 마찬가지다. 그러나 자연은 확실히 단순하게 복잡하다.

복잡성에 내포된 단순성의 특징은 다음과 같이 요약할 수 있다.

> "단순하고 지역적인 규칙, 그리고 거기서 나타나는 복잡한 행태"

시스템을 지배하는 규칙은 매우 간단하다:

혼돈을 생성한 규칙은 하나의 방정식이고, 동영상으로 감상한 놀랄만한 프랙털도 유사한 방정식을 적용해서 얻을 수 있으며, L-system을 사용하면 손쉽게 꽃과 나무가 무성한 숲을 만들 수 있다. 세포 자동자 역시 매우 단순한 규칙으로 자연의 패턴을 생성할 수 있음을 보여주며, 규칙 2개짜리 콘웨이 격자 세계에 현대 컴퓨터의 계산능력을 가진 구조를 설계할 수 있다. 레이놀즈는 규칙 3개로 물고기를 포함한 무리 혹은 떼를 학교에 보낼 수 있다. 개미는 단지 페로몬 냄새가 많은 길을 선택해서 자신들의 도로를 구축하며, 사람들은 건널목에 박혀있는 기둥을 피함으로써 눈 한번 마주치지 않고 신속하게 길을 건넌다. 규칙은 간단하다. 기둥에 부딪히지 말자!

시스템을 지배하는 규칙은 지역 정보를 사용한다:

시스템을 구성하는 특정 시점 특정 위치의 모든 요소가 서로의 존재와 상태를 알 수 있는, 그래서 시간과 공간으로부터 자유로운 전역적인 시스템은 이론적으로만 존재할 수 있다. 자연의 시스템은 시간과 공간의 제약을 받는 지역적인 시스템이다. 어떤 지역은 비가 오고 다른 지역은 화창하다. 공기 입자들은 오직 자신의 주위에 있는 입자와 상호작용한다. 그런 지역적인 상호작용의 결과로 매 순간 지구의 기상이 정해진다. 세포 자동자는 자신의 최근접 이웃의 상태에 따라 생사가 정해지지만 그들의 역사는 멀리 떨어진 이웃과 모임을 하기라도 한 듯 전역적인 패턴을 생성하며 새와 물고기는 오직 옆 친구를 따라 무리를 지어 학교에 간다. 그 옆으로 개미가 줄지어 먹이를 나르는 걸 볼 수 있다. 사람들 역시 개미를 밟지 않으려 조심하면서 떼를 지어 건널목을 건넌다. 마치 자신이 지나갈 기둥이 정해져 있기라도 한 듯

갈라졌다 합쳐지면서 신속하게 이동한다. 모두 지역적인 정보를 사용한다.

지역적이고 단순한 규칙이 보이는 전역적인 행태를 창발이라고 한다. 전혀 새로운 것이 갑툭튀하는 걸 창발이라고 한다. 영어 emergency에 해당하는데, 일상적인 뜻과 다소 거리가 있지만, 복잡계를 다루는 연구자들이 통상으로 사용하는 아주 중요한 개념이다. 자연에는 창발적인 행태가 무척 많은데, 대부분 단순한 상호작용이 일으키는 현상이다.

산소, 수소 그리고 물에 대해 생각해보자. 물질이 산소와 화합해서 열과 빛을 내는 걸 연소라고 하는데, 설탕을 가열하면 연소하지만, 소금은 아무리 가열해도 타지 않는다. 설탕처럼 연소하는 성질을 가연성, 산소처럼 타는 걸 도와주는 성질을 조연성이라 한다. 수소는 가연성이 매우 커서 불에 갖다 대면 폭발한다.

산소와 수소가 결합하면 물이 된다.

불이 나면 물을 뿌린다. 산소와 수소가 만나서 툭 튀어나온 이런 예상 밖의 성질이 창발이다. 단순한 규칙이 만드는 놀라운 프랙털 패턴, 꽃과 나비, 물고기 떼가 추는 장엄한 군무와 개미가 만든 길, 모두 창발적인 행태다.

랭턴의 개미

1986년 크리스 랭턴은 생물학적 세포의 분자 논리를 연구할 목적으로 흑색과 백색 셀 격자를 이동하는 개미로 구성된 특별한 세포 자동자를 제안했다. 개미 한 마리가 다음과 같은 간단한 규칙에 따라 동, 서, 남, 북 네 방향으로 이동한다. 늘 그렇듯이 지역 정보만 사용한다.

- 개미가 흑색 셀에 도달하면 왼쪽으로 90도 회전한다.
- 개미가 백색 셀에 도달하면 오른쪽으로 90도 회전한다.
- 개미가 셀을 떠나면 셀의 색을 흰색은 검은색으로 검은색은 흰색으로 바꾼다.

격자의 초기 상태는 무작위로 설정하거나 전부 하얗게 또는 검게 단색으로 지정할 수도 있다. 진화가 시작되면 개미들이 건설한 다리가 보이기 시작하고 점점 더 해져 마침내 콘웨이 생명 게임에서 볼 수 있는 모양이 나타난다.

초기 수백 단계의 이동으로 어느 정도 대칭적인 꽤 단순한 형태가 생성되기 시작한다. 개미가 10,000 발자국 정도 이동하면 예측 불가능한 혼돈이 생성되기 시작한 후,

고속도로라 부르는 것을 만들면서 대각선 방향으로 움직이는 거동을 10,000단위 주기로 무한히 반복한다. 이곳(https://www.youtube.com/watch?v=WG1NB_D53GY)에서 동영상을 볼 수 있다.

랭턴의 개미

놀랍게도 격자의 초기 상태와 무관하게 고속도로가 항상 나타난다. 다만 수학적으로 증명된 것은 아닌데, 그렇다고 고속도로가 나타나지 않는 특별한 초기 구성을 아무도 찾지 못했다.

단순한 복잡함은 우리가 자연과 사회의 신비를 어떻게 풀어야 하는지 실마리를 제공한다.

14 CHAPTER

이제는 인공생명!

14

이제는 인공생명!

지능은 생명의 한 특징이다. 생명이 있는 곳에 지능이 있다. 그렇다면 지능을 가진 로봇은 생명인가? 인공지능이 만든 지능이라면 만든 생명은 가능한가? 생명의 본질은 우리 주제가 아니다. 그렇지만 지능적으로 보이는 걸 만들 수 있다면 살아있는 것처럼 동작하는 무엇을 만드는 건 어떨까?

생명

모든 바이러스가 그렇지는 않지만, 특히 코로나바이러스는 차갑고 매끄러운 곳에서 오래 산단다. 왜 그럴까? 일반적으로 생명은 축축하고 따듯한 곳을 좋아한다. 그러나 Covid19는 그런 환경에서 더 빨리 죽는다는 건데, 잠깐! 바이러스가 죽는다는 건 무슨 뜻인가? 사실 바이러스는 살아있는 것도 죽은 것도 아니다. 바이러스는 단백질로 포장된 유전물질 덩어리다. 단백질이 녹아서 포장지가 찢어지면 더는 복제를 할 수 없고 그런 상태를 죽었다고 말하는 거다. 그러니까 축축하고 따듯한 곳에서는 단백질이 잘 분해되므로 포장지가 쉽게 찢어지고 차갑고 매끄러운 곳에서는 내용물이 오래 보존된다. 스스로 신진대사를 못하지만, 복제를 통해 스스로 증식하기 때문에 잘 포장된 바이러스는 생명이다.

스스로 증식하는 게 생명의 유일한 특징일까? 생명 자체가 우리의 주제는 아니지만 살아있어 보이는 걸 만들려면 생명을 알아야 한다. 그런데 그게 쉽지 않다. 다른 것도 아니고 생명을 정의한다는 건 어려운 일이다. 대상을 정의하기 어려울 때는 특징을 파악하는 방법을 흔히 사용한다. 생명이라고 할 수 있는 것의 특징을 살펴보자.

• 많은 예외가 있지만, 생명은 일반적으로 성장한다. 이 기준만으로 판단하면 손가락에 끼고 다니는 수정도 생명이다, 시간과 함께 돌에서 피어난 꽃이다.

• 자기 재생산을 한다. 새끼를 낳는다는 뜻이다. 그런데 그 새끼는 부모의 유전자를 지니고 있다. 그래서 생명은 영원하다. 다윈 이래 가장 유명한 진화론자인 생물학자 리처드 도킨스는 불후의 명저 "이기적 유전자"에서 생명은 DNA가 거쳐 가는 매개체라고 주장했다.

• 환경으로부터 얻을 수 있는 물질과 에너지를 자신의 패턴과 활동으로 변환하는 신진대사를 한다. 그러나 바이러스처럼 자체적인 신진대사 기능이 없는 대신 다른 생명체의 신진대사를 이용하는 생명도 있다.

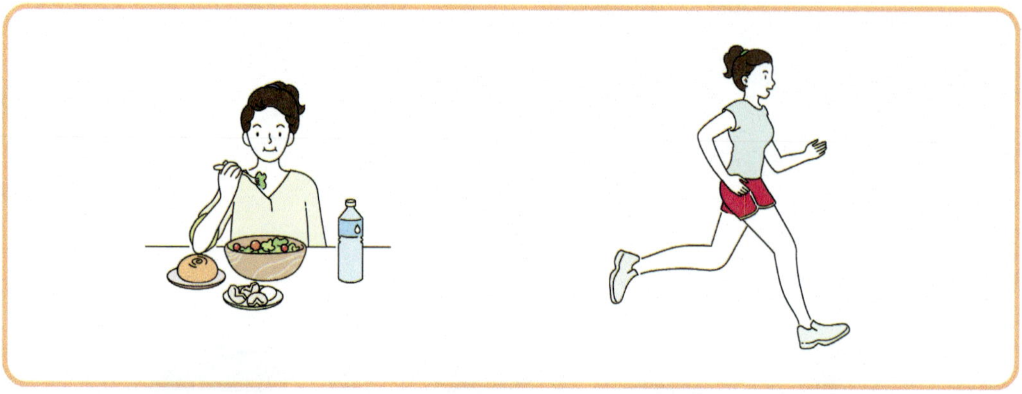

- 환경에 대하여 기능적으로 상호 작용한다. 생명은 환경의 변화에 반응하거나 환경의 변화를 예측한다. 즉, 생명은 자신의 주위 환경 혹은 내부 환경을 제어하고 적극적인 대응으로 변화를 일으키기도 한다.

- 생명의 내부 구성요소, 즉 내부 기관은 상호 종속적이다. 예를 들어 돌은 쪼개면 그냥 두 개의 작은 조각으로 나뉘지만, 생명은 죽는다. 내부 기관의 상호 의존관계가 파괴되기 때문이다.

• 생명은 작은 변화에 둔감하다. 즉, 교란에 대하여 안정적으로 자신을 스스로 유지한다. 손가락이 잘렸다고 죽지 않는다. 도마뱀처럼 여차하면 꼬리를 잘랐다가 다시 만들어 내는 생명도 있다. 이런 특징은 생명이 환경의 변화 속에서 자신의 형태를 유지하고 기능을 온전하게 발휘할 수 있게 한다.

• 생명은 스스로 조직한다. 열역학 법칙에 따르면 자연은 무질서한 쪽으로 진행된다. 시간이 지나면 내 책상은 지저분해지기만 한다는 뜻이다. 푸른 구슬과 붉은 구슬이 들어있는 상자를 마구 흔들어댄 다음 열어보니 푸른 구슬은 왼쪽 붉은 구슬은 오른쪽에 줄지어 늘어서 있지는 않다는 뜻이기도 하다. 생명은 스스로 조직하여 무질서를 질서로 돌려놓은 것이다. 생명이 다하면 무질서로 돌아간다.

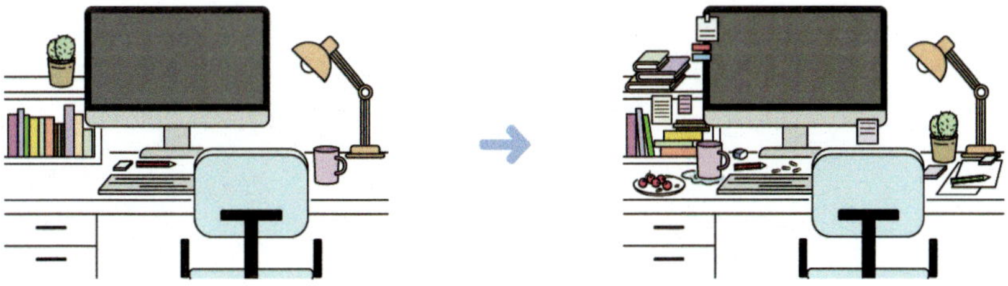

• 생명은 진화한다. 천둥 번개가 심하게 내리치는 어느 날 메탄, 암모니아, 수소 그리고 물이 스스로 조직하여 유기 분자가 형성되고, …, 진화를 거듭하여 마침내 지금에 이르렀다. 생명과 우주의 진화는 계속 진행 중이다.

- 생명은 자신을 표현하는 정보의 저장소다. 생명의 경계에 있는 바이러스를 생명으로 간주하는 이유는 자신을 복제할 정보를 저장하고 있기 때문이다. 생명은 하나의 세포에서 시작한다. 그 세포에는 고양이를 고양이로 만드는 정보가 들어있다. 고양이가 개로 자라는 일은 없다. 생명은 자신의 정보를 이용해서 진화한다.

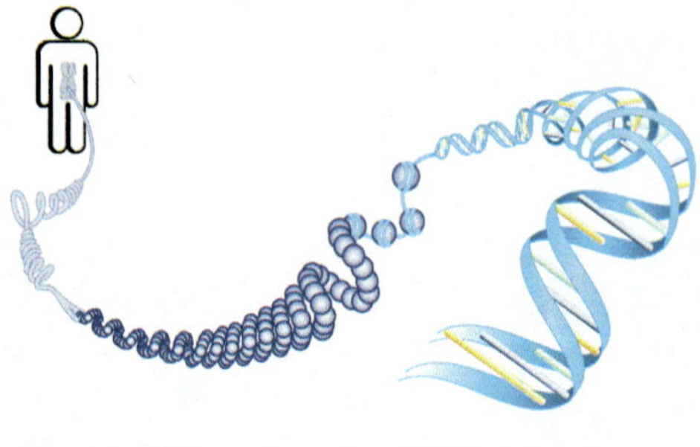

생물학적 관점에서 생명의 소박한 특징은 다소 제한적이다.

- 생명은 탄소 결합에 기초한다. 따라서 화성인도 목성인도 탄소 염기로 구성된 몸뚱이를 가져야 하며, 타노스가 파괴한 모든 생명은 탄소에 기반해야 한다. 정말 그래야 하는가?

- 생명은 세포가 수행하는 절차와 새끼에게 물려줄 유전 정보를 담은 DNA라는 거대 분자를 품고 있다. 컴퓨터 바이러스가 바로 그렇다.

- 생명은 세포로 구성되어 있다. 그러므로 세포를 잘 아는 게 생명을 이해하는 데 절대적이라는 생각에 우리는 학교에서 죽어라. 세포를 공부했다. 그러나 그런 지식은 생명을 이해하는 데 제한적인 정보만 제공한다.

생물학적 관점에서 본 생명의 특징은 매우 제한적이라는 걸 알 수 있다. 생명에 대한 다른 시각에 대해 살펴보자.

인공생명

생명이 꼭 그래야 한다는 증거가 없다. 아직 외계인과 공식적인 회담을 가져본 적도 없기에, 우리가 아는 생명에 대한 시각은 한 가지 사례에 기반을 둔 제한적인 생각일 수 있다.

생명은 특정한 물질적 객체라기보다 시공간 상의 한 패턴이다. 몹시 어려운 표현인데, 생명의 본질이 물리적 구조가 아니라 과정이라는 뜻이다. 예를 들어, 슬프게도, 심하게 아픈 뽀삐는 물리적으로 건강한 뽀삐와 같은 물리적 대상이지만 먹고, 놀고, 왕왕대는 소위 살아있는 생명의 활동을 하지 못한다. 더 슬프게도 뽀삐가 세상을 떠나 로봇 뽀삐 알파Dog과 생활하게 되었다고 가정해보자. 물리적 객체는 다르지만, 얼마나 영리한지 생전의 뽀삐가 돌아왔다.

인공생명은 물리적 생명이 아니라 과정의 생명에 관한 탐구다.

앞에서도 언급했듯이 생물학자 리처드 도킨스는 "생물은 DNA의 생존을 위한 기계에 지나지 않는다"고 했고, 물리학자 스티븐 호킹 역시 "탄소에 기반을 둔 생명체의 시대가 지나가면 다음 세대는 실리콘을 기반으로 하는 생명체의 시대가 될 것"이라고 주장했다. 실리콘에 기반을 둔 생명체가 무엇인가? 컴퓨터를 포함한 디지털 기기가 실리콘으로 만들어졌다는 건 우연이 아니다.

바로크 시대 음악의 큰 틀을 잡은 요한 제바스티안 바흐가 음악의 아버지라면, 인공생명이라는 용어를 공식화한 인공생명의 아버지가 크리스 랭턴이다. 랭턴의 개미 모델을 만든 그 랭턴이다. 죽음을 경험한 후, 자유분방한 히피의 삶에서 연구자로 거듭난 그는 다음과 같이 인공생명의 핵심 개념을 묘사했다.

생명체가 갖는 특징을 보이는 인공 시스템의 연구는 컴퓨터 혹은 다른 인공 매체상에서, 살아있어 보이는 행동을 합성하려는 시도를 통하여 생명체의 구조 혹은 조직을 분석하는 전통적인 생물학을 보완할 수 있다. 전통적인 생물학에 기반을 둔 경험적인 사실들을 확장하고, 이제껏 지구상에서 진화해온 탄소 결합에 기초한 생명을 뛰어넘어, 인공생명은 "우리가 알고 있는 생명life-as-we-know-it"을 보다 광범위한 개념인 "가능한 것으로서의 생명life-as-it-could-be"의 한 자리를 차지하게 함으로써 이론 생물학에 이바지할 것이다.

인공생명은, 적어도 부분적으로, 생명체처럼 보이는, 만든 생명에 대한 학문으로 정의할 수 있다.

또한, 인공생명은 지금까지 인류가 연구한 모든 학문과 우리가 이 책에서 다룬 모든 기술의 총합체이다. 다음은 인공생명을 지탱하는 학문과 우리가 다룬 기술 그리고 미래를 잘 나타낸다. 이제는 인공생명이다. 미래의 경쟁력이 여기에 있다!

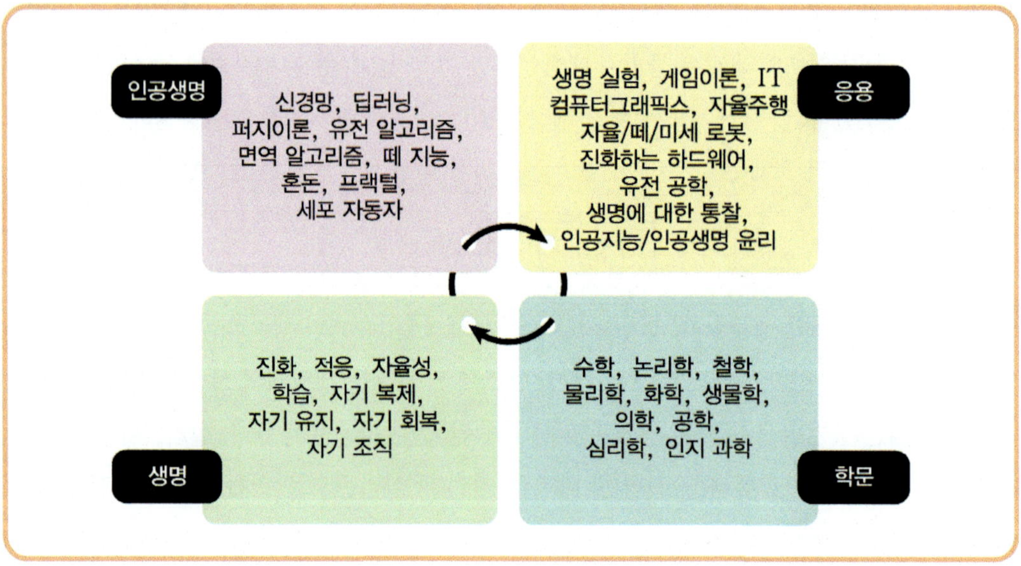

인공생명 연구를 통해서 무엇을 얻을 수 있을까? 수퍼 인텔리전스가 인류를 해할 것이라는 주장이 들려온다. 인공지능도 걱정인데, 인공생명이라니, 수퍼 Thing이 우려된다.

기술이 우리에게 무엇을 주는 게 아니다. 우리가 그 기술을 어떻게 사용하는지에 달려있다. 물론 원칙적으로 그렇다. 그렇지만 인간의 지적 호기심을 막을 수 있는 건 없다. 인공생명 연구를 통해서 우리는 다음과 같은 걸 기대한다.

인공지능을 강 인공지능과 약 인공지능으로 나눌 수 있다면, 인공생명은 마른 인공생명과 젖은 인공생명으로 나눌 수 있다. 지능적 로봇은 마른 생명 장치다. 이런 걸 만드는 걸 기대할 수 있다. 뽀삐는 그만 잊고 알파Dog과 살아야 한다. 반면에 바이러스 백신이나 항균 항암제는 젖은 생명 장치다. 인류는 역사 이래 가장 결렬하게 이들과 싸우고 있다. 한쪽은 자연의 힘으로 무섭게 변이를 일으키면 진화하고 있다. 자신의 DNA를 보존하기 위한 필사적인 싸움에서 인류가 살아남기 위해서 큰 노력이 필요한 때다. 지능은 생명이 갖는 큰 특징이다. 따라서 생명 연구를 통해 지능의 본질에 대한 더 많은 이해가 이루어진다면 인공지능을 위한 유용한 기술을 개발하는 게 가능하다.

인공생명은 생명 자체에 대한 더 많은 이해를 돕는다. 띠에라라는 인공생명 세계가 있다. 이 세계는 바이러스처럼 복제 능력이 있는 프로그램들의 세계다. 즉 프로그램 내부에 스스로를 복제하는 코드가 들어있다는 뜻이다. 이 세계의 거주자는 메모리와 CPU라는 자원을 차지하기 위해 경쟁한다. 살아남은 프로그램은 자신과 닮은 프로그램을 더 많이 생성한다. 실험 결과에 의하면 띠에라에서 숙주의 코드를 이용하는 프로그램들이 생겨난다. 자신의 코드 크기를 줄여서 생존에 유리한 조건을 만든 대신 숙주의 코드로 복제를 한다는 뜻이다. 생명의 경계에 있는 바이러스는 생명의 원시적인 형태가 아니라 증식을 위한 최상의 전략을 갖도록 진화한 것임을 시사한다. 이렇게 실리콘 즉 컴퓨터 속 인공생명의 세상은 생명의 이해를 돕는다.

생명을 구성하는 물질에 대한 이해에서 벗어나 생명의 행동 양식에 대한 더 많은 연구는 생명의 이해에 도움이 되며 나아가 완전히 새로운 형태의 생명을 창조하는 게 가능하다.

모두의 인공지능

최고 교육기관인 대학은 교양과 전공을 가르치도록 법으로 정해져 있다. 그렇다면 무엇이 교양이고 무엇이 전공인가?

한국교양기초교육원은 교양 교육을 다음과 같이 정의한다. 왜 그냥 교양이 아니고 교양기초인지에 대해서는 우선 그냥 넘어가자!

"교양기초교육이란 대학교육 전반에 요구되는 기본적 지식 및 자율적 학구능력의 함양을 포함하여 인간, 사회, 자연에 대한 폭넓은 이해를 바탕으로 올바른 세계관과 건전한 가치관을 확립하는 데 기여하는 교육으로, 학업분야의 다양한 전문성을 넘어서서 모든 학생들에게 요구되는 보편적 교육이다. 특히 글로벌 정보사회라는 새로운 시대상을 맞아 비판적·창의적 사고와 원활하고 개방적인 의사소통을 통해 공동체의 문화적 삶을 자율적으로 주도할 수 있는 자질을 함양하는 교육이다."

알 듯 말 듯 어렵다. 하지만 우리가 교육학을 다루는 것은 아니므로 '~ 전문성을 넘어서서 ~'라는 표현으로부터 전공과 대비된다는 점만 지적하고 더는 언급하지 않겠다.

보통 전공은 깊고 좁은 지식, 교양은 넓고 얕은 지식으로 구분하기도 하고, 시중에서 사용하는 거친 표현으로 전공은 먹고살기 위한 지식, 교양은 사람답게 살기 위한 지식으로 표현한다. 사람답게 산다는 건 여러 가지를 내포할 수 있는데, 자율적이며 자기 주도적으로 판단하고 결정한다는 게 매우 중요한 요소 중 하나임은 분명하다. 자기 주도적이라는 건 댓글 같은 거 보고 판단하지 않는다는 거다.

이제 왜 교양이 아니고 교양기초인지 생각해보자. 국어와 영어를 포함한 외국어가 교양인가 전공인가? 국문학이나 영문학을 전공하는 경우가 아니라면 당연히 교양이다. 국어와 외국어는 대부분 대학에서 반드시 이수해야 하는 필수로 지정한 대표적인 교양 교과목에 속한다. 그렇다면 국어는 왜 배우는가? 우리가 우리말도 못해서 대학까지 가서 배워야 한다는 말인가? 영어를 못하면 먹고 살기 힘든가? … 먹고 살기 힘들다! 그것이 전공이어서가 아니라 배움과 소통의 기초가 되기 때문이다. 즉, '~ 전문성을 넘어서서 ~' 모두에게 필요한 보편적 교육이기 때문에 많은 시간을 투자해서 배우는 거다. 그래서 그냥 교양이 아니라 교양기초다. 이제 교양이 교양과 기초를 포함한 말이라는 걸 알았다.

그렇다면 인공지능은 교양인가? … 그렇다! 인공지능이 모두에게 필요한 보편적인 지식이 되었다. 그래서 모두의 인공지능이다. 인공지능을 모르면 살기가 불편하다.

이제 다른 생각을 해보자. 아무리 중요하더라도 어려우면 보편적으로 알아야 한다고 할 수 없다. 어려우니까 나눠서 하는 거고 그런 게 전공이다. 그렇다면 인공지능은 어려운가?

아니다! 인공지능은 배우기 쉽다. 배우기가 쉬운데 생산성과 부가가치가 높아서 중요해진 거다. 국가의 경쟁력과 미래가 걸린 중요한 기술이라는 거다. 누구나 영문학자일 필요가 없듯이 누구나 인공지능 연구자가 되라는 게 아니라 누구나 영어를 할 수 있듯이 모두가 인공지능을 할 수 있어서다.

어떻게 쉬운지 살펴보자!

인공지능 시대를 활짝 열어젖힌 가장 대표적인 딥러닝 기술은 중첩신경망이다. 7장에서 살펴보았듯이 일련의 중첩층을 거쳐 이미지의 특징을 추출한 후 사자인지 뽀삐인지 사람보다 더 구분할 수 있는 시스템을 만들 수 있다.

사람보다 더 잘 구분할 수 있는지 먼저 확인해 보자. 다음 사진 10장의 이미지는 각각 무엇인가?

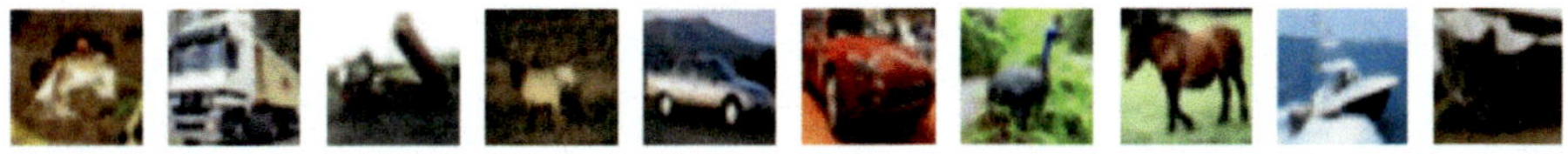

정답은 285쪽에 있다. 몇 개를 맞추었나? 사진이 너무 흐리고 작다고 불평하지는 말자. 신경을 학습할 때 같은 이미지를 사용할 테니 공평하다고 할 수 있다. 이제 이런 이미지를 구분할 수 있는 신경망을 만들어보자.

만들려는 중첩신경망은 아래 그림처럼 이미지의 특징을 추출하는 중첩-풀링층 2개, 특징을 이용해서 이미지를 분류하는 하나의 완전연결층으로 구성한다. 출력층에는 10개의 뉴런이 있는데, 각 뉴런은 하나의 범주를 나타낸다. 따라서 입력 이미지는 가장 큰 값이 출력된 뉴런의 범주로 분류된다.

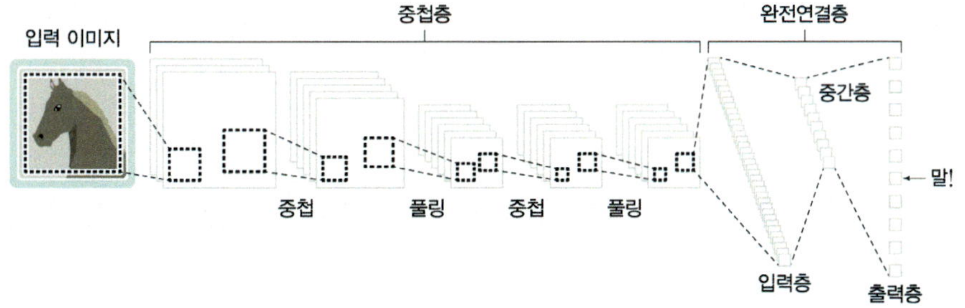

이제 신경망이 이미지를 분류할 수 있게 학습시켜야 한다. 그러려면 데이터가 있어야 하는데, 고맙게도 그런 데이터가 이미 만들어져있다(놀라운 건 이런 거 말고도 공짜로 사용할 수 있는 데이터가 너무너무 많다는 점이다). 우리는 CIFAR-10이라는 데이터를 가져다 이 신경망을 학습시키는데, 여기에는 학습용 이미지 50,000장과 평가용 이미지 10,000이 들어있다. 학습용의 경우 범주가 10개니까 대략 각각 5,000장이다. 예를 들어 고양이 사진이 5,000장, 새 사진이 5,000장 …이라는 뜻이다. 평가용도 마찬가지로 대략 각각 1,000장이다.

이런 구조의 신경망을 코딩하면 얼마나 복잡할까? 다음과 같은 정도로 복잡하다.

```
#학습 데이터 가져오기
(train_images, train_labels), (test_images, test_labels) = cifar10.load_data()

model = Sequential()

#첫 번째 중첩·풀링층
model.add(Conv2D(32, (3, 3), activation='relu', padding='same', input_shape=(32, 32, 3)))
model.add(MaxPool2D(pool_size=(2, 2)))

#두 번째 중첩·풀링층
model.add(Conv2D(64, (3, 3), activation='relu', padding='same'))
model.add(MaxPool2D(pool_size=(2, 2)))

#완전연결 층
model.add(Flatten())
model.add(Dense(512, activation='relu'))
model.add(Dense(10, activation='softmax'))

#번역
model.compile(loss='categorical_crossentropy', optimizer=Adam(lr=0.001), metrics=['acc'])

#학습
history = model.fit(train_images, train_labels, batch_size=128, epochs=20)
```

다음은 50,000장을 학습한 후, 학습 데이터를 분류한 결과를 나타낸다.

['frog', 'truck', 'truck', 'deer', 'automobile', 'automobile', 'bird', 'horse', 'ship', 'cat']

물론 대부분 사람이 위에 있는 프로그램을 보고 단번에 이해할 수 있는 건 아니다. 그렇지만 장담하건대, 한 달만 배우면 누구나 자신의 문제를 위한 신경망을 만들 수 있다.

과거에는 이런 걸 만들려면, 먹고사는 기술 즉 신경망이라는 전공 기술을 죽어라 배운 사람들이 수없이 매달려 쩔쩔매야 했다. 지금은 그렇지 않다. 레고 블록 쌓듯이 층을 쌓아 어려운 문제를 척척 해결하는 신경망을 쉽게 만들 수 있게 되었다.

과거: 그들만의 인공지능

현재: 모두의 인공지능

많은 분야에서 인공지능이 응용되기를 기다리고 있다. 인공지능을 많이 활용할수록 그 개인, 사회, 국가의 경쟁력이 높아진다. 아니, 그래야 살아남을 수 있다. 그렇다면 그런 응용을 누가 잘 할 수 있는가?

음악에 인공지능을 응용한다면 음악 하는 사람이 잘할 수 있을까? 컴퓨터공학자가 잘 할 수 있을까? 미술에 인공지능을 응용한다면 미술 하는 사람이 잘할 수 있을까? 컴퓨터공학자가 잘 할 수 있을까? 글쓰기에 인공지능을 응용한다면 글 쓰는 사람이 잘할 수 있을까? 컴퓨터공학자가 잘 할 수 있을까? 어학에 인공지능을 응용한다면 어학 하는 사람이 잘할 수 있을까? 컴퓨터공학자가 잘 할 수 있을까? 의학에 인공지능을 적용한다면 의사가 잘할 수 있을까? 컴퓨터공학자가 잘 할 수 있을까? 과학에 인공지능을 응용한다면 과학 하는 사람이 잘할 수 있을까? 컴퓨터공학자가 잘 할 수 있을까?

내 분야에 인공지능을 응용한다면 내가 잘할 수 있을까? 컴퓨터공학자가 잘 할 수 있을까?

모두에 의한, 모두를 위한, 모두의 인공지능이다!

찾아보기

ㅎ